북한 취재·보도 가이드

전문기자가 말하는 통일언론

공용철 · 신석호 · 왕선택 · 장용훈

평화문제연구소
The Institute for Peace Affairs

발간사

언론, '통일의 성실한 동행자'가 되기를!

신 영 석 평화문제연구소 이사장

분단시대를 겪고 있는 한국에서 북한을 보도하는 언론은 사회적으로 막중한 위치에 있으며 그만큼 고도의 전문성과 균형감이 요구된다. 북한 문제나 통일 이슈와 관련해 여론 형성의 착화점으로 작용하는 것은 물론, 일반 시민의 개인적인 대북인식 차원에서부터 정부 관계자의 정책결정 과정에 이르기까지 직간접적으로 폭넓고 깊은 영향을 미치기 때문이다.

그러나 장기간 뿌리내린 분단구조 속에서 북한을 취재·보도하는 언론은 참으로 쉽지 않은 환경에 처해 있다. 북한의 폐쇄적인 정치·사회 특성으로 현장의 모습을 직접 들여다 볼 수 있는 취재기회가 제한되어 있고, 소식통의 전언을 통해 정보를 획득하더라도 사실확인을 위한 교차검증이 구조적으로 어렵기 때문이다. 또한, 북한 매체의 선전용 보도 속에서 행간의 숨은 의미를 정확하게 읽어내는 것도 여간 까다롭지 않은 일이다.

더욱이 분단시대 한국의 국내정치 환경에서 고질적인 병폐로 뿌리

내린 진영논리와 대결구도는 '현실의 북한'이 아닌 정파별로 '희망하는 북한'의 모습을 드러내 정치적 이해에 맞춰 활용하도록 만들고 있다. 이 과정에서 북한을 보도하는 우리 언론은 첨예하게 양극화된 사회구조의 대립과 치열한 속보경쟁 속에서 사실관계가 어긋난 부정확한 보도, 다분히 정치적 의도가 담긴 왜곡되고 편향적인 보도를 수없이 양산하고 공급해왔다.

이러한 상황에서 북한을 취재·보도 대상으로 다루는 언론의 현장실무와 관련한 매뉴얼 수요가 높았지만 이를 충족시킬만한 전문적 내용을 포함한 자료는 사실상 전무한 상황이었다.

통일 전 서독 언론의 경우를 보면, 상대적으로 우리보다 정보 접근이나 취재에서 유리한 환경을 가졌기도 했지만 중요한 점은 통일이 자신들의 운명을 결정짓는 사안이라는 점에서 통일의 성실한 동행자 입장으로 기사를 작성하고 뉴스를 전달했다는 것이다. 논쟁과 토론의 기회는 제공하되 매도하고 왜곡하는 일은 자제했고 사실보도에 충실했다.

서독 언론의 공통된 목표는 서독인들의 통일에 대한 공감대를 형성하고 동독인들의 마음을 얻는 것이었다. 이와 같은 독일 언론의 보도 자세는 남북한 통일 과정에서 우리 언론이 무엇을 해야 하는지에 대한 성찰과 방향을 제시해준다고 할 수 있다.

〈북한 취재·보도 가이드, 전문기자가 말하는 통일언론〉은 이처럼 지난 과거를 비판적으로 반성하는 가운데 한국 언론이 보다 정확하고 공정하며 객관적으로 통일·북한 현안을 바라보는 데 기여하기 위한 목적으로 기획되었다.

오랜 기간 북한 취재·보도를 담당하며 실무경험을 축적해 온 한국의 대표적 전문기자들이 자신의 경험을 토대로 한 통일·북한 취재방법론을 가이드 성격으로 만들고 일선 기자들의 취재역량을 제고하며 전문성을 향상시키는 데 실질적인 도움이 되도록 하였다.

또한, 북한 내부는 물론 한국과 국제사회를 비롯해 비공식 취재원 분야를 아우르는 취재·보도의 총체적 노하우를 집약함으로써, 분단시대 한국 언론이 명실상부 신뢰할 만한 통일언론의 위상을 갖추는 데 기여한다는 사명감을 가지고 작업에 임하였다.

이 책이 구체적이며 실용적인 가이드북으로 기능할 수 있기를 바란다. 현재 각 언론사에서 통일·북한 취재와 보도를 담당하며 현장에서 뛰고 있는 기자는 물론, 통일·북한 전문기자를 꿈꾸고 있는 차세대 기자들과 북한을 정확히 알고자 하는 일반인들에게도 큰 도움이 될 것으로 기대한다.

북한 취재·보도에 등대가 될 것을 확신한다

김 영 희 〈중앙일보〉 국제문제 대기자

'북한 취재·보도 가이드, 전문기자가 말하는 통일언론'은 벌써 나왔어야 할 책이다. 북한 취재·보도는 문제의식에 바탕을 두어야 한다. 기사 하나가 오보 또는 왜곡되었거나 부정확한 것일 경우 파장은 바로 남북관계에 투영되고 한반도의 위기는 물론 한국 내 남남갈등을 증폭시킬 수 있다는 현실 인식은 북한 취재·보도자의 알파요, 오메가다.

북한 취재는 간접적인 것이다. 불가피하게 정보당국자의 말에 의존한다. 그나마도 또 간접적인 경우가 많다. 정보당국자가 국회에서 한 말을 국회의원의 입을 통해 듣는다. 정보당국자의 말을 전하는 정치인은 북한 관련 정보를 자신의 정치에 이용하려는 경우가 많다. 때문에 죽었다고 보도된 김정일이 살아나고, 숙청되었다던 파워엘리트가 멀쩡하게 등장한 것이 어디 한 두 번이었던가.

항상 정보당국에 대한 합리적인 의심을 붙들고 취재에 임해야 한다. 이유는 정보당국의 북한 정보수집 능력에 한계가 있기 때문이다.

김정일이 뇌졸중으로 쓰러졌다가 회복되는 과정에서 국가정보원은 “이제 스스로 양치질은 할 정도로 회복됐다”는 정보를 흘리며 북한에 심어둔 휴민트(humint)망을 와해시키는 치명적인 실수를 저지르기도 한 것처럼 말이다.

북한은 우리의 직접취재 영역 밖에 있으니 북한 보도가 모두 정확할 수 없는 것은 불가피하다. 그러나 이러한 사실이 북한 보도 기자들의 책임 회피 피난처가 될 수는 없다. 철저한 자기성찰이 요구된다. ‘가능한 모든 확인 과정을 밟았는가?’, ‘특종의 공명심에 과속질주하지는 않았는가?’, ‘내게 정보를 준 사람이 과연 믿을 만한가?’

영어 속담에 ‘go the extra mile’이라는 말이 있다. 1마일을 더 가라는 의미다. 북한 관련 정보를 토대로 기사를 쓰거나 리포트를 할 때야말로 1마일을 더 가서, 두 사람 세 사람을 더 만나 확인하고 검증하는 노력이 필요하다.

한국 안보의 특수한 환경에서 취재 활동을 하는 북한 취재·보도 기자에게는 사명감이라는 또 하나의 무거운 짐이 지워져 있다. 기사와 리포팅이 첫째는 전쟁방지, 둘째는 평화유지, 셋째는 남남갈등 방지 및 해소를 위한 것이어야 한다는 사명감 말이다.

지금 같이 안보 환경이 민감할 때는 기사 하나, 리포팅 하나에 휘발성과 폭발성이 강하다는 사실을 잊지 말아야 한다. 표현을 달리 하면 책임의식이다. 자신의 기사와 리포팅이 정부 정책과 여론에 미칠 영향은 말할 것도 없고 북한이 보일 반응까지 고려해야 하는 것이 오늘의 북한 취재·보도 기자들의 숙명이다.

또한 한반도 문제의 맥락을 놓치지 말아야 한다. 동심원에 비유하면 한반도 문제는 동북아시아에서 미국과 중국이 벌이는 패권경쟁이라는 큰 원(circle)의 안쪽에 있는 작은 원이다. 미·중관계를 떠나 한반도 문제를 생각할 수도, 해결할 수도 없는 것이 현실이다.

'북한 취재·보도 가이드, 전문기자가 말하는 통일언론' 집필에 참여한 공용철, 왕선택, 장용훈, 신석호는 평소 주목하던 한국의 최우수 북한전문기자들이다. 그들이 북한 취재·보도를 성찰한다는 것 자체가 고무적인 일이다. 이 책이 한국 모든 언론사의 북한 취재·보도 과정에 없어서는 안 될 등대가 될 것임을 확신하면서 저자와 기획자에게 진심 어린 경의를 표한다.

목차

PART 2 남한의 창(窓)으로 북한을 보다 081

신석호

PART 4 비공식 취재원으로 북한을 보다 255

공용철

PART 1

북한의 창(窓)으로 북한을 보다

❶ 북한 언론의 특수성 이해

❷ 매체별 특성과 활용법

❸ 남북 만남의 현장, 준비하면 보인다

장용훈 〈연합뉴스〉 북한전문기자

성균관대학교 정치외교학과를 졸업하고 동 대학원에서 석사를 받았으며 경남대 북한대학원에서 남북정상회담 연구로 박사학위를 받았다. 1994년 〈내외통신〉에 입사해 1999년 〈연합뉴스〉와 통합하면서 북한, 남북, 통일 문제 등을 주로 취재했다. 2009년 1월에는 김정은의 후계자 내정 기사를 전 세계에서 가장 먼저 송고해 한국기자상 대상 등을 받았다. 한국의 언론인이라면 북한을 포함한 한반도 문제에 관심을 가져야 하며, 그 관심은 한반도에서 '평화 만들기'여야 한다는 소명을 가지고 있다.

❶

북한 언론의 특수성 이해

체제수호 선봉대 '오직 최고지도자의 권위'

북한의 정치체제는 이른바 '유일지배체제'로 설명할 수 있다. 수령-당-대중으로 이어지는 삼위일체를 기반으로 유기체적(organic) 국가를 구성하고 있다. 최고지도자인 수령과 최고지도자의 결정을 뒷받침하고 집행하는 조선노동당(이하 노동당), 그리고 북한 사회 전체를 구성하는 인민 대중이 인간의 신체처럼 긴밀하게 연계되어 있다. 신체에 비유하자면 수령은 머리, 당은 몸통, 대중은 팔다리에 해당한다. 수령이 결심한 것은 노동당을 거쳐 대중에게 전달되고 수족에 해당하는 대중에 의해서 구현된다는 국가관인 셈이다.

이러한 논리에 대해 '독재체제'나 '전체주의' 등의 비판이 나오는 것도 결국은 모든 판단과 결정이 수령에 의해 이뤄지고 이 결정과 판단이 사회를 통해 구현된다는 것 때문이다. 북한의 논리대로라면 인민 대중의 의사보다는 수령의 생각과 의중이 정책 결정의 가장 중요한 요인이 될 수밖에 없다.

이러한 정치 논리를 구축하기 위해 북한은 '수령의 절대성'을 강조하고 있다. 수령의 절대성을 만들기 위해 등장한 것이 바로 김정일 국방위원장이 후계자 시절, 1974년 2월에 제시한 '유일사상체계 확립의 10대 원칙'(이하 유일사상 10대 원칙)이다. '유일사상체계'라는 표현은 1967년 5월 17일자 〈노동신문〉에 게재된 '당원들과 근로자들 속에서 당의 유일사상체계를 철저히 확립하자'라는 제목의 사설에서 처음으로 등장했으며 한 달 뒤 열린 노동당 제4기 6차 전원회의에서 '당의 유일사상체계를 확립할 데 대하여'가 의제로 채택되며 본격적으로 부상했다.

북한은 해방 이후 소련 군정 아래 사회주의국가 건설을 추진하며 사회주의국가 이론에 맞춰 '프롤레타리아 당 독재'의 개념을 실현했고 이에 따라 노동당의 이름으로 모든 정책을 결정하고 집행했다. 물론 김일성 주석이 항일투쟁의 경력과 빨치산 동료들의 힘을 등에 업고 노동당과 인민위원회 등에서 중요한 역할을 한 것은 사실이지만 절대성을 확보하지는 못했다. 중국에서 활동하던 무정과 연안파의 존재, 구(舊)소련에서 활동하던 허가이 등의 존재, 남한 지역에서 자생적 공산주의 활동을 해온 박헌영의 존재 등 김일성이 무시할 수 없는 세력들이 존재했기 때문이다.

이후 북한은 어느 정도 국가의 기틀을 만들어가는 과정 속에서 한국전쟁과 전후 종파투쟁을 거치며 김일성 주석 중심의 정치시스템을 구축하게 되고 유일지배체계가 본격적으로 모습을 드러내기 시작했다. 우선 중국과 러시아에서 힘을 키운 무정과 허가이가 제거 대상이 됐다. 1950년 12월 한국전쟁이 한창이던 와중에 개최된 노동당 중앙위원회 전원회의에서 김일성은 무정에 대해 "전투를 올바르게 조직하지 못하고 법적 수속 없이 사람을 총살한 이유로 법적 처단을 받아야 한다"고 지적했다. 허가이에 대해서는 "책벌 위주로 사업을 하는 책벌주의와 노동당원을 엄격히 받는 관문주의"를 지적하면서 노동당 제1비서에서 농업 담당 부수상으로 좌천시켰고 이러한 조치에 결국 그는 자살의 길을 택한다.

또한 한국전쟁이 진행 중인 상황에서 김일성은 국내 공산주의를 대표하는 박헌영을 숙청하는 작업을 벌였다. 박헌영은 김일성에게 '인민군이 남진하면 20만 명의 남조선노동당(남로당)원이 봉기할 것'이라고 밝혔지만 이는 결국 현실화되지 않았고 한국전쟁을 시작하는 데서 김일성에게 오판을 제공한 셈이 됐다. 더하여 전투 과정 중 후퇴 시기에 박헌영은 인민군의 철수를 앞장서 주장하기도 했다. 1952년 12월에 열린 노동당 중앙위원회 제5차 전원회의에서 김일성은 박헌영을 비롯한 남로당계 인사들의 문제를 제기했고 이들은 1953년 체포됐다.

김일성 중심의 체제가 완성된 것은 이른바 '8월 종파사건'을 거치면서였다. 조선신민당 출신인 최창익, 윤공흠, 서휘 등 연안파 인사들이 권력의 중심에서 배제되는 것에 불만을 품고 1956년 8월 30일 노동당 중앙위원회 전원회의에서 김일성 지도부를 공격할 계획을 세운 것이다. 그러나 실제로 이들은 제대로 문제제기도 하지 못한 채 당직을 박탈, 결국 출당조치를 당하기에 이른다. 중국 및 소련과 밀접한 관계를 맺고 있던 이들은 각각 해당 국가로 빠져나갔고 비록 이 국가들의 외교적 입김으로 인해 복당되기는 했지만 이후 정치적 권력을 되찾지는 못했다. 결국 '8월 종파사건'이 마무리되면서 김일성은 최악의 정치 위기에서 빠져나올 수 있었고 이를 통해 김일성 중심의 정치체제를 구축하게 된다. 위기를 기회로 바꾼 셈이다.

김일성에 대항할 수 있는 정치적 세력이 부재한 상황에서 북한은 한국전쟁으로 인한 피해를 복구하고 경제를 회복하는 데 주력했다. 그러나 1960년대 후반 또 한 차례 숙청의 피바람이 불게 된다. 김일성은 1967년 5월 열린 노동당 중앙위원회 제4기 15차 전원회의에서 박금철, 이효순 등 갑산파 관료들을 종파행위로 숙청했고 2년 뒤인 1969년 1월 인민군당 제4기 4차 전원회의를 열어 민족보위상 김창봉, 인민군 총정치국장 허봉학 등을 숙청했다. 특히 이들은 김일성을 중심으로 한 유일지배체제를 거스른 혐의가 씌워졌다.

정치적으로 김일성을 견제할 수 있는 세력이 부재한 상황에서 북한은 1972년 사회주의 헌법을 제정하고 주석제를 신설했다. 김일성은 주석에 올랐다. 그러면서 유일지배체제는 정치적으로 모양새를 갖춰갔고 1974년 발표된 '유일사상 10대 원칙'이라는 이름 아래 본격적으로 구축되기 시작했다. 유일사상 10대 원칙은 다음과 같다.

'유일사상 10대 원칙'

(1) 김일성 동지의 혁명사상으로 온 사회를 일색화하기 위해 몸 바쳐 투쟁해야 한다.
(2) 김일성 동지를 충성으로 높이 우러러 모셔야 한다.
(3) 김일성 동지의 권위를 절대화하는 것은 우리 혁명의 지상요구이며 우리 당과 인민의 혁명적 의지이다.
(4) 김일성 동지의 혁명사상을 신념으로 삼고 수령의 교시를 신조화해야 한다.
(5) 김일성 동지의 교시집행에서 무조건성의 원칙을 철저히 지켜야 한다.
(6) 김일성 동지를 중심으로 하는 전당의 사상의지적 통일과 혁명적 단결을 강화해야 한다.
(7) 김일성 동지를 따라 배워 공산주의적 풍모와 혁명적 사업방법, 인민적 사업작풍을 소유해야 한다.
(8) 김일성 동지가 안겨준 정치적 생명을 귀중히 간직하며 김일성 동지의 크나큰 정치적 신임과 배려에 높은 정치적 자각과 기술로써 충성으로 보답해야 한다.
(9) 김일성 동지의 유일적 지도 밑에 전당, 전국, 전군이 한결같이 움직이는 강한 조직규율을 세워야 한다.
(10) 김일성 동지의 혁명위업을 대를 이어 끝까지 계승하며 완성해 나가야 한다.

'유일사상 10대 원칙'은 김정일 시대에도 그대로 유지됐지만 김정일 사망 이후 김정은이 권력을 승계하면서 2013년 6월 '유일적 영도체계 확립의 10대 원칙'(이하 유일영도 10대 원칙)으로 바뀌었다. 김정일 사망 이후의 상황을 반영하고 일부 노동당의 권한을 확대하기는 했지만 여전히 최고지도자를 꼭짓점으로 하는 피라미드 형태의 유일지배체제를 공고하게 하는 목적을 유지하고 있다.

개인의 사유체계까지 김일성처럼 따라야 한다는 원칙은 김일성 유일지배체제의 원동력이었고 김정일 시대에 들어와서도 별다른 변화 없이 북한 주민들은 김일성 이름 옆에 김정일이 있다고 여기면서 생활해야만 했다. 김정은 체제 들어 유일영도 10대 원칙으로 개정된 내용은 다음과 같다.

'유일영도 10대 원칙'

(1) 온 사회를 김일성-김정일주의화 하기 위하여 몸 바쳐 투쟁해야 한다.
(2) 김일성 동지와 김정일 동지를 우리 당과 인민의 영원한 수령, 주체의 태양으로 높이 받들어 모셔야 한다.
(3) 김일성 동지와 김정일 동지의 권위, 당의 권위를 절대화하며 결사옹위해야 한다.
(4) 김일성 동지와 김정일 동지의 혁명사상과 그 구현인 당의 노선과 정책으로 철저히 무장해야 한다.
(5) 김일성 동지와 김정일 동지의 유훈, 당의 노선과 방침 관철에서 무조건성의 원칙을 철저히 지켜야 한다.
(6) 영도자를 중심으로 하는 전당의 사상의지적 통일과 혁명적 단결을 백방으로 강화해야 한다.

(7) 김일성 동지와 김정일 동지를 따라 배워 정신도덕적 풍모와 혁명적 사업방법, 인민적 사업작풍을 지녀야 한다.

(8) 당과 수령이 안겨준 정치적 생명을 귀중히 간직하며 당의 신임과 배려에 높은 정치적 자각과 사업실적으로 보답해야 한다.

(9) 당의 유일적 영도 밑에 전당, 전국, 전군이 하나와 같이 움직이는 강한 조직규율을 세워야 한다.

(10) 김일성 동지께서 개척하시고 김일성 동지와 김정일 동지께서 이끌어오신 주체혁명위업, 선군혁명위업을 대를 이어 끝까지 계승완성해야 한다.

김정은의 정치적 정통성을 강조하기 위해 할아버지 김일성과 아버지인 김정일이 강조되기는 했지만 유일영도 10대 원칙 역시도 수령에 의해 움직이는 정치사회 시스템 강화에 초첨을 두고 있다. 이러한 정치사회 시스템은 북한의 언론 매체에 유일지배체제를 유지하고 강화하는 역할을 요구하고 있다. 유일영도 10대 원칙의 3조 2항은 “김일성 동지와 김정일 동지의 권위, 당의 권위와 위대성을 견결히 옹호하며 내외에 널리 선전해야 한다”고 강조하고 있다. 또 6조 1항은 “영도자를 중심으로 하는 전당의 사상의지적 통일과 혁명적 단결을 눈동자와 같이 지키고 더욱 튼튼히 다져나가야 한다”고 명시하고 있다. 물론 북한의 언론만을 특정하여 부여하는 메시지는 아니지만 북한 주민 모두가 이러한 원칙을 지켜야만 한다는 점에서 언론도 예외일 수는 없다.

따라서 북한 언론은 최고지도자의 활동과 사상을 전파하는 데 주력하고 있다. 〈노동신문〉의 1면이 거의 매일같이 김정은의 공개활동 소식을 머릿기사로 싣는 것도 이러한 원칙에 따른 것이다. 〈조선중앙TV〉나 〈조선중앙방송〉 등 방송 매체 역시 남한의 뉴스에 해당하는 보도 프로그램 첫머리에 김정은의 공개활동을 최우선으로 내보내고 있다.

실례를 살펴보자. 북한 〈노동신문〉 2015년 1월 24일자는 1면과 2면에 김정은이 전날 군 항공 및 반항공군(공군) 근위 제1항공 및 반항공사단 관하 추격기·폭격기 연대의 비행전투훈련 참관 소식을 전했다. 3면에는 김정은이 사망한 인사에게 조화를 보낸 소식과 김일성 생일인 '태양절'과 김정일 생일인 '광명성절' 준비위원회가 각국에서 결성된 소식을 전했다. 4면부터 북한 사회에서 벌어지는 일을 전하고 있다. 이러한 모습은 라디오 방송인 〈조선중앙방송〉도 마찬가지다. 방송의 이날 보도 프로그램을 보더라도 김정은의 훈련 참관 소식을 가장 먼저 보도하고 이후 다른 소식을 전하고 있다.

김정은의 활동과 동정을 제일 먼저 전함으로써 북한 주민들에게 최고지도자가 정력적으로 활동하고 있는 모습을 전달하고 이를 통해 체제에 대한 주민들의 수호 의지를 북돋우려는 의도를 가지고 있는 것이다. 결국 북한 언론의 활동은 체제를 유지하는 강력한 목표 의식 아래 역할을 수행하고 있음을 보여주는 것으로 평가할 수 있다. 또한 인쇄물과 방송에서 최고지도자의 이름을 다른 글자들보다 진하고 크게 인쇄하거나 방송하고 있다. 다른 일반인, 심지어 노동당이나 군의 간부들과도 차별화하여 부각함으로써 최고지도자가 북한 사회의 중심이고 핵심이라는 사실을 주민들에게 각인시키고 있는 셈이다.

게다가 북한 신문이 사설 등의 글을 게재하는 과정에서 김정일,

김정은의 해당 분야 언급을 거론하며 글을 풀어나가는 것 역시 유일사상 또는 유일영도 10대 원칙에 입각한 것으로 볼 수 있다. 최고지도자의 활동과 언급을 강조함으로써 북한 사회가 '수령-당-대중'으로 이어지는 위계질서를 갖춘 체제임을 재확인하는 셈이다. 〈노동신문〉 2015년 1월 15일자는 1면에 '사회주의 정치사상강국의 위력을 백방으로 강화해 나가자'는 제목의 장문 사설을 게재했다. 주민들에게 사상 사업의 중요성을 강조하고 있는 이 사설은 글의 앞머리에 김정은의 언급을 인용하고 있다.

"우리 조국은 이 세상 그 어디에서도 찾아볼 수 없는 불패의 사회주의 정치사상강국이다. … (중략) … 경애하는 김정은 동지께서는 다음과 같이 말씀하시었다.
《올해에 우리는 사회주의 정치사상강국의 불패의 위력을 더욱 강화해 나아갈 것입니다.》
정치사상적 위력은 나라와 민족의 제일가는 힘이며 혁명과 건설의 강력한 추진력이다"

또 같은 날 1면에 실린 흥남항에서 벌어지고 있는 방파제 개건보수 공사 소식을 전하면서도 동일한 방식의 글쓰기를 보여주고 있다. 남한의 경우로 보자면 사실을 전달하는 이른바 '스트레이트성'의 기사임에도 김정은의 언급이 글 속에 들어가 있다. 최고지도자가 각 부문에 전달한 지시와 언급을 전달하고 모든 사업과 활동이 지도자의 의도와 의중을 반영하고 있음을 보여주고 있는 것이다.

> *"총공격전이 힘있게 벌어지고 있는 지금 흥남항에서 방파제 개건보수공사를 힘있게 내밀고 있다. 경애하는 김정은 동지께서는 다음과 같이 말씀하시었다.*
> *《모든 일군들과 당원들과 근로자들이 백두의 혁명정신과 창조적 투쟁으로 마련한 자랑찬 선물을 안고 10월의 대축전장에 떳떳이 들어서야 합니다.》*
> *도당위원회와 륙해운성의 지도 방조 밑에 흥남항만건설사업소와 흥남항 일군들과 노동자, 기술자들은 방대한 방파제 개건보수공사에 한결같이 떨쳐나 성과를 계속 확대해 나가고 있다"*

북한의 매체에서 드러나고 있는 행태는 앞서 살펴본 유일영도 10대 원칙을 철저히 수용하고 유일지배체제를 지켜내기 위한 역할을 최우선적으로 수행하고 있음을 보여주는 것이다. 이 원칙이 최고지도자의 권위를 절대화하고 최고지도자의 사상으로 북한 사회를 일색화해야 한다는 점을 강조하고 있는 만큼 북한의 매체는 이에 충실한 행태를 보이고 있다.

북한 매체를 통해 주민들은 최고지도자에 대해 자신과는 차별화된 존재라는 점을 자연스럽게 받아들이게 된다. 각종 인쇄물에서 접하는 최고지도자의 이름이 일반인과 다름을 매일 눈으로 확인하고 어떤 매체를 통해서도 항상 최고지도자의 언급을 접하게 된다. 북한에서 벌어지는 모든 일과 사업이 최고지도자의 의중을 반영한 결과라는 소식을 늘상 접하면서 충성을 다짐하게 되는 것이 일과다. 북한 매체의 이러한 활동은 자연스레 주민들을 향한 세뇌 작업으로 이어지게 하며 주민들이 체제에 대한 불만을 가지기 어려운 상황을 만들게 한다. 따라서 북한 언론은 유일지배체제의 유지에 절대적인 영향력을 가지고 있다고 할 수 있다.

충실한 정책 대변자
'비판은 없다'

북한의 모든 언론 매체는 국영 또는 관영이다. 사회주의국가에서 일반적으로 개인적 소유권을 인정하지 않고 있는 만큼 북한도 이러한 원칙에서 벗어나 있지 않다. 종종 중국 〈신화통신〉의 뉴스나 칼럼, 〈인민일보〉의 기사가 정부의 입장을 반영한 것으로 해석되는 것 역시 언론이 국가의 통제 속에 운영되고 있는 사회주의 언론 기능에 따른 것이다. 중국이 경제적으로 시장경제를 도입하며 자본주의적 요소들을 수용하고 있지만 정치적으로는 여전히 중국공산당 중심의 일당독재 매커니즘을 유지하며 사회주의를 이어가고 있기 때문이다.

북한 언론 매체의 소유권이 국가에 있는 것은 단순히 사회주의적 원칙에 입각한 것이라는 현상적 의미뿐만 아니라 언론의 기능적 측면에도 강력한 영향을 미치고 있다. 북한의 모든 매체는 노동당과 국가의 일을 대변하는 역할을 수행한다. 노동당과 국가가 결정한 정책 방향에서 벗어나는 논조의 기사는 전혀 실리지 않으며 노동당과 국가의 방침 및 결정이 그대로 반영되는 경우가 일반적이다.

북한은 언론이 수행해야 할 국내 보도에 대해 "당과 정부의 시책들과 결정, 법령, 정령, 지시, 당·국가·경제기관 및 근로단체들의 중요한 회의와 각종 행사 등에 대한 보도"로 규정하고 있다. 북한은 사회주의국가로 당 중심의 국가인 만큼 매체들이 노동당의 방침과 결정, 각종 행사를 전달하는 것을 핵심 역할로 부여받고 있는 셈이다.

특히 노동당의 회의와 행사를 전하면서 당의 총비서를 겸하고 있는 최고지도자를 함께 부각하고 이로써 '당에 대한 충성은 곧 최고지도자에 대한 충성'이라는 등식을 공식화하는 역할을 하고 있다. 실제 2015년 2월 김정은의 주재로 노동당 정치국 확대회의가 개최됐고 여기서 김정일의 유훈 관철과 조직 문제 등이 논의된 가운데 주요 당국자들의 인사가 이뤄졌다. 이러한 경우 다음날 북한 매체의 보도 양상은 명확하다. 〈노동신문〉이 4개면에 걸쳐 회의의 진행 과정과 의의 및 결과에 대해 대대적으로 소개하고 〈조선중앙TV〉와 〈조선중앙통신〉 등 다른 매체도 회의의 비중을 매우 강조하여 전하는 모습을 보였다. 사회주의국가 북한에서 노동당의 활동과 역할이 무엇인지를 주민들에게 전달하고 있는 전형적인 모습이다.

또 국제 보도에 대해서도 북한은 언론에 대해 "복잡한 국제정세 속에서 일어나는 사실, 사변들을 주체적 입장에서 신중히 분석평가하고 정치적으로 예리하면서도 노숙하게 처리하여야 우리 당의 대외정책을 철저히 관철할 수 있다"는 원칙을 부여하고 있다. 이러한 원칙에 입각해 북한의 언론은 정부의 활동과 입장을 전달하는 데 방점을 두고 보도 활동을 이어가고 있다. 특히 북한은 한반도뿐만 아니라 국제사회에서 벌어지는 다양한 사안에 대해 외무성이나 각종 단체, 대남기구 등을 통해 입장을 전달하고 있는데 북한 언론은 이를 거의 그대로 싣고 있다. 정부가 결정한 정책의 방향에 대해 비판하거나 문제점을 지적하는 기사는 일절 찾아볼 수 없고 입장에 대한 해설이나 문제점을 짚어주는 기사 및 보도

물 역시 철저히 배제되는 구조다.

일례로 북한 외무성은 2015년 3월 한·미합동군사연습인 키리졸브 훈련이 시작되자 대변인 담화를 통해 '북침핵전쟁연습'으로 규정하고 전면전 가능성까지 거론했다. 한·미합동군사연습으로 한반도 정세가 악화되는 가운데 북한의 기본적 입장을 외무성이라는 기구를 통해 밝힌 것이다. 이러한 경우 북한의 매체는 발표 내용을 그대로 전달한다. 외무성 대변인 담화 내용을 토씨 하나 빼놓지 않고 전달하면서도 의미를 부여하거나 비판적인 문제제기는 등장하지 않는다. 남한의 언론이 정부의 성명과 발표를 핵심적인 내용을 중심으로 기사화하고 해설기사를 통해 의미와 문제점 등을 짚는 것과 다르다.

정부와 국가기관에 의해 결정된 정책과 입장을 그대로 싣는 것은 대외적 문제뿐만 아니라 국내 사안에 대해서도 마찬가지다. 국내적 정책 결정을 〈조선중앙통신〉 등을 통해 그대로 공개하고 신문이나 방송에서도 이를 고스란히 소개한다. 북한 주민들의 입장에서 볼 때 과할 정도라도 구체적인 결정 내용이 있는 그대로 전달되며 역시 해당 정책에 대한 반론은 일절 허용되지 않는다.

북한은 매년 4월이면 남한의 정기국회 격인 최고인민회의 전체회의를 개최한다. 이 회의는 정부의 중요한 정책을 결정하고 결산을 심의하며 예산을 구성할 뿐 아니라 다양한 법률을 처리하고 국방위원회와 내각 등 중요 국가기관에 대한 인사도 할 수 있는 기능을 부여받고 있다. 한 해 북한의 살림살이와 국정운영 방향을 결정하는 회의인 셈이다.

2015년 4월 최고인민회의 제13기 3차 회의가 열려 내각의 업무보고와 예결산 처리, 조직 인사 문제 등이 논의됐다. 이 회의에서는 2015년 예산안이 결정되었지만 북한 언론은 예산안의 구체적인 액수도 공개하지 않은 채 전년 대비 비율만 소개했다. 대의원들의 일방적 주장과 결정 사항만 매체를 통해 북한 주민들에게 전달됐고 단순히 분야별로 어느 정도의 예산을 사용하기로 했다는 식의 내용만 존재할 뿐이다. 특히 이 회의에서 국방위원회 위원을 박도춘 노동당 군수담당 비서에서 김춘섭 전 자강도 당 책임비서로 교체했는데 북한은 국방위원 교체 사실만 전달했을 뿐 선임된 이유나 역할, 구체적인 현재 직책 등에 대해서는 전혀 언급하지 않았다.

반면 〈노동신문〉 등 북한의 신문은 최고인민회의 석상에서 나온 우리의 국회의원 격인 대의원들의 발표 및 토론 내용에 대해 거의 그대로 실어 회의 내용을 현장에서 본 것처럼 알 수 있도록 보도했다. 국회의 회의가 열리면 국회의원 발언을 비판적으로 조명하고 관련 장관의 답변과 태도를 문제 삼는 남한 언론 보도 태도와는 완전히 다른 모습이다.

북한 언론은 결국 정부의 정책 설명자 또는 소개자의 역할을 할 뿐이고 주민들은 아무 영문도 모른 채 노동당과 정부, 최고인민회의의 결정을 일방적으로 수용하는 역할만 할 뿐이다. 전술한 것처럼 북한 사회가 주민들을 정책결정 과정에 참여해 영향을 미치는 참여자로 보는 것이 아닌, 정책의 일방적인 수용자로 규정하고 있기 때문으로 판단된다. 하지만 이러한 북한 언론의 역할과 기능은 정책결정 과정에서 수용자의 반응과 입장이 언론을 통해 피드백됨으로써 보다 많은 이해 당사자의 이익이 보호되는 과정을 생략하게 만든다. 자칫 무시될 수 있는 소수에 대한 보호, 정책의 소외 대상에 대한 고려 등이 사라지게 되는 취약점을 안고 있는 셈이다.

주민들의 교양자
'이것이 모범! 따라 배우라'

북한은 주체사상을 앞세우는 사회체계를 구축하고 있다. 노동당 규약 서문은 김일성에 대해 "영생불멸의 주체사상을 창시하시고 항일혁명의 불길 속에서 마련하신 당 창건의 조직사상적 기초와 빛나는 혁명전통에 토대하여 영광스러운 조선노동당을 창건하셨으며…"라고 명시했다. 또 김정일에 대해서는 "주체사상을 자주시대의 위대한 지도사상으로 심화발전시키시고 조선노동당을 유일사상체계와 유일적 영도체계가 확고히 선 사상적 순결체, 조직적 전일체로 건설하셨다"고 강조했다. 북한 사회의 패러다임을 사실상 지배하는 것이 노동당인데 그 핵심인 규약에 주체사상을 강조하고 있고 이를 통한 사회 작동을 명시하고 있는 셈이다.

주체사상은 단순히 사회 작동 원리뿐만 아니라 사회의 근본적 구조와 인간의 본성 및 본질에 대한 규정도 담고 있다. 사회 구조를 형성하는 사람에 대해 규정하고, 사람들의 합(合)으로써 규정되는 사회의 원활한 작동을 위한 원리 및 규범을 설명하고 있다.

북한은 주체사상을 '사람 중심의 철학'으로 규정하면서 사람에 대해 사회를 구성하는 최소 개념으로 정의하고 있다. 주체사상의 기본 이념은 "사람이 모든 것의 주인이며 모든 것을 결정한다"는 것이다. 이 논리는 사회 구성의 최소 단위로 각각의 사람이 자신의 의지에 따라 세상을 변화시킬 수 있다는 것을 명시한 것이다. 또 하나의 핵심은 "사람은 자주성과 창조성, 의식성을 가진 사회적 존재"라는 것이다. 이러한 원리에 따라 사람은 자기 운명의 주인공으로써 스스로 결정하고 세계의 개조를 위해 창조성을 발휘할 수 있고 또한 의식을 가지고 있어 세상에 대해 인식하고 이를 바꾸려고 노력한다고 본다.

북한의 주체사상은 개별적 존재로서 사람에 대한 규정과 동시에 이들이 구성하는 사회에 대한 작동 원리도 함께 설명하고 있다. 사회는 사람들로 이뤄지며 이들의 활동과 운동에 의해 변화가 이뤄진다고 강조한다. 주체사상은 "인민대중은 사회역사의 주체"라고 규정하면서 사람으로부터 역사 변화가 이뤄짐을 강조한다. 그러나 사람들에 의한 역사 변화가 이뤄지기 위해서는 올바른 지도가 필요하다는 것이 주체사상의 논리다. 결국 올바른 지도를 수행할 수령이 필수적이라는 것으로 연장된다. 주민들이 사회와 역사를 변화시키기 위해서는 지도가 필요한데 이를 메워주는 것이 수령이라는 것이다. 이는 곧 수령주의가 구축되는 출발점이기도 하다. 개별적이고 파편적인 대중을 묶어내고 지향점을 제공하는 것이 수령이라는 주장을 통해 유일지배체제의 근거로 삼고 있는 것이다.

북한 언론은 이러한 원리를 수행하는 도구의 역할을 충실히 하고 있다. 사회를 변화시킬 수 있는 사람들에게 올바른 의식을 주입하기 위한 교양자로서의 역할을 다하는 것이다. 이를 통해 제대로 된 사회 변화의 역사를 수립할 수 있다고 본다. 이에 따라 북한은 각종 매체를 통해 주민들의 생각과 사상을 바꾸도록 하기 위한 교양의 역할을 강조하고 있다.

북한에서 사용되는 '긍정감화교양'이 언론의 역할을 잘 보여주는 단어다. 김일성은 "군중교양사업에서 중요한 것은 군중이 가지고 있는 좋은 점을 찾아내고 그것을 널리 보급하며 백방으로 발전시켜 군중 자신이 스스로 나쁜 점을 고치도록 도와주는 것"이라고 규정했다. 사람들이 자주성과 창조성, 의식성을 가진 사회적 존재이기 때문에 아름답고 고상한 것에 대한 지향을 가지고 있는 만큼 긍정적인 모범에 대해 감동과 공감을 가지게 되는 것은 자연스러운 것이고 종국적으로는 이를 따라 배우게 된다는 것이다. 북한 당국이 전파하고자 하는 긍정적인 모범을 만들어 보급하면 자연스럽게 부정적인 내용들을 극복할 수 있다는 전제도 함께 깔려있다.

이러한 원칙에 입각해 북한은 각 매체에 '긍정교양기사'를 쓰도록 의무를 부과하고 있다. 대표적인 사례로 2015년 북한의 각종 매체에서 고아 7명을 거둬 키우는 20세 미혼 여성을 '처녀어머니'라 부르며 미담을 대대적으로 선전한 것이다. 북한 〈노동신문〉, 〈조선중앙방송〉, 〈조선중앙TV〉 등은 2015년 5월부터 '처녀어머니 장정화'의 미담을 부각하며 주민들이 따라배워야 할 모범 인물로 내세우기 시작했다.

장정화는 북한 남포시 천리마구역 사회급양관리소 노동자로 20세의 나이에 결혼을 하지 않은 채 부모 잃은 아이 7명을 거두어 키웠다. 2013년 18세 때 천리마제강연합기업소 강철직장에서 일하다 사망한 부부의 자녀 3명을 맡아 키우기 시작했고, 한 달 뒤에는 또 다른 4명의 고아도 집으로 데려왔다.

북한은 이러한 사연을 가진 장정화를 2015년 5월 '제2차 청년미풍

선구자대회' 참가자로 선정하고, 최고인민회의 상임위원회 정령을 발표해 '김정일청년영예상'도 수여했다. 김정은은 "안아주고 싶다"고 장정화를 크게 치하하며 그를 포함한 청년미풍선구자대회 참가자들과 함께 기념사진을 찍고 감사문을 전하기도 했다.

〈노동신문〉은 2015년 5월 30일자 신문의 3면 전체를 '노동당의 딸, 강선 땅의 처녀어머니'라는 제목의 미담 기사로 빼곡이 채우는가 하면, 6월 30일자에서는 장정화에 대한 반향을 '처녀어머니 후기'라며 대문짝만하게 다뤘다. 〈조선중앙TV〉도 6월 13일부터 장정화를 주제로 '소개편집물' 영상을 만들어 반복 방영했다. 모범적 사례를 통해 주민들의 생각과 사상을 바꾸도록 하기 위한 교양의 역할을 충실하게 수행하는 북한 언론의 전형적인 모습이라 할 수 있다.

2

매체별 특성과 활용법

〈조선중앙통신〉 '북한 소식 가장 빨리 알린다'

〈조선중앙통신〉은 북한 유일의 통신사다. 당 중심 국가인 북한에서 노동당과 정부의 입장을 국내외적으로 대변한다. 1946년 12월 5일 세워졌으며 위치는 평양시 보통강구역에 있다. 창립 당시에는 〈북조선통신〉으로 시작했지만 1948년 북한 정권이 공식적으로 수립되면서 현재의 〈조선중앙통신〉으로 이름을 바꿨다.

김일성은 〈조선중앙통신〉이 출범하기 앞서 1946년 3월 출범준비위원회가 구성됐을 때 직접 위원회를 찾아 통신사의 해야 할 역할 등에 대해 직접 지시를 할 정도로 관심을 보였다. 특히 북조선인민위원회 상무위원회를 열어 〈조선중앙통신〉의 출범을 공식적으로 선포하기도 했다. 김일성은 "북조선통신사는 우리나라의 정치, 경제, 문화생활과 국제정세와 관한 자료를 중앙과 지방의 신문사들과 방송국들에 신속하고 정확히 제공하며 공식보도와 성명을 통해 우리의 입장과 견해를 국내외에 천명할 사명을 지니고 있다"면서 "통신사는 위력한 무전수단을 갖추고 통신보도 활동을 하는 국가적 기관으로서 응당 출판보도 부문에서 중추적 역할을 해야 한다"고 밝혔다.

출범 당시에는 수동식 전화기 몇 대로 시작했지만 현재는 컴퓨터와 위성통신망 등 현대식 설비를 갖춘 통신사로 바뀌었다. 1980년대 말 세계 50여 개국 통신사와 보도교류 협정을 체결했으며 비동맹국통신사연합의 구성원으로 보도의 재송통신사 역할도 하고 있다. 또 아시아·태평양통신사기구(OANA)의 멤버로도 활동하고 있다.

총 1천여 명의 직원이 근무하고 있는 〈조선중앙통신〉은 700여 명의 기자와 300여 명의 기술 및 업무직 인원으로 구성되어 있다. 통신사 안에는 편집국, 국내보도국, 사진보도국, 대외행사보도국, 국제연대성보도국, 국제정세보도국, 남조선국, 대외보도국, 번역국, 참고통신편집국 등과 조사처, 후방처, 대외사업처 등 지원부서를 두고 있다. 〈조선중앙통신사〉 사장은 남한의 장관급 대우를 받고 있으며 노동당 선전선동부의 지휘와 감독을 받는다.

'국내보도국'은 최고지도자의 대내외 활동보도를 전담하는 '정치행사보도부', 최고지도자와 그 가계를 선전하는 '위대성보도부', 여타의 일반 행사를 담당한 '행사보도부', '경제문화보도부' 등으로 구성돼 있다. '국제정세보도국'은 '사회주의나라보도부', '제3세계보도부', '자본주의나라보도부' 등 3개부를 두고 라디오를 통해 세계 및 주요 국가의 정세와 정보를 정리 및 분석하고 있다. '남조선국' 역시 통신사의 핵심부서로 라디오를 통해 남한 내 주요 방송사의 보도 내용을 전부 청취해 기사화하며 이를 북한 안의 신문 및 방송사 등에 제공하고 있다. '번역국'에는 영어, 불어, 스페인어, 러시아어 등 주요 외국어 전문가들이 배치되어 있어 외국 방송을 청취 및 번역해 '국제정세보도국'에 넘겨주고 있는 것으로 알려졌다.

〈조선중앙통신〉은 각 도와 직할시(남포시, 개성시)에 1~3명의 기자를 파견하고 있으며 중국과 러시아, 쿠바, 인도, 이란, 이집트에 지사를 설치해 특파원을 상주시키고 있다. 하루에 내보내는 기사량은 국내 문제 40여 건, 대외 문제 50여 건 정도로 채 100건에 미치지 못하지만 조선어 보도 뿐 아니라 영어와 스페인어, 일어 등으로 해외에 외국어 서비스도 진행하고 있다.

북한은 〈조선중앙통신〉이 노동당의 수중에 장악된 정치적 중요수단이라는 점을 숨기지 않는다. 객관성과 정치적 중립성을 강조하는 일반

언론의 기능과는 완전히 다른 셈이다. 이에 따라 〈조선중앙통신〉에 노동당 및 정부의 입장과 견해를 대변하는 공식적 대변자로서 기능을 부여하고 있다.

또한 〈조선중앙통신〉은 북한 정부 및 국가기구나 노동당이 내놓는 중요한 결정과 발표를 가장 먼저 공개하는 기능을 수행하고 있다. 김정은이 2015년 1월 신년사를 통해 정상회담까지 언급하며 남북관계 개선을 강조하고 북한은 남북관계를 풀기 위한 전제조건을 제시하며 남한 정부를 압박했다. 그러나 남한 정부가 북한이 요구한 한·미합동군사연습 중단 등을 수용하지 않자 국방위원회 정책국은 1월 25일 '남조선 당국은 온 겨레가 엄한 시선으로 주시하고 있다는 것을 한 순간도 잊지 말아야 한다'는 제목의 성명을 발표했다. 〈조선중앙통신〉은 이 성명을 이날 오전 11시 38분 전문 형태로 송고했다. 〈조선중앙통신〉이 성명을 전파한 이후 북한의 라디오와 TV 방송이 잇따라 성명을 소개했고 북한의 신문은 이튿날인 1월 26일 전문을 게재했다.

〈조선중앙통신〉은 대외적으로도 'S. Korean Authorities Should Not Forget All Koreans Watch Them with High Vigilance : NDC Policy Department'라는 제목의 영문 번역 기사를 오후 2시에 전파했다. 이는 북한 당국의 공식 입장을 영문으로 번역해 송고함으로써 국제사회도 명확히 인지할 수 있도록 하는 기능을 보여주고 있는 것이다. 해외로 기사가 송고될 수 있는 시스템을 제대로 갖추지 못한 북한에서 〈조선중앙통신〉은 당국의 입장을 외국어로 전달하는 창구의 역할도 겸한다.

〈조선중앙통신〉은 일반적인 통신사의 전형적인 역할도 수행한다. 통상적으로 모든 국가에는 통신사가 존재하며 이들 언론사의 기사는 신문사와 방송사에 전달되어 기사 제작의 재료로 사용된다. 통신사와 가맹사가 존재하는 이유이기도 하다. 남한에서 〈연합뉴스〉 등 통신사의 기사를 중앙 신문사와 방송사, 지방의 매체가 이용하는 것과 동일한 패턴이 북한에도 존재한다.

일례로 〈조선중앙통신〉은 2015년 2월 6일 정규군 창설 기념일을 맞아 지방에서 농업근로자들의 공연이 열린 소식을 전했다. 이날 열린 공연을 간단한 단신성 기사로 처리했는데, 보도는 다음과 같다.

농업근로자들의 공연 진행

순천 2월 6일발 〈조선중앙통신〉

조선정규무력이 탄생한 날(2월 8일)에 즈음한 농업근로자들의 공연이 6일 평안북도 순천시 리수복청년협동농장에서 진행되였다. 공연무대에는 합창 《조선인민군가》, 녀성독창과 합창 《김일성원수께 드리는 노래》 등 자주시대 혁명무력건설의 빛나는 모범을 창조하신 위대한 김일성동지의 불멸의 업적을 칭송하는 다채로운 종목들이 올랐다.

출연자들은 위대한 수령님의 령도밑에 공화국의 존엄과 사회주의전취물을 믿음직하게 수호하여온 조선인민군의 영웅적위훈을 여러 종목들에 담아 형상하였다. 위대한 김정일동지의 선군혁명실록을 되새겨보게 하는 녀성중창 《이 강산 높은 령 험한 길우에》, 시와 노래 《내가 지켜선 조국》은 관람자들의 심금을 뜨겁게 울려주었다. 무대에는 합창 《최후의 승리를 향하여 앞으로》, 《김정은장군 목숨으로 사수하리라》도 올랐다.

리명길 농근맹중앙위원회 위원장 등 관계부문 일군들, 순천시안의 농업근로자들이 공연을 관람하였다.

〈노동신문〉은 다음날 〈조선중앙통신〉의 기사를 그대로 받아 지면에 실었다. 특히 기사를 작성한 기자의 이름이 들어가야 하는 자리에는 '조선중앙통신'이라고 명시해 자사 제작 기사가 아니라 통신의 기사를 그대로 사용했음을 확인했다.

북한의 이러한 언론 보도 매커니즘은 적어도 언론사 간 분업체계가 어느 정도는 구축되어 있음을 보여주고 있다. 사실을 전달하는 스트레이트 성격의 기사는 〈조선중앙통신〉이 중심이 되고 신문은 불필요한 인력을 낭비하지 않은 채 통신의 기사를 그대로 사용하는 체계를 만들고 있다는 것이다. 이 같은 분업체계는 단순히 국내 소식을 전하는 것뿐 아니라 국제사회에서 벌어지는 다양한 일을 전하는 것에서도 동일하게 적용된다.

〈조선중앙통신〉은 국제사회에서 벌어지는 중요한 사건과 사고, 행사를 북한 내 신문과 방송에 제공해 주민들에게 전달될 수 있도록 하는 역할을 한다. 물론 북한 체제가 가지고 있는 폐쇄적 성격으로 해외에서 벌어지는 다양한 일들을 그대로 전달하기보다는 북한 당국의 입맛에 맞는 뉴스를 중심으로 전달한다. 하지만 그나마 국제사회에서 벌어지는 일을 북한에 전달하는 유일한 공식 창구가 〈조선중앙통신〉이라는 점에서 중요한 역할을 수행한다고 볼 수 있다.

공식적인 업무 이외에도 〈조선중앙통신〉은 세계 각국의 주요 정세 및 자료를 구체적으로 담은 자료를 제작해 일반 주민이 아닌 고위 인사를 대상으로 보고하고 있다. '참고통신편집국'은 '백지통신', '8호통신', '자료통신', '참고통신', '참고신문' 등 18개 등급의 각종 통신자료를 제작해 배포하고 있는데 '백지통신'은 최고지도자에게만 올라가는 통신문으로 세계 각국의 중요 정세 및 자료들을 구체적으로 담고 있다. '8호통신'은 노동당 중앙위원회 비서, 노동당 정치국 위원, 노동당 부장급 이상 고위간부들에게 배포되는 통신문으로 백지통신과 다른 점은 원문이 그대로 실리지 않고 요약된다는 것이다. '자료통신'은 남한과 서방 등의 소식을 기본으로 싣고 있으며 '참고통신'은 사회주의권 국가를 위주로 했으나 동구권이 붕괴된 이후 개발도상국 중심의 소식을 담고 있다. 배포 대상은 노동당 중앙위원회 과장급 이상, 각 도당 책임비서 및 비서, 각 출판사 사장 등이다.

'국제정세보도국'은 외신을 가장 먼저 받아보며 문건을 제작하는 기능을 한다. 일명 '5국'으로 불리는 국제정세보도국의 5국 2세포(말단 당조직) 당원들은 동구권이 연이어 붕괴되던 지난 1990년 11월 1일 김정일에게 "세상이 열백번 뒤집어져도 끝까지 충성을 다하겠다"는 내용의 편지를 보냄으로써 지식인들이 김 위원장에 대한 충성심을 더욱 높이도록 선도한 것으로 유명하다. 김 위원장은 이들에게 "노동당의 영원한 동행자, 충실한 방조자, 진실한 조언자가 되라"는 친필서한을 보냈으며 이것은 김정일이 기관과 주민 각자에게 보낸 친필서한의 효시로 알려져 있다. 당시 북한은 친필답장을 부각하며 '동유럽 붕괴'라는 대외적 위기 극복을 시도하고 주민들의 충성을 유도했다. 김정일의 첫 친필을 받은 5국 2세포는 '첫 충성의 당 세포'로 불리고 이때부터 '충성의 당 세포 창조운동'이 시작되기도 했다.

한편 〈조선중앙통신〉은 매년 북한과 국제사회에 벌어지는 정치, 경제, 문화, 대외관계 등의 분야에서 벌어지는 일을 종합해 '조선중앙연감'을 발행한다. 김일성이 1948년 연감 편찬을 지시함에 따라 1949년부터 발행하고 있다. 연감에는 북한 최고지도자의 한 해 동안 활동과 노동당 및 국가기구의 회의 기록이 담기며 북한의 지리와 경제, 문화 등의 자료와 함께 기상기후 및 지진, 천문현상 등도 기록하고 있다. 북한은 '조선중앙연감'에 대해 "현대의 역사를 후세에 길이 전하여 주는 공식적 성격을 띠는 역사적 문건"으로 규정하고 있다.

라디오와 TV 방송 ‘효과적인 체제 선전 창구’

‘조선중앙방송위원회’는 북한 최고의 방송기관이다. 남한의 시각으로 보면 방송미디어그룹으로 칭할 수 있는 기관이다. 국내외로 송신되는 텔레비전(TV) 방송국과 라디오 방송국 모두를 관장하는 역할을 한다. 북한은 중앙방송위원회에 대해 “당과 공화국 정부의 정책을 대내외에 널리 선전하며 조선 인민의 목소리를 대변하는 보도기관”으로 규정하고 있다.

북한은 해방 직후인 1945년 10월 14일 방송의 필요성을 느끼고 현재 운영 중인 〈조선중앙방송〉의 전신인 〈평양방송국〉을 창설했고 이후 이 방송국을 〈평양중앙방송국〉, 〈북조선중앙방송국〉 등으로 개편했으며 1948년 11월 현재의 조선중앙방송위원회가 됐다.

조선중앙방송위원회는 〈조선중앙방송〉에 이어 1950년 1월 1일에 대남 라디오 방송인 〈평양방송〉을 시작했으며 이후 다양한 언어로 방송을 송출했다. 1947년 3월 14일에는 최초의 외국어 방송인 중국어 방송을 시작했고 1950년 7월 10일에는 일본어 방송을 송출했다. 또한 1951년 11월 22일에는 영어 방송, 1955년 4월 18일에는 우리말 방송, 1963년 6월 1일에는 러시아어 방송, 1963년 8월 6일에는 프랑스어 방송, 1965년 5월에는 스페인어 방송, 1983년 1월 1일에는 독일어 방송, 1986년 9월 1일에는 해외동포 방송을 각각 시작했다.

라디오(FM) 방송은 1989년 1월 1일부터 음악을 전문으로 내보내는 〈평양에프엠〉 방송을 시작했고 TV 방송은 1963년부터 〈조선중앙텔레비전(조선중앙TV)〉 방송을 시작했다. 이어 1971년 4월 15일부터 대남용 TV 방송인 〈개성텔레비전〉 방송을 하다가 1997년 김정일 국방위원장의 생일인 2월 16일부터 〈조선교육문화텔레비전〉 방송으로 개편했다. 1973년 12월 4일부터 문화예술종목을 전문으로 하는 〈만수대텔레비전〉 방송을 송출했다.

조선중앙방송위원회는 김정일 국방위원장이 "나의 방송"이라고 표현할 정도로 특별히 관심을 쏟는 기관이며 북한 전 주민을 대상으로 하는 대표적인 선전선동 기관이다. 역대 위원장들인 김시학 개성시당 책임비서(전 노동당 조직지도부 제1부부장), 주창준 전 주중대사 등도 김정일 위원장의 각별한 신임을 받은 인사다.

조선중앙방송위원회는 크게 텔레비전총국, 라디오총국, 방송문예총국으로 나누며 총국장은 조선중앙방송위원회 부위원장들이 겸임하고 있다. 7명의 부위원장 중에서 위원장 제1대리인은 텔레비전총국장이다. 또한 원활한 방송을 보장하기 위해 라디오 방송, 텔레비전 방송, 대외 방송, 텔레비전 소설 및 드라마 등을 담당하는 집단과 기술 인력을 가지고 있다. 이에 따라 기자, 편집원, 작가, 번역가, 연출가, 촬영가, 미술가, 기술자, 방송 아나운서 등의 인력을 배치하고 있다. 이외에도 각 도와 시에 특별파견기자를 주재시키고 있으며 지방의 방송을 지도하는 기구도 갖추고 있다. 전술한 것처럼 방송미디어그룹의 역할을 수행하기 때문에 〈조선중앙방송〉 기자와 연출가를 〈평양방송〉으로 보내기도 하고 〈조선중앙TV〉 방송국의 인력을 다른 방송에 배치하는 인사 업무도 담당한다.

조선중앙방송위원회는 검열과 방송지침 하달을 통해 산하의 방송을 통제한다. 방송 제작이 이뤄지기 전에 월·주·일 단위 편집 및 방송 계획을 각 방송으로부터 전달받고, 해당 월·주·일마다 집중해야 할 방송 방향을 결정해 방송국에 각각 내려보내는 방식이다. 북한은 조선중앙방송위원회의 역할에 대해 "당과 수령의 위대성 선전을 기본으로 하면서 방송에서 우리식 특질을 살리고 당성, 노동계급성, 인민성, 과학성, 진실성, 친절성을 철저히 구현해 나가도록 하고 있다"고 규정했다. 또한 "매 시기 제시되는 당의 노선과 정책을 관철하는 투쟁에 당원과 근로자들을 불러일으키기 위한 방송선전에서 정치선전과 경제선전, 경제선동을 결합시키는 원칙을 견지함으로써 방송선전의 실효가 사회주의 경제건설에서 성과로 나타나도록 하고 있다"고 강조하고 있다.

최근에는 대중과 호흡하기 위한 방송 프로그램 제작에도 관심을 가지고 있는데 노동자들의 노래자랑, 퀴즈 프로그램, 글짓기 경연, 속셈 공연, 아동방송음악예술무대, 씨름과 축구 등 스포츠 중계 등의 프로그램을 적극적으로 제작하고 있다. 한편 조선중앙방송위원회는 외국의 방송기관들과 방송 협정을 맺고 있으며 아시아태평양방송연맹(ABU)과 비동맹방송기구(BONAC) 등에 가입한 상황이다.

북한의 조선중앙방송위원회가 국내 주민들을 위해 운영하고 있는 라디오 방송국이 〈조선중앙방송〉이다. 〈조선중앙방송〉은 중국과 러시아 등지에서 빨치산 활동을 하며 일본에 맞서오던 김일성이 1945년 10월

14일 평양공설운동장에서 진행한 개선연설을 생중계하는 것으로 방송을 시작했다. 당시에는 〈평양방송〉이었고 1946년 5월에 〈평양중앙방송〉, 1948년 2월에 〈북조선중앙방송〉, 1948년 11월에 현재의 〈조선중앙방송〉으로 이름을 바꿨다. 북한은 〈조선중앙방송〉이 "내용과 형식에서 우리식의 특성을 살리고 공산주의적 당성, 노동계급성, 인민성을 체현하고 보도성과 정론성, 과학성과 진실성을 확고히 담보하고 있다"고 평가하고 있다.

방송 프로그램은 크게 정치선전, 경제선전, 교육문화선전, 정세선전으로 나뉘고 이런 내용을 보도, 문예물, 음악과 음악 편집 등의 형태로 전달하고 있다. 북한 주민들을 상대로 한 방송이라는 점에서 '김일성-김정일-김정은'으로 이어지는 최고지도자의 위대성을 선전하는 데 많은 시간을 할애하고 있다. '세기와 더불어', 회상실기 '인민들 속에서', '주체시대를 빛내이시며' 등의 선전물과 함께 '은혜로운 품', '위대한 태양을 우러러', '충성의 한길' 등 북한 주민들의 체제에 대한 충성을 북돋우는 내용들이 많이 방송된다.

〈조선중앙방송〉은 개국 초기 3시간 방송을 했으나 현재는 22시간 방송을 하고 있다. 매일 오전 5시부터 이튿날 오전 3시까지 중파 819㎑, 단파 6,100, 9,665㎑로 방송하고 있다. 오전 6시 시작과 함께 북한의 애국가, '김일성 장군의 노래', '김정일 장군의 노래'를 내보내고 곧바로 우리의 뉴스 시간에 해당하는 보도를 한다. 보도는 오전 6시, 7시, 8시, 정오, 오후 3시, 5시, 8시, 9시, 10시 등 총 9차례에 걸쳐 하고 있으며 내용은 보통 최고지도자의 활동 소식을 가장 먼저 전하고 다른 정치성 내용을 보도한다. 대외 방송으로는 해외동포를 위한 한국어 방송 6시간, 중국어 방송 4시간, 러시아어 방송 4시간, 영어 방송 8시간, 일본어 방송 8시간, 프랑스어 방송 6시간, 스페인어 방송 6시간, 아랍어 방송 3시간, 독일어 방송 3시간 등을 진행하고 있다.

〈조선중앙방송〉 보도목록 및 순서

2017년 12월 3일

- 김정은 압록강다이야공장 현지지도
- 김일성·김정일 회고, 네팔전국위원회 회의 진행
- 화성-15 발사 김종태전기기관차연합기업소 작업반장 등 반향
- 삼천군직맹위원회 사상교양사업 매진
- 괴뢰당국 용산미군기지 환경오염 실태 공개
- 화성-15 발사성공 인디아 나이제리아 인사들 담화 발표

또한 〈조선중앙방송〉은 북한의 음악도 많이 내보내고 있는데 '명곡감상', '혁명가극 감상', '잊을 수 없는 노래' 등의 프로그램은 방송극이나 장편소설, 시와 노래 등의 형태로 제작되어 전파를 타고 있다. 또 청취 계층별로 유치원 시간, 소년단 시간, 농업근로자와 청년들을 위한 프로그램이 방송되기도 한다.

〈조선중앙방송〉 방송순서

2017년 12월 3일

05:28 시, 바다여 그리움의 황금해여
06:00 보도
07:00 보도
07:28 녹음구성, 주체조선의 영웅적 기상 위대한 조선인민의 대승리
08:00 음악
09:00 오늘호 중앙신문 개관
10:00 보도
11:00 만민의 어버이 인류의 대성인 (3)
12:00 보도
13:00 단편소설, 사랑의 품 (3)
14:00 연속좌담회, 펼치면 바다가 되고 쌓으면 하늘에 닿으리 (3)
15:00 보도
16:00 혁명일화, 고결한 충정의 세계
16:25 문답, 세계해전사에 이름을 남긴 애국명장 리순신
17:00 보도
18:00 음악
18:51 논평, 가련한 친미주구의 단말마적 발악
19:00 음악
19:31 김일성회고록, 세기와 더불어
20:00 보도
20:27 시, 밤열차의 불빛
21:00 종합보도
21:54 미제는 극악무도한 살인마

22:00 보도
22:30 연속방송극, 찬란한 인민의 태양 – 두번째 대표단 (2)
23:00 혁명가극 음악
23:30 장편소설, 역사의 새벽길 – 하 (42)
00:00~05:00 음악

〈조선중앙방송〉이 북한의 대표적인 라디오 채널이라면 〈조선중앙TV〉는 북한의 조선중앙방송위원회가 운영하고 있는 텔레비전 방송국이다. 〈조선중앙TV〉는 김일성이 1959년 9월 열린 제4차 노동당 대회에서 텔레비전 방송을 시작하라고 지시한 것에 따라 1963년 3월 3일 창설됐다. 제4차 노동당 대회 개최 전날 북한은 자체 방송설비를 가지고 첫 텔레비전 시험방송을 했지만 본 방송을 준비하는 것까지는 시간이 걸린 셈이다.

〈조선중앙TV〉는 1970년 10월 제5차 노동당 대회의 전 과정을 녹화중계하면서 북한 방송사의 새로운 장을 열었고 이 방송에 성공하면서 장비를 확충해 북한 전역에 중계탑을 설치했다. 이어 1974년 4월에는 팔(PAL) 방식의 컬러 방송을 시작했다. 1999년 7월부터 태국의 타이콤-3 위성을 이용한 시험방송을 했으며 같은 해 10월부터 본격적인 위성중계 방송을 시작했다. 위성중계 방송을 시작한 것은 북한 내 각 지역 송신소 간 TV 중계시설의 노후화 문제 해결과 체제의 대외선전 등을 목적으로 하고 있는 것으로 보인다. 2015년 2월부터는 HD(고화질)로 완전 전환했다. 북한은 〈조선중앙TV〉 방송의 시작에 대해 "우리 당 출판보도 체계를 비상히 강화하고 인민의 사상문화 생활에서 획기적인 사변"이라고 의미를 부여하고 있다.

방송 프로그램은 정치선전, 경제선전, 교육, 문화, 체육, 문예물, 영화 등을 편성해 내보내고 있는데 정치선전은 주로 최고지도자와 당의 위대성 부각에 중점을 두고 '세기를 빛내인 위대한 영도', '절세의 위인의 불멸의 역사', '만대에 빛날 불멸의 자욱', '잊지 못할 화폭', '주체의 나라 조선을 보고' 등의 프로그램을 내보내고 있다. 경제선전은 현지보도, 현지방송, 축하무대 등을 편성하고 있으며 지방에 파견된 특파기자들을 통해 각 지방의 소식을 전하고 있다. 교육방송은 학생들을 대상으로 한 '알아맞추기 경연' '글짓기 경연' '속셈 경기' '아동방송 시간' 등이 있고 '텔레비전 상식' '추억에 남는 영화' 등의 프로그램을 편성하고 있다.

〈조선중앙TV〉 프로그램 순서

2017년 12월 1일

09:16	김정은, 화성-15형 시험발사 지도
09:47	조선기록영화, 어버이수령님 농업근로자들과 함께 계시여
11:25	과학영화, 토양관리종합농기계
11:35	련속기행, 자강땅에 새겨진 불멸의 자욱을 따라 (1)
12:15	조선예술영화, 우리는 여기서 산다
14:00	김정은, 화성-15형 시험발사 지도

14:26 기행, 노래속에 꽃피는 일터를 찾아서 (4)

14:41 련속참관기, 피의 복수를 부르는 력사의 고발장
– 신천박물관을 찾아서 (9)

15:00 록화실황, 제16차 전국근로자들과 노래경연 – 사무원부류 독창종목결승

16:04 현지방송, 만선의 배고동소리 높이 울린다 – 동해어장에서

16:15 특집, 고려청자기 제1회

17:00 보도

17:14 오늘호, 중앙신문 개관

17:28 아동영화, 금붕어가 물어온 무우씨

17:59 조선기록영화, 순결한 량심을 조국에 바친 지식인들

18:20 소개편집물, 작고도 큰 집 – 덕천시 덕천대동강탄광인민병원

18:30 련속음악편집물, 위인의 음악세계 – 우리는 빈터에서 시작하였네

19:00 김정은, 화성-15형 시험발사 지도

19:33 현지방송, 결사관철의 정신 드높다 – 강원도 이천군민발전소건설장

20:00 보도

20:27 김정은, 화성-15형 시험발사 지도

20:51 특집, 위대한 우리 당에 영광을 드린다 – 평화의 힘

21:20 소개편집물, 석탄증산의 지름길 – 강동지구탄광련합기업소

21:26 소개편집물, 과학기술로 전진하는 탄전
– 순천지구청년탄광련합기업소 천성청년탄광

21:29 특집, 소년빨찌산의 노래는 계속된다

22:00 오늘의 보도 중에서

〈조선중앙TV〉는 통상 평일과 토요일에는 오후 3시, 매주 일요일과 '농민의 날'인 매월 1일과 11일, 21일에는 오전 9시에 방송을 시작한다. 하지만 최고지도자의 사망이나 중요한 정치행사가 있는 날에는 오전부터 방송하기도 한다. 오후 5시와 8시, 하루에 두 차례에 걸쳐 남한의 뉴스 프로그램에 해당하는 보도 프로그램을 내보내는데 20~30분 정도에 걸쳐 최고지드자의 동정과 북한 사회에 벌어지는 일들을 전파한다.

〈조선중앙TV〉 보도목록

2017년 12월 3일

- 김정은, 라오스 주석에게 축전
- 각계층, 조선혁명박물관 참관 김정일 회고 반향
- 사리원시 음악무용종합공연 이틀째 공연 소식
- 삼지연군건설장, 216사단 마감건재 전시회 개최
- 전력공업연구소 , 전력공업 주체화 과학연구사업 성과
- 선교구역과학기술연맹, 과학기술보급실 일신
- 식당배 대동강호에 3대혁명붉은기 수여
- 천리마구역 천리마소학교 민족음악교육 성과
- 류경김치공장, 평양시 곳곳에 김치판매대 개설 판매 성황
- 강원도에서 토끼고기요리경연 진행
- 민주꽁고정당 평양선언에 서명
- 인디아, 나이제리아인사들 화성-15형 축하 담화 발표
- 브라질공산당 제14차대회 조선연대성 문건 채택
- 국제스포츠 소식

조선중앙방송위원회에서 운영하는 채널 중 여타 매체와 다른 성격을 가진 것은 〈평양방송〉이다. 〈평양방송〉이 청취 대상으로 삼고 있는 것은 남한 주민이기 때문이다. 〈평양방송〉은 1955년 1월 1일 〈조선중앙방송〉에서 분리되어 독자적인 방송으로 출범했으며 초기에는 〈조선중앙제2방송〉으로 불리다가 이후 현재의 이름인 〈평양방송〉을 사용하고 있다. 북한은 〈평양방송〉의 임무에 대해 "김일성 동지와 김정일 동지의 혁명사상과 그 구현인 조선노동당의 정책을 널리 해설선전하고 김정일 동지의 두리에 전체 인민을 굳게 묶어 세워 민족 최대의 숙원인 조국통일 위업과 혁명의 전국적 승리를 이룩하는 데 이바지하는 것을 사지의 기본사명으로 하고 있다"고 규정했다. 이처럼 남한 청취자를 대상으로 하는 방송이라는 임무에 따라 방송 내용도 북한 체제를 찬양하고 선전하면서 남쪽 체제를 비난하는 내용이 대부분이다.

〈평양방송〉 방송순서

2017년 12월 4일

06:21	위대한 수령 김일성 동지의 회고록 세기와 더불어 제1부
07:00	보도
07:36	수필 – 강국의 기상
08:00	보도
08:16	시
09:00	김정은, 압록강다이야공장 현지지도
09:13	일화묶음 – 사회주의 바다향기에 실려오는 이야기

10:00 보도와 날씨
11:00 김정은, 압록강다이야공장 현지지도
11:40 논평 – 치욕의 주종관계 낳은 비참한 현실
12:00 보도
13:00 김정은, 압록강다이야공장 현지지도
13:41 논평 – 핵전쟁 위험을 증대시키는 군비증강책동
14:00 김일성방송대학 강의
15:00 보도
15:09 인민들 속에서 – 인민을 위해 바치신 노고 (3)
16:00 음악
16:11 유치원 어린이들과 학생 – 음악 감상
16:26 논설 – 대조선 압살야망 실현을 노린 미국의 범죄
16:37 논평 – 가련한 친미주구의 단말마적 발악
17:00 보도
17:35 회상기 방송극 – 혁명적 출판물 3·1월간
18:00 김정은, 압록강다이야공장 현지지도
18:25 시
19:00 음악
19:41 혁명가극 음악감상
20:00 보도
20:13 단편소설
21:00 보도
21:26 논설 – 낡은 것이 시대 밖으로 밀려나는 것은 역사의 필연이다
21:43 통합문제를 둘러싼 치열한 계파싸움
22:00 종합보도
23:00 김일성방송대학 강의

00:00 음악
00:43 논설 - 외세에 운명을 내맡기는 매국반역정체
01:00 음악
02:00 장편소설
03:00 음악
04:00 김일성방송대학 강의
05:00 음악

〈노동신문〉
'현안의 기준점 제시한다'

북한의 언론을 생각하면 대표적으로 떠올리는 것이 〈노동신문〉이다. 〈노동신문〉은 당국가 체제를 유지하고 있는 북한에서 집권당인 조선노동당의 대표 기관지라 할 수 있다. 다양한 현안에 대한 정책적 전략 노선과 입장을 담는다. 〈노동신문〉은 1945년 11월 1일 〈정로〉라는 제호로 출발했으며, 1946년 9월 1일 현재의 이름으로 개칭되었다. 북한 '조선대백과사전'은 신문의 사명에 대해 "주체의 혁명위업을 대를 이어 끝까지 완성해 나가는 데 적극 이바지하는 것"이라며 "주체사상의 요구대로 자연과 사회, 인간을 개조하고 전당과 인민을 김정일 동지의 주위에 묶어세우며 당 대열의 정치사상적 통일을 보장하기 위해 투쟁하는 것"으로 명시하고 있다. 이에 따라 〈노동신문〉은 대내외 주요 현안 및 정론이나 사설을 통해 북한 정권의 입장을 대변하고 있다.

〈노동신문〉은 1972년 11월부터 평양시 중구역에 있는 청사에서 발간되고 있는데, 1974년부터 면수를 6면으로 늘렸으며, 현재 발간 부수는 약 150만부로 알려지고 있다. 연중무휴로 발간되고 편집 형태는 전면 가로쓰기를 채택하며 모든 기사는 한글 전용이다. 사진과 활자는 특간호의 경우를 제외하고는 거의 흑백으로만 인쇄됐지만, 김정은 시대 들어 컬러 인쇄로 발간하고 있다. 김일성·김정일·김정은 이름은 글자 크기를 크게 하는 동시에 진하게 표기하고 있으며, 김일성·김정일·김정은의 발언과 직접적으로 관련된 내용은 글자체도 구분하고 있다.

신문의 1면과 2면은 정치면으로, 북한 고위층 동정 및 찬양 관련 기사와 정책 관련 사설, 정론 등을 고정적으로 싣고 있다. 3면은 경제면으로 각 지역의 경제 관련 소식, 4면은 사회면으로 북한 내 사회·문화·체육 소식이 소개된다. 간지인 5면은 남한 및 통일 관련 기사, 6면은 국제뉴스로 채워지고 있다.

〈노동신문〉 지면 구성

2017년 10월 20일자

1면
- 경애하는 최고령도자 김정은 동지께 베닌 인사가 선물을 드린 소식
- 김정은 동지의 혁명활동 소식을 여러 나라와 지역에서 보도
- 위대한 수령 김일성 동지와 위대한 령도자 김정일 동지의 영상을 형상한 모자이크 벽화를 여러 단위에 모시였다
- 인민경제 성과들

2면
- 글《불굴의 혁명적 신념을 안겨주시며》
- 최고인민회의 상임위원회 위원장이 끼르기즈공화국 대통령에게 보낸 축전

3면
- 철도운수 부문에서 이룩된 성과
- 여러 단위의 사업경험들

4면

- 공훈국가합창단, 모란봉악단, 왕재산예술단의 음악무용 종합공연을 관람한 자강도 인민들의 반향
- 만수대언덕에 높이 모신 위대한 수령 김일성 동지와 위대한 령도자 김정일 동지의 동상을 찾아 재일동포 조국방문단 경모의 정 표시
- 평양국제가구 및 건재 부문 과학기술전시회 폐막
- 조선민족의 력사와 문화를 반영한 22개 대상 국가비물질 문화유산으로 새로 등록

5면

- 론설 《평화와 안전을 수호하는 위력한 억제력》
- 론평 《전쟁미치광이들의 위험천만한 불장난》
- 글들 《감출 수 없는 도발자들의 정체》, 《식민지 하수인들의 승산 없는 놀음》
- 남조선에서 반트럼프, 반미투쟁본부 결성, 북침전쟁연습 반대투쟁에 돌입

6면

- 론설 《우리의 자위적 핵억제력에 평화가 있다》
- 인터네트 홈페지 《주체-네팔》 개설
- 민주꽁고단체 뷸레찐 《〈ㅌ.ㄷ〉결성 91돐》을 발행
- 조선 도서, 사진 및 수공예품전시회 로씨야에서 개막
- 글들 《인종차별이 만연하는 최악의 인권말살국》, 《앞날이 없는 썩고 병든 사회》

〈노동신문〉에서 가장 비중 있게 다루어지는 기사는 최고지도자의 동정과 사설 및 논평이다. 이 가운데 사설은 당의 방침이고 논평은 정세

에 관한 당의 입장으로, 여타 매체들은 〈노동신문〉의 논조를 기준으로 편집 방향을 결정한다고 할 정도로 각종 현안에 대한 기준점을 제시한다. 따라서 북한의 입장을 전달하는 과정에서 〈노동신문〉은 북한의 그 어떤 매체보다 중요하다고 할 수 있다. 특히 남북관계나 대미관계 등 북한의 대외 입장과 관련해 〈노동신문〉의 표현이 어떻게 변화하는지를 세심하게 살피는 것은 한반도 문제를 판단하는 데 매우 중요한 일이라고 할 수 있다.

한편 〈노동신문〉이 노동당의 기관지라면 〈민주조선〉은 최고인민회의와 내각의 기관지로 주로 북한의 정책적 입장을 담고 있다. 1945년 10월 15일 평안남도 인민위원회의 기관지로 만들어진 〈평양일보〉를 개편하여 1946년 6월 4일 북조선임시인민위원회 기관지인 〈민주조선〉으로 창간됐다. 그 후 1948년 9월 북한 정권이 수립된 후 최고인민회의 상임위원회와 내각의 공동기관지로 발전됐다.

조선백과사전에 따르면, 〈민주조선〉의 역할에 대해 "인민정권기관 일꾼들과 국가경제기관 일꾼들을 수령의 혁명사상, 주체사상으로 무장시키며 그들을 당과 수령의 둘레에 굳게 묶어세워 당 정책 관철에 힘 있게 조직 동원함으로써 온 사회의 주체사상 위업에 적극 이바지할 것"이라고 명시하고 있다.

현재 〈민주조선〉은 민주조선사에서 대형판으로 통상 월요일을 제외한 주 6회(화요일과 금요일 4면 편집, 김일성·김정일 생일 등 특별한 날에는 6면 편집)로 발행된다. 이 신문은 내각 기관지라는 성격에 맞게 편집에서 행정 실무와 관련된 문제 등을 많이 취급하는데, 최고인민회의와 최고인민회의 상임위원회 그리고 내각의 결정과 지시, 법령, 시책, 규정, 법규 등을 소개한다.

1972년 12월부터 헌법 개정에 따른 국가기관 체계에 의해 정부 대변지의 임무를 수행해오다가 1998년 9월부터 다시 새로 개편된 국가기구체계에 맞게 최고인민회의 상임위원회 및 내각지의 임무를 수행하고 있다. 조직은 책임주필을 최고책임자로 하고 그 밑에 15명 내외의 부주필을 두고 있으며, 편집국과 국제부, 이론선전부, 인민행정부 등으로 구성된 것으로 알려져 있다.

북한을 이해하는 과정에서 북한에서 발행돼 북한 주민들이 직접 접할 수 있는 〈노동신문〉이나 〈민주조선〉뿐만 아니라 재일본조선인총연합회(조총련) 기관지인 〈조선신보〉도 매우 중요하다. 〈조선신보〉는 1945년 10월 10일 창간된 〈민중신문〉을 모태로 하여 1946년 〈해방신문〉을 거쳐 1961년 지금의 〈조선신보〉로 이름을 바꾸었다.

〈조선신보〉는 조총련의 조직원이나 소속 동포들에 대한 사상교육과 북한의 정책 홍보가 주된 임무다. 하지만 최근에는 평양에 특파원을 두고 제한적으로나마 북한 내부 사정을 외부에 알리는 창구 역할도 하고 있다. 예컨대 2002년 7월 단행된 경제관리개선조치 이후 북한의 공장·기업소들을 탐방하여 이 조치가 북한 경제에 어떻게 영향을 미치고 있는지를 보도하기도 했다.

북한으로서는 자신들의 입장을 올곧이 전달할 대외 매체가 많지 않은 상황에서 특정한 대외 정책적 조치가 취해질 때 당국의 의도와 배경을 설명하는 채널로 〈조선신보〉를 활용하고 있다. 북한은 때로는 핵무기 보유나 핵실험, 장거리미사일 발사, 미·북관계나 남북관계처럼 중요한 사안에 대해 대외적으로 어떤 반응을 불러일으킬지 알아보기 위해 〈조선신보〉를 통해 메시지를 흘려 떠보기도 한다.

3

남북 만남의 현장, 준비하면 보인다

남북정상회담 '모든 가능성 열어둬라'

남북정상회담은 불신의 늪에 빠져있는 남북관계에 신뢰를 쌓고 현안을 일괄적으로 풀 수 있다는 점에서 매우 유용하다. 이에 따라 남한 정부는 꾸준히 북한에 정상회담 개최 의사를 밝혀왔고 전두환 정부와 노태우 정부는 비밀리에 북한과 특사를 주고받으면서 회담 개최 가능성을 타진했다.

남북정상회담이 구체적인 실현 단계로 접어든 것은 1990년대 중반에 이르러서였다. 1993년 초 북한이 국제 핵사찰을 거부함으로써 발화된 제1차 핵위기로 한반도에 긴장이 조성되면서 1994년 전쟁 위기에 직면하는 심각한 상황이 전개됐다. 그러자 지미 카터 전 미국 대통령이 방북해 핵문제 해결의 실마리를 풀면서 남북정상회담 개최에 대한 김일성의 약속도 받아냈다.

이후 김영삼 대통령은 정상회담 개최 절차를 논의하는 예비접촉을 갖자고 제의해 부총리급 예비접촉이 이뤄졌고 이 자리에서 양측은 남북정상회담을 그해 7월 25일부터 27일까지 평양에서 개최하기로 합의했다. 그러나 김일성이 7월 8일 갑자기 사망하면서 회담은 무산되고 말았고 사망 이후 조문단 파견 등이 남한 정치권에서 논란이 되며 오히려 남북관계의 악재가 되고 말았다.

1998년 출범한 김대중 정부는 북한의 태도와 무관하게 일관된 대북포용 정책을 추진했고 제3국에서의 특사 접촉을 통해 북한과 2000년 4월 정상회담 개최에 합의했으며 실무협의를 거쳐 양측은 그해 6월 12일부터 14일까지 정상회담을 갖기로 합의했다. 이후 북한 측이 '기술적인 준비관계'를 이유로 급박하게 일정을 바꾸어 방문 일정은 6월 13일부터 15일까지로 조정됐다.

노무현 정부에서는 2007년 7월 초 남북관계 진전 및 현안 협의를 위한 고위급 접촉을 북측에 제안했다. 당시 국가정보원장이 대통령 특사 자격으로 두 차례에 걸쳐 비공개로 평양을 방문하여 "8월 28일부터 30일까지 평양에서 남북정상회담을 개최하며, 이에 앞서 준비접촉을 갖기로 한다"는 합의서를 채택했다.

그러나 8월 7일부터 18일까지 집중호우로 큰 피해가 발생함에 따라 북한은 10월 초로 연기해 줄 것을 요청하여 왔으며, 양측 간 협의를 거쳐 10월 2~4일로 연기해 남북정상회담을 개최하는 것으로 조정하였다. 노무현 전 대통령은 10월 2일 서울-개성-평양 간 육로를 통해 북한을 방문했으며 최고통수권자로는 사상 처음으로 분단의 상징인 군사분계선을 걸어서 통과했다.

한반도 분단이 반세기를 훌쩍 넘어 열린 2000년 남북정상회담과 2007년 두 번째 정상회담의 현장에서 필자는 운 좋게 두 번의 회담을 모두 취재할 수 있는 기회를 가졌다. 물론 평양에서 열리는 회담의 현장이 아니라 서울 소공동 롯데호텔에 차려진 프레스센터를 지키는 역할이었지만 회담의 주요 기사는 서울에서 만들어지는 구조였기 때문에 오히려 평양에서보다 더욱 상세히 많은 기사를 썼고 역사적 의미까지도 곱씹을 수 있었던 시간이었다.

기자는 '역사의 관찰자'이지만 '흘러가는 역사 속 대중의 한명'이라는 점에서, 정상회담의 전개 과정을 지켜보는 동시에 기사를 작성하면서 온몸을 휘감던 전율과 기분 좋은 떨림은 여태껏 잊혀지지 않는다. 특히 2000년 제1차 남북정상회담 당시 김대중 전 대통령이 평양의 순안공항에 착륙해 트랩에서 내린 직후 공항에 직접 영접을 나온 김정일 국방위원장과 손을 잡던 순간의 벅참은 아직도 생생하다. 그날 반세기만의 첫 남북정상회담을 취재하기 위해 서울 롯데호텔의 프레스센터를 가득 메운 외신 기자들이 자리에서 일어나 박수를 치며 경외를 보낼 때는 알 듯 모를 듯한 자부심도 함께 느꼈다.

사실 국가 간 외교에서는 정상회담이 가장 중요하다. 통치의 정점에 있는 지도자 간의 만남이기 때문에 모든 현안에 대해 격의 없는 논의가 가능하고 이를 통한 결정과 합의도 가능하기 때문이다. 통상 국가 간 회담은 회담이 벌어지는 현장에서 떨어진 곳에서 이뤄지는 다양한 과정을 필요로 한다. 회담 현장에서 논의된 내용을 본국에 통보하고, 결심을 받아 다시 회담을 하면서 여러 과정을 거치게 된다. 더군다나 대상이 북한이라면 더 복잡한 과정을 거칠 수밖에 없다.

하지만 북한은 유일지배체제라는 중앙집권적 정치시스템을 유지하고 있고 따라서 최고지도자의 결정이 매우 중요한 위상을 가진다. 따라서 남북정상회담은 상상하는 것 이상의 합의와 결정이 가능하고 한반도의 국면과 상황을 일거에 변화시킬 수 있는 폭발력을 지닌 중요한 기회이기도 하다.

남북정상회담이 이러한 성격을 지니고 있기 때문에 그간의 실무협의를 포함해 북한이 기존에 내놓았던 담론들은 실제 회담 현장에서 큰 영향을 미치지 못할 수 있다. 통상 국가 간 정상회담은 회담에 앞서 여러 차례의 다양한 급의 실무회담을 통해 합의 사항을 결정한다. 실·국장급회담과 장관급회담을 통해 기본적인 가닥을 잡고 풀리지 않는 몇몇 쟁점은 뒤로 미루고 정상 간 회담은 형식과 의전에 집중하게 되는 것이 일반적이다.

하지만 남북정상회담은 다르다. 물론 남북정상회담 개최에 합의한 이후 사전에 차관급을 수석대표로 하는 준비접촉을 갖지만 이는 온전히 회담의 형식과 절차에만 집중하는 자리다. 대표단의 규모와 숙소, 이동경로와 경호는 어떻게 할 것인지, 취재단의 규모나 보도의 문제 등 지극히 형식적인 문제들이 주를 이룬다. 정작 중요한 의제는 거의 논의되지 않는다. 남북정상회담 과정에서 회담 의제는 특사교환 등을 통해 물밑에서 조율된다. 2000년 정상회담 때는 임동원 당시 국가정보원장이,

2007년에는 김만복 당시 국가정보원장이 각각 평양을 직접 방문해 김정일 국방위원장과 만나 의제를 조율했다.

하지만 특사 교환을 통한 의제 조율은 회담의 전반적인 밑그림을 그리는 것일 뿐이다. 실제 의제가 조율되고 논의가 이뤄지는 것은 남북정상회담 현장에서다. 물론 특사 교환의 과정에서 많은 이야기가 오가지만 실질적인 논의와 합의는 남북한 정상 간 논의를 통해서 가닥이 잡히고 결정이 이뤄진다. 이는 전술한 북한 체제의 특성에 기인한다. 최고지도자의 직접적인 언급을 통해 확인된 내용만 합의문에 담길 수 있기 때문이다. 북한 실무자들이 합의를 할 수 있는 여지가 없고 그만큼 최고지도자의 의중이 중요할 수밖에 없다.

2000년과 2007년 합의된 6·15공동선언과 10·4정상선언의 내용을 봐도 알 수 있다. 총 5개항으로 구성된 6·15공동선언의 2항은 "남과 북은 나라의 통일을 위한 남측의 연합 제안과 북측의 낮은 단계의 연방제안이 서로 공통성이 있다고 인정하고 앞으로 이 방향에서 통일을 지향시켜 나가기로 하였다"고 명시했다. 사실 이러한 제안은 노태우 정부에서 먼저 이뤄졌다. 1990년 10월 초 당시 서동권 국가안전기획부장은 특사로 비밀리에 방북해 김일성 주석과 김정일 국방위원장을 만나 "북측의 고려연방제 통일안과 남측의 한민족공동체 통일안은 나름대로 연구하여 만든 것이니 이 두 가지 안을 가지고 합의점을 도출하는 위원회를 만들자"는 취지의 제안을 했다. 그러나 당시 김일성은 연방제 수용과 남북한 정치회담을 고집한 것으로 알려졌다.(〈월간조선〉 1994년 8월호) 무조건 자신들의 입장을 수용할 것을 고집한 셈이다.

남북한 통일 방안의 공통점을 찾고 합의점을 모색하자는 6·15공동선언의 합의는 사실 북한이 기존 입장을 꺾은 셈인 반면 우리 정부는 기존 입장을 이어간 것이다. 이러한 합의는 일반적인 당국회담에서는 불가능하다. 수령제 시스템을 갖춘 북한에서 이런 문구에 합의할 수 있는 사람은 오직 최고지도자뿐이다. 따라서 남북정상회담은 어떤 합의도 이뤄낼 수 있는 남북한의 정치적 기제라는 점에서 불가능했던 모든 것이 가능한 공간이며 그만큼 유연한 사고로 접근하고 분석의 가능성을 열어둬야 한다.

6·15공동선언이 남북한 정상이 남북관계를 어떻게 풀어갈 것인지에 대한 원칙을 담았다면 2007년 합의한 10·4정상선언은 남북관계에 걸려있는 다양한 현안에 대한 해법을 구체적으로 명시했다. 서해평화협력특별지대, 개성-신의주 철도 개선, 조선협력단지 조성, 개성공단 활성화, 이산가족 상시 상봉, 다양한 급의 당국회담 개최 등 매우 구체적인 내용을 담았다. 사실 10·4정상선언에 담긴 대부분의 내용은 남측이 요구한 것을 북측이 수용하는 방식으로 합의가 이뤄졌다. 따라서 각급회담을 통해 북측에 꾸준히 요구되어 오던 것들이 남북정상회담이라는 고위급 채널을 통해 합의된 것이다.

이러한 점에서 남북정상회담의 취재 과정 중 선험에 따른 예단은 자칫 오보를 만들어 낼 가능성이 크다. 하위 레벨의 회담에서 북측의 완강한 반대로 합의되지 못하던 사안들이 남북정상회담을 통해 합의될 수 있기 때문이고 실제 그러한 상황이 많이 발생했다. 따라서 남북정상회담은 남북관계의 창의적 해법을 기자 스스로 만들어내야 하는 공간이기도 하다. 관료들의 정책적 상상력의 한계를 뛰어 넘을 수 있는 아이디어를 기사 등의 형태로 제언함으로써 진전된 남북관계를 만들어가는 것이 이 분야에 몸담은 언론인으로 영향력을 가지는 방법이다.

이산가족상봉 '사례별 범주화와 사전취재 필수'

이산가족 문제의 해결을 위한 노력은 남북관계의 출발점이었다고 해도 과언이 아니다. 1971년 8월 12일 최두선 대한적십자사 총재가 특별성명을 통해 이산가족 문제 해결을 위한 남북적십자회담을 제의했고 북한의 손성필 조선적십자회 중앙위원장이 답신을 통해 이에 호응함으로써 남북 간에 이산가족 문제가 협의됐다. 예비회담을 거쳐 본회담이 열렸지만 문제 해결의 실질적 합의는 이루지 못했다. 그럼에도 당시 남북 적십자 간 접촉은 판문점 연락채널의 구축 등을 통해 남북관계의 문을 열었다. 최근까지도 적십자 연락채널은 판문점에서 운용되고 있다.

이후 북한의 수해물자 지원 의사표명과 이를 전두환 정부가 전격적으로 수용한 것을 계기로 남북관계에 물꼬가 트이면서 1985년 5월 27~30일 개최된 남북적십자회담을 통해 '이산가족 고향방문단 및 예술공연단'을 교환 방문하기로 합의했다. 이 합의에 따라 1985년 9월 20일부터 23일까지 양측 각기 단장을 비롯하여 이산가족 고향방문단 50명, 예술공연단 50명, 취재기자 30명, 지원인력 20명 등 총 151명이 서울과 평양을 동시에 방문했다. 하지만 고향방문단 교환 사업은 1회성 행사로 그쳤으며 다음 이산가족 상봉이 이뤄지기까지 15년이라는 시간이 걸렸다.

2000년 남북정상회담이 이뤄지고 6·15공동선언에 "남과 북은 올해

8·15에 즈음하여 흩어진 가족, 친척 방문단을 교환하며 비전향 장기수 문제를 해결하는 등 인도적 문제를 조속히 풀어 나가기로 하였다"고 명시하면서 이산가족 문제 해결을 위한 실효적 초지가 취해졌다. 2000년 6월 27~30일 열린 제1차 남북적십자회담 합의를 통해 8·15 광복절을 계기로 서울과 평양에서 1,170명의 이산가족이 상봉의 기쁨을 누렸다. 이후 2000년 9월 북한 김용순 특사의 남한 방문 시에도 이산가족 문제가 집중 논의됐고 9월 20~23일 제2차 남북적십자회담을 개최해 제2차, 제3차 방문단 동시교환과 생사주소 확인, 서신교환, 이산가족면회소 설치 협의 등에 합의했다.

제4차 남북적십자회담(2002년 9월 6~8일)에서는 '전쟁 시기 소식을 알 수 없게 된 자들에 대한 생사·주소 확인' 문제를 협의·해결해 나가기로 함에 따라, 납북자와 국군포로 문제를 이산가족 문제의 틀 속에서 풀어나갈 수 있는 근거를 마련했다. 또한 쌍방은 제4차 남북적십자회담 이후 실무접촉을 열어 금강산 면회소를 1,000명 정도의 인원을 수용할 수 있는 시설물로 건설하여 운영해 나가기로 합의했다. 이러한 합의를 바탕으로 제5차 이산가족상봉이 2002년 9월 13일~18일, 제6차 이산가족상봉이 2003년 2월 20일~25일 금강산에서 진행됐는데, 여기에는 납북자와 국군포로 가족들이 본격적으로 포함되기 시작했다.

제5차 남북적십자회담(2003년 11월 4~6일)에서 남북한은 이산가족 화상상봉에 합의하여 이산가족 문제 해결에 새로운 방식이 도입됐다. 화상상봉은 이산가족 중 상당수가 고령으로 장거리 이동이 여의치 않고, 북한이 이산가족상봉 준비에 부담을 느끼고 있는 점을 고려한 조치였다. 화상상봉은 2007년까지 일곱 차례 실시되어 이를 통해 남북 양측의 3,748명이 만남을 가졌다.

제9차 남북적십자회담(2007년 11월 28일~2007년 12월 1일)에서 남북은 연간 이산가족 대면상봉 인원 400명, 분기별 화상상봉 40가족과 영상편지교환 30가족 등 상봉 규모의 확대와 정례화에 합의했다. 남북은 2008년 2월 5일 판문점 연락관 접촉을 통해 '이산가족 영상편지 교환에 관한 합의서'를 체결하고, 각각 20가족씩 영상편지를 교환하기도 했다.

이러한 다양한 이산가족 문제 해결 노력을 통해 상봉 행사는 1985년부터 2015년까지 총 20차례 이루어졌고, 화상상봉은 2004년부터 2007년까지 일곱 차례 진행되었으며, 서신교환도 한 차례 시범실시해 600건과 이산가족상봉 행사 시 79건 등 총 679건이 성사됐다.

이산가족상봉 행사를 취재하는 현장에서 항상 느끼는 것은 모든 사연이 소중하고 애절하다는 점이다. 한국전쟁 통에 가족을 잃어버리고 반세기를 훌쩍 넘어 부모와 처자식, 형제를 만나는 것인 만큼 모든 상봉가족들의 사연 속에는 애절함이 담겨 있다. 형과 동생을 만나 부모의 사망 소식을 전해 듣고 함께 오열하는 가족, 평생을 유복자로 살다가 아버지를 만나 원망과 만남의 기쁨을 눈물로 표현하는 자식, 곧 돌아오겠다며 집을 나섰다가 반세기 만에 아내를 만나 미안함에 고개를 떨구는 남편 등 100가족이 만나면 100가족 모두 애절한 사연들이 상봉 현장에 담겨 있다.

다만, 헤어질 당시의 사연뿐만 아니라 만나기까지의 시간이 길어지다 보니 상봉 대상자들이 노령화되어 또 다른 사연과 아픔을 낳는 사례도 많다. 치매에 걸린 부모가 반세기만에 만난 자식을 만나자마자 알아보기도 하고, 반대로 작별 때까지 자신을 알아보지 못해 눈물만 흘리는 자식도 있다. 상봉을 하다 혈압이 올라 쓰러져 아까운 상봉의 시간을 흘려보내는 경우도 있고, 몸이 불편해 거동이 어렵지만 반세기만의 상봉은 꼭 이루겠다며 구급차를 타고 상봉장을 향하기도 한다. 곡절 많은 사연을 취재하다보니 기자로서 이산가족상봉 행사가 고역스런 현장이 아닐 수 없다. 심지어 방송사 기자들은 작별상봉 등의 소식을 스탠딩으로 전하며 흐느껴 우는 일도 있다.

기자마저 감성적으로 만드는 이산가족상봉 현장을 취재하기 위해서 사전취재는 필수적이다. 사전취재는 크게 몇 가지 이점이 있다. 우선 감정에 빠져드는 상황을 막는 예방주사 역할을 할 수 있다는 점이다. 사전에 상봉자의 사연을 알게 되면 현장에서 감정적으로 흔들리는 상황을 막을 수 있다.

그러나 진정 사전취재가 중요한 이유는 원활한 기사 작성을 위해서다. 앞서 말한 것처럼 통상 100가족씩 이뤄지는 이산가족상봉 현장에서 모든 가족의 이야기를 다룰 수는 없다. 따라서 사전취재를 통해 각각 상봉가족의 사연을 범주화 해 다룸으로써 효율적인 기사 작성이 가능하다. 예를 들어 부모와 자식 간의 상봉, 형제 간의 상봉, 납북자 가족 상봉, 국군포로 상봉, 부부 상봉 등으로 범주화하고 각각의 사전취재 내용을 토대로 현장의 분위기를 담아 기사를 만들면 보다 손쉽게 작성이 가능하다.

사전취재의 중요성은 이산가족들이 상봉에 집중할 수 있도록 도와주기 위해서도 꼭 필요하다. 보통 이산가족상봉 행사는 2박3일간의 일정으로, 대략 11시간 정도 만남을 이어가게 된다. 첫 날 모든 가족들이 커다란 강당에 마련된 테이블에서 첫 만남을 가지는 단체상봉을 시작으로 동석만찬, 둘째 날 개별상봉과 동석오찬, 야외에서 소풍처럼 만남을 가지는 참관상봉, 마지막 날 작별상봉 등이다. 반세기를 훌쩍 뛰어넘는 헤어짐의 시간과 무게를 생각하면 굉장히 짧은 시간이다. 따라서 이산가족상봉에 대한 취재는 가족들이 온전히 만남에 집중할 수 있도록 배려해야 한다. 그런 면에서 기자들은 사전취재를 통해 기본적인 내용을 알고 있는 것이 중요하며 현장에서 보여지는 내용을 추가해 기사 작성을 진행해야만 한다. 취재는 알권리를 충족시키는 과정이지만 그것이 오랜 기다림 끝에 성사된 이산가족들의 고통을 치유하는 시간을 방해할 정도로 무게감을 가진다고 볼 수는 없기 때문이다.

일반적으로 이산가족상봉 행사는 통일부 출입기자들이 공동취재단을 구성해 취재하는 것이 일반적이다. 공동취재단은 통신 및 신문사의 기사 작성 기자와 방송사의 리포터, 그리고 사진과 동영상을 담당하는 기자들로 구성되어 있다. 따라서 사전취재는 기사 작성을 맡는 신문 및 통신 기자와 방송 리포터가 나눠서 진행하게 된다. 공동취재단이 행사 전체 기사의 질과 양을 책임진다는 점에서 사전취재는 각자의 사명감 속에 이뤄져야만 한다. 특히 최근 들어 개인정보 관리의 중요성이 커지고 있다는 점에서 이산가족들의 신분과 관련된 내용들을 관리하는 데도 세심한 주의가 필요할 것이다.

남북당국자회담 '남북한 예상공방표 만들자'

남북회담본부가 공개한 회담 통계에 따르면 이산가족 문제 해결을 위한 남북의 적십자 접촉이 시작된 1971년 이후 현재까지 정부가 참여한 회담은 모두 640여 건에 이른다. 이중 대한적십자사의 모자를 쓰고 치른 적십자 관련 접촉 50여 건을 제외해도 그간 열린 남북 간 회담은 580여 건에 달한다.

남북 당국 간 회담이 빈번히 열리기 시작한 것은 노태우 정부 때부터였다. 사회주의권 국가가 사회주의로부터 체제전환을 하는 가운데 1988년 출범한 노태우 정부는 대(對)공산권 관계와 남북관계에서 전환을 꾀하는 정책을 추구했다. 그 핵심은 북한을 대결과 경쟁의 상대가 아니라 민족공동체의 일원이자 화해와 협력을 바탕으로 공동번영을 추구해 나갈 선의의 동반자라는 인식의 전환이었다.

노태우 대통령은 1988년 2월 25일 취임사를 통해 남북협력 시대의 개막을 선언하는 한편, 남북적십자회담, 고위당국자회담, 교육당국회담 등 형식과 내용을 가리지 않고 대화의 문호를 활짝 열겠다고 밝혔다. 또 같은 해 7월 7일에는 평화공존 및 북한과의 교류·왕래를 핵심 내용으로 한 '민족자존과 통일번영을 위한 특별선언'(7·7선언)을 발표했으며, 8월 15일에는 광복절 경축사를 통해 남북정상회담을 제의했다.

국제정세 변화 속에 위기의식을 가지던 북한은 정무원 총리 명의로 남북고위급정치군사회담을 갖자고 제의해왔다. 우리 측은 이를 적극 수용하여 1988년 12월 28일 당시 강영훈 국무총리가 상호비방중상 중지, 상호존중 및 불간섭, 다각적인 교류협력 실시, 군사적 신뢰구축, 남북정상회담 개최 등을 의제로 남북 간에 총리회담을 갖자고 수정 제의하여, 남북고위당국자회담을 위한 예비회담이 성사됐다. 남북의 총리를 수석대표로 하는 고위급회담은 예비회담이 열린 지 1년 반이 지나 1990년 9월 4~7일 마침내 역사적인 제1차 회담을 갖게 됐다.

남북고위급회담이 실질적으로 진전을 이루기 시작한 것은 남북한이 유엔에 동시 가입한 이후인 1991년 10월 평양에서 열린 제4차 회담부터였다. 이 때 양측은 서로 합의를 이루게 될 문건의 명칭을 '남북 사이의 화해와 불가침 및 교류협력에 관한 합의서'로 정할 수 있었다. 아울러 이 합의서 안에 전문과 화해·불가침·교류협력의 장을 두고 수정 및 발효의 조항을 넣자는 것 등 구체적인 내용까지도 진전을 보았다.

제5차 남북고위급회담은 1991년 12월 10일 서울에서 열렸으며, 이 때 남북관계의 역사적인 문건인 남북기본합의서에 쌍방 총리가 서명하게 된다. 이후 남북고위급회담은 1992년 9월 15일에 열린 제8차 회담까지 세 차례 더 진행됐다. 남북고위급회담은 이 기간 동안 남북기본합의서의 이행을 위한 체계를 갖추고 북핵문제 해결을 위한 토대도 마련했다. 1992년 2월 19일자로 남북기본합의서와 한반도비핵화공동선언을 발효시켰으며, 남북기본합의서의 구체적 이행 대책을 협의하기 위해 정치·군사·교류협력의 3개 분과위원회를 구성·운영했다.

1992년 3월 19일에는 남북핵통제공동위원회 구성·운영에 관한 합의서를 발효시켰고 5월 7일에는 군사공동위원회와 경제교류협력공동위원회, 사회문화교류협력공동위원회를 구성·운영키로 하여 남북연락사무소를 설치하기로 합의했다. 9월 17일에는 화해공동위원회를 구성·운영하기로 하였으며, 도합 4개의 공동위원회들이 협의·실천해 나갈 근거로 각 분야별 부속합의서도 모두 타결하고, 각 공동위원회들의 제1차 회의 일자도 정하였다. 이로써 기본합의서의 이행체계가 완전하게 갖추어졌다. 그러나 북한이 남쪽에서 치러지는 한·미합동군사연습인 팀스피리트 훈련 등을 이유로 후속 회담을 무산시킴에 따라 기본합의서는 본격 이행에 들어가지 못했다.

본격적으로 남북 간 현안을 다루는 당국 간 회담 체계를 갖춘 것은 2000년 남북정상회담 이후부터였다. 남과 북은 6·15공동선언 제5항에서 "합의사항을 조속히 실천에 옮기기 위하여 빠른 시일 안에 당국 사이의 대화를 개최"하기로 했고 남북 당국 간 대화를 총괄하는 성격의 대화로 남북장관급회담을 열기로 했다.

남북장관급회담은 2000년 7월 29일부터 7월 31일까지 서울에서 제1차 남북장관급회담이 개최된 것을 시작으로 2007년 6월까지 21차례 개최되었다. 남북장관급회담에서는 경제·사회문화 분야의 교류협력과 인도적 문제 등은 물론 북핵문제, 남북 간 군사문제 등 남북관계 전반에 대한 현안이 논의되었다. 또한 남북장관급회담은 분야별 세부 이행 대책을 논의하기 위한 하위 회담 들을 생성하고 논의할 과제를 부여하는 한편, 하위 회담들에서 의견 차이가 좁혀지지 않거나 합의사항 이행 과정에서 문제가 발생할 경우 이를 협의·해결하는 중심적 협의체로의 기능을 수행했다.

남북장관급회담이 남북 현안을 모두 논의하는 자리로 시작되면서 보다 구체적인 군사적 현안을 논의하기 위한 남북군사회담을 탄생시켰다. 2000년 9월 제1차 남북국방장관회담이 개최된 이후 남북 군 당국간 실무급 대화가 활발히 이뤄졌다. 남과 북은 제1차 남북국방장관회담 합의에 따라 2000년 11월부터 2003년 1월 말 사이에 총 16차례의 남북군사실무회담과 남북군사실무접촉을 진행했다. 이 기간 중 남북 군사 분야 회담에서는 주로 철도·도로 연결 등 남북 간 경협에 대한 군사적 보장 조치를 논의하였다.

2002년 9월 17일 판문점에서 열린 제7차 남북군사실무회담에서는 양측 국방장관이 서명한 '동해지구와 서해지구 남북 관리구역 설정과 남과 북을 연결하는 철도, 도로 작업의 군사적 보장을 위한 합의서'를 교환, 발효시켰다.

노무현 정부 출범 이후에는 2004년 5월 26일 제1차 남북장성급군사회담을 시작으로 2008년 1월까지 총 7차례의 남북장성급군사회담이 개최됐고, 남북군사실무회담도 제17차에서 제36차까지 총 20차례 진행되는 등 27회의 각종 군사회담이 개최됐다. 특히 2004년 6월 3~4일 개최된 제2차 남북장성급군사회담에서는 '서해 해상에서 우발적 충돌 방지와 군사분계선 지역에서의 선전활동 중지 및 선전수단 제거에 관한 합의서'가 채택됐다. 2007년 남북정상회담 이후에는 10·4정상선언에서 합의한 군사 분야 이행을 협의하기 위해 제2차 남북국방장관회담이 2007년 11월 평양에서 개최됐다. 제2차 남북국방장관회담에서는 남북 간 군사 현안 문제 논의를 위해 '남북군사공동위원회'를 가동하기로 합의하였다.

남북 간 현안을 포괄적으로 논의하는 남북장관급회담은 경제 현안을 논의하기 위한 남북경제협력추진위원회도 출범시켰다. 남북은 6·15 공동선언 4항에서 합의한 경제협력 이행을 위해 2000년 9월 개최된 제3차 남북장관급회담에서 양측 차관급을 위원장으로 하는 남북경제협력추진위원회를 구성·운영하기로 합의하였다. 남북경제협력추진위원회는 2000년 12월 27일~30일 평양에서 제1차 회의를 시작으로 2007년 남북정상회담에서 양측의 부총리를 위원장으로 하는 '남북경제협력공동위원회'로 격상시키기로 합의함에 따라 발전적으로 해체될 때까지 13차례의 회의를 가졌다.

남북경제협력추진위원회는 철도·도로 연결, 개성공단 건설, 금강산 관광 등 3대 경협 사업과 농업·수산업·경공업·광업·어업·해운업 등에서 당국 및 민간 차원의 경제협력 사업을 개발·촉진해 나가는 문제, 남북경제교류협력 관련 제도적 장치 마련, 임진강 수해방지와 식량지원, 경제시찰단 교환 등 남북 간 경제 분야 전반에서 제기되는 현안 문제를 다뤘다. 남북경제협력추진위원회는 다양한 경제협력 사안들을 효율적으로 논의하기 위해 철도·도로, 개성공단 건설, 임진강 수해방지, 해운협력, 전력협력, 경제협력제도 분야에 대해 실무협의회 또는 실무접촉 등 하부협의체를 구성해 운영했다.

이명박 정부와 박근혜 정부를 거치면서 사실상 남북 당국 간 대화가 단절된 상황이지만 앞으로 남북관계가 대화국면으로 전환되면 위에서 언급한 대화체, 특히 김대중 정부와 노무현 정부에서 핵심적인 역할을 했던 남북의 장관급회담, 군사회담, 남북경제협력추진위원회 등은 다시 생명력을 회복할 가능성이 크다.

그렇다면 실제로 남북 당국 간 회담을 취재하는 기자 입장에서는 어떤 것을 중점적으로 살펴봐야 할까. 일반적으로 남북 당국 간의 회담은 며칠 일정으로 치러지든 '기-승-전-결'의 구조를 가진다. 마치 잘 만들어진 소설 같은 느낌이다. 남북이 현안을 제시하고 갈등하지만, 결국 합의하는 형태를 갖추는 것이 일반적이다. 물론 합의하지 못해 비극으로 끝나는 경우도 있지만 이 경우에도 '기-승-전-결'의 흐름은 이어진다.

실제 회담 사례를 통해 살펴보자. 2002년 8월 서울에서 열린 제7차 남북장관급회담은 어떠한 회담에서도 갈등은 존재한다는 것을 보여주면서, 갈등으로 인한 대립이 최고조로 이어져 회담 파탄에 대한 우려가 극에 달해 있는 상황에서도 극적으로 합의가 이뤄질 수 있다는 사실을 동시에 보여준다.

이 회담은 2차 연평해전 직후에 북한의 유감 표명이 이뤄진 이후 개최됐다는 점에서 남북 간 현안에 대한 순조로운 합의가 있을 것이라는 관측을 낳았다. 북한이 저자세로 나오면서 개최된 회담이었기 때문이다. 그러나 회담에서 남북 양측은 군사실무회담의 일정 확정을 둘러싸고 의견 대립을 거듭하면서 전체회의까지 미루는 힘겨루기를 했다. 사실 제2차 남북장관급회담 때는 군사 당국 간 회담 개최와 대북 식량지원 문제, 제3차 때는 남북경제협력추진위원회 구성, 제4차 때는 전력지원 문제, 제6차 때는 제7차 남북장관급회담의 서울 개최 문제를 놓고 남북

대표단의 갈등이 최고조에 달했다.

제7차 남북장관급회담에서 양측은 가장 큰 걸림돌로 작용했던 군사당국자회담 개최 문제에 대해 남측이 구체적인 일정을 제시한 데 반해 북측은 군부 건의로 수정 제의한 점을 감안, '빠른 시일 안에 개최하기로 한다'는 선에서 타협했다. 그리고 각종 남북 간 경제협력 일정에 합의를 하면서 공동보도문을 내놓기도 했다. 회담 진행 과정에서 일정을 미루거나 취소하는 등 극한 대립을 이어갔지만 결국 양측은 공동보도문을 발표했고 희극적 상황으로 마무리 한 셈이다.

반면 제6차 남북장관급회담은 전형적인 비극이었다. 2001년 11월 열린 이 회담은 미국의 대테러 전쟁에 따른 남쪽의 비상경계태세 속에 서울과 평양을 오가며 회담을 갖던 관행을 깨고 금강산에서 열렸다. 회담은 비교적 순항하는 듯 했다. 남북한이 이산가족 상봉에 의견을 모으고 남북경협추진위원회 개최 등에 대해서도 큰 차이가 없었다. 그러나 '악마는 디테일에 숨어 있다'는 말처럼 양측은 회담 개최 장소에 대한 이견을 좁히지 못했다. 남측은 서울, 북측은 금강산에서 회담을 갖자고 했고 결국 입장 차이를 좁히지 못해 회담은 결렬로 끝났다. 공동보도문을 발표하지 못한 유일한 장관급 회담이었다.

초기에 비교적 낙관적인 분위기가 이어졌기 때문에 금강산 현지 공동취재단은 비록 진통을 겪고 있지만 회담에서 양측이 곧 합의를 볼 것이라는 기사를 보냈지만 결국 결렬로 끝났던 사례다. 이렇듯 남북 당국 간 회담은 대결적인 남북관계의 속성상 필연적으로 갈등 요소를 내포하고 있어 그 방향이 어디로 흐를지 알 수 없다는 사실을 보여준다. 따라서 취재기자는 회담의 결과에 대해 쉽게 예단해서는 안 된다는 교훈을 준다.

오히려 취재 과정에서 중요한 것은 남북한의 갈등구조를 분명히 살펴보는 동시에 입장 차이에서 생겨난 갈등을 어떠한 틀로 해결해 나가는지 냉철하게 살펴야 한다는 것이다. 남북관계의 특성상 어떤 현안이든 입장 차이가 있을 수밖에 없다. 따라서 회담은 이 차이를 좁혀나가고 우회로를 만들어가는 과정인 셈이다. 합의에 이를 수 있을 만큼 차이를 좁히거나 남북 양측이 동의할만한 우회로를 만든다면 회담은 합의에 도달할 수 있지만 그렇지 않다면 깨질 수밖에 없는 것이다.

따라서 회담을 취재하는 과정에서 기자는 늘 현재 상황에서 양측의 입장을 반영하여 서로 '주고 받기'가 가능한 항목을 표로 만들어 보는 것이 바람직하다. 회담에서 논의될 현안의 항목을 분류하고 남북한의 입장 차이를 넣어 표를 만들면 각 항목 속에서 남쪽이 양보할 수 있는 것과, 반대로 북쪽이 양보할 수 있는 것이 보인다. 여기에 남북한 당국자가 전략적으로 내비치는 구체적인 표현까지 대입해 표를 만들어 놓으면 갈등을 우회하기 위한 방법론도 자연스럽게 예측 가능할 수 있다.

PART 2

남한의 창(窓)으로 북한을 보다[1]

❶ 인적 네트워크가 핵심

❷ 자료 정보의 획득과 활용

❸ 분단저널리즘의 꽃, 남북관계 칼럼

신석호 〈동아일보〉 디지털뉴스팀장

고려대학교 정치외교학과를 졸업했다. 기자 8년차인 2002년 처음 평양에 가게 된 것을 계기로 늦은 북한 공부를 시작했다. 2004년 경남대 북한대학원에서, 2008년 북한대학원대학교에서 각각 북한학 석사와 박사학위를 받았다. 이명박 정부 시절 격변의 남북관계를 현장에서 취재한 결과물인 '분단 저널리즘 뛰어넘기(2012)' 등 세 권의 책을 지었다. 3년 동안의 워싱턴 특파원과 국제부를 거치며 도널드 트럼프 행정부의 대북정책과 김정은의 핵폭주 드라마를 지켜보고 있다.

1) 이 글은 저자의 저서 '분단 저널리즘 뛰어넘기'(2012, 리북)의 일부를 발췌하여 수정·보완한 것이며 '분단저널리즘의 꽃, 남북관계 칼럼' 부분은 이 책을 위해 새로 집필한 것임을 밝힙니다.

1

인적 네트워크가 핵심

당국자 취재 '크로스체크로 비밀의 문 열다'

'모든 기사는 사람에게서 나온다' 언론사에 입사한 초년생 기자들은 기본교육 과정에서 반드시 선배들의 이러한 충고를 듣는다. 요즘에는 인터넷과 소셜네트워크서비스(SNS) 등에 팩트(fact)가 널려있는 것처럼 보이지만 의미 있는 특종은 아직도 대부분 세상에 알려지지 않은 은밀한 정보를 쥐고 있는 '사람'들로부터 나온다. 평소에 많은 인적 네트워크를 구축해 가동하고 있다가 필요한 시점에 맞춰 필요한 정보를 얻어내는 것은 모든 기자의 기본적인 과업이다.

북한 및 남북관계를 다루는 기자는 특히 인적 네트워크의 양과 질에 따라 성과가 달라질 수밖에 없다. 공개된 정보의 부족이 극심한 취재 분야이기 때문이다. 우선 북한은 진실을 말하지 않고 거짓 정보와 신호로 대남 선전선동을 일삼는다. 북한의 비밀스러운 움직임을 관찰하며 간혹 북한과 대화 등의 접촉 기회를 갖는 당국자들은 '보안'이라는 명분으로 자신이 가지고 있는 정보를 언론에 충분히 공급하지 않는다.

이러한 상황은 '대북소식통'이라는 이름으로 포장되어 확인되지 않은 첩보를 퍼나르게 되고 기타 이해관계나 이데올로기 등에 오염된 가짜 정보들이 활개를 치게 만든다. '풍요 속의 빈곤'이라고나 할까. 최근 북한 담당 기자들은 쏟아지는 가짜 정보 속에서 진짜를 골라내는 것이 중요한 일과처럼 되기도 했다. 이러한 상황일수록 당국자들에게 더욱 긴밀하게 접근해 사실관계를 확인하는 동시에 북한과 소통하는 민간취재원을 통해 우회로를 뚫을 수 있어야 한다. 진짜와 가짜 정보를 구분할 줄 아는 북한전문가들을 고루 활용해 함께 진실을 찾는 작업이 필수적으로 요구된다.

필자는 약 15년 동안 역대 정부의 대북정책 구상에 참여하고 실행한 학자와 관료 출신 당국자들이 어떠한 고민을 하고 어떻게 움직이는

지 곁에서 지켜봤다. 지식인들과 당국자는 행동양식이 다르다. 어떻게 다른가? 미국의 전략적 현실주의 사상가인 헨리 키신저가 저서 '외교(Diplomacy)'의 서문에서 지식인(intellectualls)과 정치인(stateman)을 비교한 명문을 패러디해보면 이렇다.

"북한연구자는 북한과 남북관계를 분석하지만 대통령과 대북정책 참모는 북한과 남북관계를 만든다. 북한연구자는 그가 공부하고 싶은 주제를 선택할 수 있지만 대통령과 대북정책 참모에게는 풀어야 할 문제가 제시된다. 북한연구자는 시간이 넉넉하지만 대통령과 대북정책 참모는 촌각을 다투는 짧은 시간에 결정을 내려야 한다.

북한연구자는 위험이 없다. 결론이 틀리면 다른 논문을 쓰면 된다. 대통령과 대북정책 참모는 단 하나의 가설만 허용되고 실수는 되돌릴 수 없다. 북한연구자는 가능한 모든 정보를 수집할 수 있고 자신의 지적인 힘으로 평가를 받는다. 대통령과 대북정책 참모는 당시에는 판명이 어렵고 스스로 만들어가는 평가와 판단에 근거해 행동해야 한다.

그들은 불가피한 변화를 얼마나 현명하게 잘 관리했는지, 그리고 얼마나 잘 평화를 유지하고 통일에 기여했는지에 따라 역사의 평가를 받는다"

여기까지는 그저 패러디지만 한 가지를 더 추가할 수 있을 것 같다. 북한연구자의 정세 판단이나 분석, 향후 전망은 기삿거리가 될 수도 있고 안 될 수도 있다. 하지만 그가 당국자가 된 뒤에는 다르다. 위와 같이 긴박한 현실 역사를 다루는 당국자의 한마디는 그것이 북한과의 사이에서 일어난 사건이든, 그것에 대한 평가와 판단이든, 그것에 대한 전망이든 모두 가치가 높은 기사 소재가 된다. 특히 그의 머릿속에 있는 것이 기자에게 공유된다면 환상적인 일이다. 신문 1면 머릿기사를 장식할 특종이 연이어 터지기 십상이기 때문이다.

하지만 당국자들의 말과 행동은 공무원법 등이 규정한 기밀사항에 해당된다. 외부에 알려지면 발설자 자체가 조사를 받고 인사조치를 당할 수 있다. 그래서 역대 청와대와 정보기관(국가정보원), 통일부, 외교부, 국방부 등 대북정보를 담당하는 관련 기관에서는 특정 언론사가 기밀을 입수해 보도하면 발설자를 찾는 대대적인 보안조사를 실시하기도 한다. 실제로 보안조사 결과에 따라 감봉이나 정직을 당하거나 아예 퇴직을 당하는 이들도 종종 나온다.

가장 많은 대북정보를 가지고 있는 국정원은 공개해도 무방할 것 같은 정보까지 싹쓸이 해 비공개 원칙을 고수하고 있다는 지적을 받는다. 기자는 물론이고 연구 활동에 필요한 정보 요청을 거절당한 학자들의 불만도 크다. 국정원은 그럴 때마다 북한 정보를 공개하면 그만큼의 정보자산(정보원)이 공개된다고 항변한다. 또 통일부에는 북한과의 대화 내용은 영원히 비밀로 지켜져야 한다는 신념을 가진 당국자들이 많다. 북한과의 신뢰관계를 명분으로 내세우지만 실제로는 남북 간의 대화를 독점하려는 조직 이기주의도 가끔 느껴진다.

하지만 모든 당국자가 그런 것은 아니다. 당국자 가운데 일부, 또 같은 당국자라 하더라도 특정한 경우에는 언론을 통해 역사의 진실을 세상에 알려야 한다고 생각한다. 정의감이나 의협심이 아니라 조직이나 개인의 이익을 위해 입을 열 때도 있다. 당국자가 왜 기자들과 위험한 거래를 하는지를 주제로 별도의 논문이나 책 한 권을 쓸 수 있을 정도로 이유는 다양하다. 어쨌거나 기자는 그들이 언제 어떤 방식으로 입을 여는지 잘 알고 접근할 필요가 있다. 아래는 필자가 15년 현장경험을 통해 체득한 노하우다.

당국자 취재의 5단계를 소개한다. 우선 1단계는 언론을 활용하려고 마음먹은 당국자들이 보안규정을 피해 자신이 드러나지 않기 위해 다양한 행동 양식을 나타낸다는 것이다. 절대 한 번에 모든 진실을 말하지 않는다. 누구한테 들었다고 하고 자신의 추측인 것처럼 진실의 일단만을 그것도 매우 조금씩 알려주기도 한다. 지나가는 말처럼 하기도 하고 일부는 질문을 하기도 한다. "그러한 일이 있었다면서요?"라거나 "제가 북한이라면 지금쯤에는 뭐라도 하고 있을 것입니다. 그것 좀 알아보세요"라고 할 수도 있다. 이러한 화법을 알아듣는 기자만이 진실에 접근할 티켓을 얻는다. 취재원이 사주는 밥이나 술에 취해 이른바 '말귀를 못 알아듣는' 기자들은 눈을 뜨고 낙종을 당하기 십상이다.

2단계는 당국자들은 어떤 특정 사안이 여론의 관심사에서 벗어나면 더 쉽게 입을 연다는 것이다. 당연한 속성이다. 한 마디만 잘못하면 신문 1면에 제목이 나가는 긴박한 상황에서는 당국자도 말과 행동을 조심한다. 하지만 한 달이나 세 달이 지난 뒤라면 어떨까? 비밀이 현안의 울타리에서 벗어나면 조금 더 너그럽게 진실을 이야기 할 여유가 생기게 된다. 기밀은 몇 년 단위의 유지기간이 있기 때문에 '오프 더 레코드(off the record, 비보도 조건)'가 전제로 달리기도 한다.

3단계는 이렇게 얻은 은밀한 북한 정보로 남북관계의 진실이라는 큰 그림을 그리기 위해서 관련 당국자 여러 명을 일정기간 동안 주기적이고 반복적으로 접촉해 퍼즐을 맞춰가는 교차확인이 중요하다는 것이다. 앞에서 언급한 당국자는 기자가 낌새를 채고 다시 확인을 요청하면 "그냥 해본 말입니다"라며 더 이상의 접근을 차단하기 일쑤다. 기사라도 나는 날이면 자신이 유출자로 몰리기 때문이다. 그래서 단서를 제공한 당국자에게는 당분간 연락하지 않는 것이 예의다. 대신 그 단서를 가지고 다른 당국자를 찾아가야 한다. 그래서 단서를 공유하는 형식으로 교차확인을 해야 한다.

4단계는 제대로 된 당국자라면 어느 정도 진실을 알고 찾아온 기자에게 거짓말을 하지는 않는다는 것이다. "어떻게 알았어요?"라며 일단 확인을 해준 뒤 자신이 가진 정보와 맞춰보려고 한다. 아주 은밀한 기밀은 취급 권한이 몇몇 당국자에게만 있기 때문에 다른 당국자들은 배제되는 경우가 많다. 그러면 그들도 속칭 '기자'가 되는 셈이다. 그들과 같은 팀을 만들어 공동취재를 할 수도 있다. 이 정도가 되면 진실에 80%는 다가간 셈이다. 내가 가진 정보와 네트워크, 그가 가진 정보와 네트워크가 더해지면 소위 '마법의 시너지'가 일어난다. 이 정도 협업의 팀이 구성되면 보도와 취재가 함께 이뤄진다. 보도가 나가면 보안조사가 진행되고 그래서 입을 닫아버리거나 접촉을 피하는 당국자도 있지만 오히려 다른 정보를 제공하는 당국자들도 나온다.

마지막 5단계는 '마법의 시너지'가 절정에 이르는 순간으로, 지금까지 별개인 것으로 알았던 사건들이 더 큰 그림을 가진 하나의 진실로 연결될 때를 맞는다는 것이다. 사안 A와 사안 B가 서로 묶여 있음을 확인하는 순간 전혀 보이지 않았던 진실 C가 윤곽을 드러낸다. 진실 C도 다른 진실 D와 연결돼 더 큰 상위의 전체그림 E가 될 수도 있다. 이쯤 되면 1보를 낙종한 경쟁사 기자들도 취재에 동참한다. 그들 역시 진실규명에 함께 나서면서 사건의 전모가 드러나게 된다. 이것이 취재의 묘미다. 그렇게 기자는 숨겨진 사초를 세상에 드러내는 존재의 이유를 체험하게 된다.

아래 이어지는 네 편의 기사 사례는 필자가 '이명박 정부 초기 남북관계와 천안함 폭침 사건과의 연관관계'라는 큰 주제로 2009년부터 2012년까지 내놓았던 일련의 단독보도다. 이명박 정부 출범과 함께 정부 내에 대북 협상파와 원칙파의 노선 갈등이 있었음을 최초로 드러낸 보도였다. 그 결과 2009년 가을 싱가포르의 남북 비밀접촉에서 제기된 남북정상회담 논의가 그 해 겨울 개성 회담에서 좌초되었고, 이에 북한이 반발하는 가운데 2010년 3월 천안함 폭침 사건으로 이어졌다는 흐름이다. 이해를 돕기 위해 일련의 보도를 위에서 제시한 당국자 취재의 단계에 맞춰 설명하면 아래와 같다.

우선 당국자도 제보를 하는 상황이다. 필자가 싱가포르 비밀접촉의 진실에 집착하기 시작한 것은 이 접촉의 결과로 2009년 11월 7일과 14일 개성에서 두 차례 만난 남한 통일부와 북한 통일전선부의 비공식회담(이하 통통회담)이 결렬된 것을 안 직후부터였다. 싱가포르 비밀접촉이나 통통회담 개최 사실을 모두 낙종하고 자존심이 상한 이후 이 사안을 끝까지 취재하기로 결심했다. 그 결과 당국자 A에게서 결정적인 힌트를 얻었다. "통일부가 북측으로부터 더 많은 양보를 받아내려 욕심을 내다가 임태희 장관(당시 노동부 장관)이 이룬 성과를 물거품으로 만들었다"는 것이었다. 대북 협상파에 가까운 인사였다. 하지만 다른 당국자 B는 "북한이 임 장관과 나눈 대화가 어느 정도 진정성이 있었는지에 따라 향후 역사의 평가가 달라질 것"이라며 대북협상 경험이 거의 없는 임 장관이 애초부터 안 될 일에 매달렸다는 평가를 내놓았다. 이 당국자는 대북 원칙파 인사였다. 이렇게 대북 협상과 원칙 준수의 정책갈등 속에서 진실의 일단이 1보 형식으로 세상에 빛을 본 것이다.

남북정상회담 싱가포르 비밀접촉

2009년 12월 21일 〈동아일보〉

정부가 올해 남북정상회담 개최 문제를 놓고 임태희 노동부 장관이 이끄는 비선(祕線)에 이어 통일부가 주도하는 당국 간 라인을 가동해 북한과 접촉했던 것으로 20일 확인됐다.

정부는 정상회담 장소와 관련해 김정일 국방위원장이 서울을 답방해야 한다는 요구를 양보하는 대신 평양 등 북측 지역에서 정상회담을 한 뒤 이명박 대통령이 국군포로와 납북자 일부를 영구 귀환 또는 일시적으로 남측을 방문할 수 있도록 데리고 돌아오는 방안을 추진했지만 최종협상 과정에서 북측의 반대로 무산된 것으로 알려졌다.

복수의 대북소식통에 따르면 북한은 올해 8월 김대중 전 대통령 조문단으로 김기남 노동당 비서와 김양건 당 통일전선부장 등을 남측에 파견한 이후부터 '올해 안에 정상회담을 하고 싶다'는 의향을 타진해 왔다.

정부는 한나라당 정책위의장 시절부터 대북 문제에 관심이 있던 임 장관을 북측과 접촉하도록 했다. 여당 관계자는 "임 장관은 서울에 온 조문단을 극비리에 만난 것으로 알고 있다"고 말했다.

임 장관은 10월 중순 싱가포르에서 김 통전부장과 원동연 부부장을 만나 정상회담 의제 등을 조율했으며 양측은 북핵 문제 논의와 국군포로 및 납북자 문제 해결 등 주요 의제에서 상당한 의견 접근을 봤던 것으로 알려졌다. 한 소식통은 "남북은 정상회담에서 핵 문제를 논의하고 정상회담을 상시화하는 방안에 의견 접근을 이뤘다"고 전했다. 또 "남측은 일부 국군포로 및 납북자들의 송환을 요구했으며 이에 대해 북측은 일부가 남측을 방문하는 것을 허용할 수 있고 송환도 검토할 수 있다는 태도를 내비치기도 했다"고 덧붙였다. 북측은 정상회담의 대가로 금강산 및 개성관광 재개와 남측의 대규모 식량지원 등을 원한 것으로 알려졌다.

그러나 통일부 등 정부 내 일각에서 비선접촉의 형태로 남북정상회담이 열리는 것은 그동안 남북대화의 투명성을 강조해 온 정부의 원칙에 맞지 않는다는 지적이 강하게 제기됐고 11월 열린 후속대화는 '통-통(통일부와 통전부) 라인'이 진행한 것으로 전해졌다. 남북 양측은 11월 7일과 14일 두 차례 개성에서 비밀접촉을 했지만 정상회담 이후 남측을 방문할 국군포로와 납북자 수 및 그에 대한 경제적 대가 등을 놓고 논쟁을 벌이다 협상이 일단 결렬된 것으로 알려졌다.

이에 대해 정부 내에서는 엇갈린 평가가 나오고 있다. 한 소식통은 "통일부가 북측으로부터 더 많은 양보를 받아내려 욕심을 내다 임 장관이 이룬 성과를 물거품으로 만들었다는 평가와 대북 협상 경험이 거의 없는 임 장관이 애초부터 안 될 일에 매달렸다는 평가가 동시에 나오고 있다"고 전했다. 다른 소식통은 "북한이 임 장관과 나눈 대화가 어느 정도 진정성이 있었는지에 따라 향후 역사의 평가가 달라질 것"이라고 전했다.

정부는 처음부터 북측이 제시하는 조건과 국익 등을 따져 정상회담을 할 수도, 안 할 수도 있다는 유연한 태도를 가졌던 것으로 알려졌다. 그러나 2012년 '강성대국의 대문을 여는 해'를 앞두고 남측의 대규모 경제지원을 노리고 회담 성사를 지시했던 김 위원장은 회담이 최종 결렬된 뒤 김 부장을 불러 3시간 넘게 호되게 질책한 것으로 알려졌다. 노동당 기관지인 〈노동신문〉이 11월 중순 이후 통일부와 현인택 장관을 실명으로 비난하기 시작한 것도 바로 이 때문이라는 관측이다.

북측 매체들은 최근에도 남측이 제기한 정상회담의 조건들을 반박하고 있다. 〈노동신문〉은 19일 "북핵문제는 북남관계와 아무런 상관이 없으며 북남관계 개선의 장애물이 될 수도 없다"고 주장했다. 이에 앞서 이 신문은 11일자에선 "국군포로니 납북자니 하는 것은 아무 실체도 없는 유령에 불과하다. 포로 문제는 정전협정 때 다 해결된 문제이며 의거 입북자는 있어도 납북자는 애당초 있어 본 적이 없다"며 기존 주장을 되풀이했다.

그러나 남북정상회담 개최 가능성이 완전히 사라진 것은 아니라고 소식통들은 관측했다. 북한은 통일부와의 대화가 결렬된 뒤 다시 다른 채널을 통해 대화 가능성을 타진하는 것으로 알려졌다. 이명박 대통령은 지난달 27일 '특별생방송 대통령과의 대화'에서 "북핵 포기에 도움이 되고 국군포로 등 인권 문제를 위해서라면 언제든지 (김 위원장을) 만날 수 있다"고 말했다. 국가안보전략연구소는 최근 발간한 내년도 정세전망

> **보고서에서 "미국과의 관계 개선이 장기적인 교착상태에 빠지면 북한은 경제지원 및 금강산관광 재개를 받아내기 위해 국군포로 및 납북자 문제에 대한 우리 정부의 요구를 대폭 수용할 가능성이 있다"고 전망했다.**

그 다음 단계로 여론의 관심이 지나가면서 당국자가 입을 연 상황이 전개됐다. 연말과 연초를 지나면서 대중의 관심이 시들해진 남북정상회담 뒷이야기를 파고 들어갔다. 정부 관계자와 당국자들도 조심스럽게 입을 열었다. 개성회담이 깨진 뒤에도 북한이 남한 정치권 인사들을 통해 대화제의를 계속해오고 있다는 사실이 명확해졌다. 당국자 E는 기사가 나간 직후 "북한이 다시 비선을 요구하고 있고 이쪽에서도 '이번에는 내가 나서 보겠다'는 사람들이 있다"고 전했다.

북한의 한 대남부서 당국자도 비슷한 시기에 한 대북지원 단체 대표에게 "김정일 장군님이 남측과의 정상회담 개최를 위해 남측이 정상회담을 계기로 송환해주기를 원하는 국군포로 170명, 납북어부 4명을 찾아 잘 먹이고 있다"고 말했다. 통일부를 빼고 임태희 비선과 다시 대화하고 싶다는 '대남 공작'이었다.

정부 관계자 F는 해가 바뀐 2010년 1월 "후계 구도를 안착해야 하는 북한은 남한의 지원이 절실하다. 북한이 정치권 고위 인사들을 통해서 해외 여기저기서 만나자고 한다. 그래서 창구를 통일부로 일원화해야 한다"고 했다. 당국자 G는 같은 달 "정상회담 논의는 밝힐 수 없는 통로로 진행은 되고 있지만 매우 더디다. 기본적으로 정부가 아직 경직돼 있다. 아직 보수 스탠스다. 그래서 속도가 안 난다. 하지만 북한의 6자회담 복귀 등 북핵문제가 급물살을 타면 빨라질 가능성이 있는 것이 사실이다. 휘발성이 있다"고 했다.

하지만 2월로 접어들고 시간이 지날수록 남북한 당국자와 관계자들이 전해오는 남북관계는 비관적인 상황으로 변해갔다. 김정일 국방위원장이 국군포로 140명을 잘 먹이고 있다던 북측 당국자는 같은 민간단체 대표를 통해 "이제 남측과 남은 것은 전쟁뿐이다. 우리가 백령도를 점령한 뒤 서울에 핵을 겨누면 MB가 어떻게 하나 보자"고 위협했다. 다른 민간 관계자 H는 다음 달인 2월 "남북정상회담은 당분간 쉽지 않을 것이다. 우리 쪽이 내건 조건 가운데 국군포로 및 납북자 문제를 북쪽 사람들이 풀기 쉽지 않을 것이다. 체제문제여서 북한 내부 정치적으로 소화하기가 쉽지 않다고 한다. 북측은 '회담이 열리면 논의될 수도 있다'는 입장이지만 남측은 그런 말만 믿고 정상회담을 할 수 없다고 한다"고 전했다. 당국자 I도 같은 달 "북한은 현재 보수적인 당국자들이 이명박 대통령을 둘러싸고 남북정상회담을 반대하고 있다고 인식하고 있다"고 말했다. 당시 북한 매체들은 통일부, 외교부, 국가정보원, 국방부를 '경인 4적'이라고 하고 기무사령부를 포함해 현대판 '을사 5적'이라고 비난하고 있었다. 그리고 3월 26일 전대미문의 천안함 폭침 사건이 터졌다.

이 때 필자는 다른 두 사건의 상관관계를 찾아 질문을 던지는 방식으로 접근했다. 우리 해병 46명이 수장된 전대미문의 사건에 빠져 한동안 허우적거리던 중 정확히 시점을 알 수 없는 어느 시점에 잠시 접어둔 숙제를 떠올렸다. 남북정상회담 논의 추적이 그것이다. 그리고 비로소 커다란 가설 하나를 얻을 수 있었다. 북한 조문단의 방문, 남북정상회담 논의, 이어진 천안함 폭침은 별개의 사건이 아니라 서로 연관된 한 묶음일 수 있다는 것이다. 위 북한 당국자가 말한 것처럼, 천안함 폭침이 남북정상회담 논의 불발에 대한 북한의 보복성이라면 통일전선부가 나서서 남북정상회담을 통한 남측의 경제적 지원을 노리다가 뜻대로 안 되자 이번에는 군부가 나서서 대남 무력도발을 감행했다는 시나리오였다.

이런 가설을 들고 또 다시 복수의 당국자들을 취재하기 시작했다. "저는 이렇게 생각하는데 어떻게 생각하세요?"라고 물으면서 새로운 이야기를 끌어냈다. 또 몇 달이 흘렀고 취재 결과를 바탕으로 2010년 7월 5일 필자는 정치부 데스크에 '천안함 폭침 사건은 현재까지 알려지지 않은 남북정상회담 논의 결렬에 대한 북한의 보복'이라는 제목의 보고서를 올렸다. 데스크는 북한이 천안함 폭침 전 대화 재개에 매달렸다는 사실을 실제 인물로 입증하라는 지시를 내렸다. 북한이 접촉한 정치권 인사를 직접 만나라는 것이었다. 다시 취재원들을 교차취재한 끝에 2010년 7월 말 경 여권 중진 정치인 A를 만날 수 있었다.

이렇게 취재의 방향과 목표가 명확하게 나온 상황에서 어느 정도 진실을 알고 물어보면 제대로 된 당국자일 경우 그 사실을 부인하지는 않는다. 한 여권 인사가 북한 통일전선부 당국자들이 개성회담이 결렬된 2009년 12월부터 2010년 2월까지 A를 제3국에서 여러 차례 만나 '임태희 비선의 싱가포르 합의'를 지키라고 요구했다는 결정적인 단서를 제공했다. 나는 A를 직접 사무실에서 만나 확인을 요구했다. 그는 정확하게 확인해 주지 않았지만 내가 알고 있는 내용을 굳이 부인하지 않았다. 그를 만나고 돌아온 뒤 나는 회사에 기사를 쓰겠다고 보고했다. 〈동아일보〉 2010년 8월 2일자부터 3일 동안 게재된 '남북정상회담 막전막후' 시리즈 기사는 이렇게 나왔다.

北 '천안함' 직전까지 정상회담 요구

2010년 8월 2일 〈동아일보〉

북한이 지난해 12월 여권 중진 인사를 통해 정상회담 개최와 비료 지원 등 3개항의 요구사항을 청와대에 전달한 것으로 확인됐다. 그러나 우리 정부는 수개월 동안 명확한 답을 주지 않았고 북한은 3월 26일 천안함 공격 등 무력도발을 감행했다.

1일 대북 소식통들에 따르면 지난해 11월 개성에서 두 차례 열린 남북정상회담 개최를 논의하기 위한 통일부와 통일전선부 간 비밀회담이 결렬된 뒤인 12월 북한은 여권 중진 인사인 A씨와 접촉해 정상회담 개최 등을 요구했다. 북한은 A씨에게 "현인택 통일부 장관이 이끄는 통일부를 빼고 이전에 임태희 노동부 장관(현 대통령실장)과 하던 이야기를 계속하자"고 제의한 것으로 전해졌다. 대남 접촉의 주체는 김양건 통전부장과 원동연 이종혁 부부장 라인인 것으로 알려졌다.

북한이 내건 세 가지 조건은 △지난해 10월 임 장관이 '대통령 특사 자격'으로 합의한 약속(남북정상회담 개최와 그 대가로 경제적 지원)을 이행하고 △남북 간에 통일부와 국가정보원 등 남측 공식 라인이 아닌 비공식 대화채널을 만들어 운영하며 △남측이 대화를 계속하겠다는 진정성의 표시로 비료 30만t 등 경제적 지원을 해야 한다는 내용인 것으로 전해졌다.

A씨는 이를 청와대에 전달했고 청와대와 정부 외교안보라인 책임자들은 이 제안을 놓고 격론을 벌인 것으로 알려졌다. 이처럼 정부 내 논란이 계속되면서 청와대는 A씨에게 확실한 답변을 주지 않았고 A씨는 북측에 "올해 3월말~4월초에는 답을 주겠다"고 약속한 것으로 전해졌다. 그러나 북한은 남측의 답변 약속시한이 얼마 남지 않은 3월 26일 천안함 폭침 사건을 감행했다.

이에 따라 북한이 남한과의 정상회담 개최 논의가 최종 결렬된 것으로 판단하고 그 보복으로 천안함 사건을 일으켰을 가능성이 제기되고 있다. 다만 천안함 사건이 일어난 뒤 A씨와 접촉했던 북한 통일전선부 라인은 당황한 기색을 보인 것으로 알려졌다. 이는 김정일 국방위원장이 통일전선부를 배제하고 군부를 움직였거나 군부가 독자적으로 천안함 사건을 일으켰을 가능성을 보여준다.

이렇게 비밀을 보도하니 또 다른 비밀이 굴러 들어오게 됐다. A에 대한 보도가 나가자 두 가지 재미난 일이 일어났다. 2010년 초반 당시 정부 핵심 요직에 있었던 C와 L의 측근들이 전화를 걸어와 "신문에 쓴 A가 우리 어른을 말하는 것이냐?"고 물어왔던 것이다. 결국 임태희 비선을 다시 가동하자며 북한이 접촉한 여권 중진들이 적어도 3명 이상이었던 것이 드러난 셈이다. 비록 실명을 밝힐 수는 없지만 C와 L은 여러 면에서 A와 비교가 되지 않는 중량급 인사들이었다.

다른 한 가지는 북한의 여권 중진 접촉은 아주 은밀하게 이뤄져 통일·외교·안보 핵심 당국자들도 이를 몰랐다는 것이다. A에 관한 첫 보도를 하기 전 이경박 전 대통령의 외교·안보 정책을 총괄하고 있다고 자타가 공인했던 한 인사는 "오보다. A라는 사람은 없다. 그런 것을 쓰면 〈동아일보〉가 좋은 신문이 아니다"라고 말했다. 여권 중진들이 대통령에게 직보를 했고 이 인사는 질책을 당했을 가능성이 컸다. 어쨌든 북한은 2009년 12월부터 A, C, L과의 접촉을 시작하면서 다양한 채널을 통해 남한 정부를 압박했다. 구애와 위협을 병행하는 특유의 이중전술을 편 것으로 풀이된다.

이 정도 상황에 이르면 당국자 교차 확인을 통해 사안의 본질에 보다 가깝게 다가갈 수 있다. A를 쫓는 과정에서 임태희 전 장관과 현인택 전 장관은 협조관계가 아니라 갈등관계였다는 사실도 굳어졌다. 정부 내에 임 전 장관을 중심으로 한 대북 대화파(협상파)와 현인택 통일부 장관을 중심으로 한 대북 원칙파(강경파)가 노선 갈등을 겪었다는 사실도 확인했다.

任 "협상" vs 玄 "원칙" … 엇갈린 대북라인, 남북관계도 꼬였다

2010년 8월 3일 〈동아일보〉

지난해 8월 북한 조문단이 김대중 전 대통령의 빈소에 나타나면서 남북 간 정상회담 논의가 시작된 지 1년이 흘렀다. 2일 〈동아일보〉 취재 결과 지난 1년간 정부 내에서는 북한과의 대화를 둘러싼 논란과 물밑 힘겨루기가 계속됐던 것으로 확인됐다. 임태희 당시 노동부 장관(현 대통령실장) 비선 라인으로 상징되는 대북 '협상파'와 현인택 통일부 장관으로 대표되는 대북 '원칙파'의 대결이 그것이다.

복수의 소식통은 김기남 노동당 비서와 김양건 통일전선부장 등이 지난해 8월 23일 청와대를 방문해 이명박 대통령을 접견했을 무렵 북한 문제를 다루는 외교안보라인 당국자들의 입장은 두 갈래로 극명하게 엇갈렸다고 전했다.

한 당국자는 당시 "한반도의 안정적인 관리를 위해 북한을 테이블에 앉혀 놓고 변화시켜야 한다"며 '전략적 관여(strategic engagement)'를 실천할 수 있는 기회라고 주장했다. 반면 다른 당국자는 "두 차례나 핵실험을 하고 3대 세습을 추진하는 북한과 대화해서 우리가 얻을 것이 없다"며 "북한과 섣불리 대화할 경우 정권의 위기를 자초할 수 있다"고 반박했다.

기선을 잡은 것은 협상파였다. 당시 임 장관은 이미 정권 출범 초기부터 한나라당 당직자와 대북 전문가 그룹으로 대북 비선라인을 가동하고 있었다. 2009년 여름 당시 정부는 그해 3월 북한에 억류된 개성공단 근로자 유성진 씨를 석방시켜야 하는 등 남북 현안을 풀어야 하는 다급한 상황이었다. 이명박 대통령은 임 장관의 비선이 북한과 접촉할 것을 승인했다.

연내 정상회담 개최를 통해 경제지원을 받아내려는 북측과 이를 조건으로 남북 간 현안을 풀고자 했던 임 장관의 비선라인의 활동으로 남북문제는 일사천리로 풀리는 듯했다. 임 장관은 조문단의 방한에 역할을 했고 이후 산적한 현안을 하나하나 풀어 나갔다. 당시 정부 안팎에서는 조문단 방문 이후 남북 현안들이 속속 해결되자 "보이지 않는 손이 있다"는 이야기가 나왔다. 바로 임태희 비선라인이었다.

그러나 북한이 10월 싱가포르 비밀회담에서 연내 정상회담 개최를 조건으로 대북 경제지원을 요구하면서 문제가 꼬이기 시작했다. 이명박 정부는 출범 이후 북한과 대화를 하는 대가로 경제적 지원을 하지 않을 것임을 강조해 왔다. 임 장관이 주저하자 김양건 부장은 "사인을 받아가지 못하면 내가 죽는다"고 위협한 것으로 알려졌다. 그러나 그것이 마지막이었다. 임 장관의 싱가포르행이 언론에 알려지면서 비선라인의 활동은 중단됐다. 임 장관의 독주에 불만을 품은 정부 쪽에서 언론에 정보를 흘린 것이 아니냐는 관측도 나왔다.

이후 원칙파의 무대가 왔다. 현인택 장관은 비선 합의만을 근거로 정상회담을 발표할 수는 없으며 정부 간 공식 라인의 합의가 있어야 한다고 이 대통령을 설득한 것으로 알려졌다. 이 대통령은 공을 세운 임 실장을 배제하고 이번에는 통일부와 국가정보원 등으로 구성된 정부 협상단에 추가협상을 지시했다.

11월 7일 개성에서 열린 남북 당국 간 비밀접촉에서 남북은 1시간 동안 각자의 주장을 일방적으로 늘어놓은 것으로 알려졌다. 정부 협상단은 '원칙'을 강조하며 김정일 국방위원장의 서울 답방 요구 등을 조건으로 내세웠다. 이에 북측도 "왜 말을 바꾸느냐"고 버텼고 경제지원을 이면합의하거나 6·15 및 10·4선언 이행을 공개적으로 약속할 것을 요구했다. 11월 10일 양측 협상팀이 예상치 못했던 대청해전이 발발했고 11월 14일 다시 만난 양측은 "더 할 말이 있느냐. 나는 할 말이 없다"는 통보만 남기고 회담장을 나갔다.

회담이 결렬되자 곳곳에서 파열음이 터져 나왔다. 정부 내 협상파는 "관료들이 공을 세우려고 욕심을 내다가 우리가 다 해놓은 밥을 엎질렀다"고 공공연하게 비난했다. 반면 원칙파는 "북한을 잘 모르는 비선이 합의한 대로 정상회담을 했으면 북한에 이용만 당하고 정권 지지층이 이반됐을 것"이라며 "그 정도로 막은 것만 해도 다행"이라고 반박했다.

북한은 현 장관 등 정부 관료들이 이 대통령을 막고 있다고 생각한 듯 지난해 12월 여권 중진인사 A씨 등을 통해 "임태희 비선라인과 합의한 내용을 다시 논의하자"고 전달해 왔다. 청와대 당국자는 그 같은 내용을 전한 〈동아일보〉 보도(2일자 A1·3면 참조)에 대해 2일 "우리 정부와는 무관한 일"이라고 말해 정부가 당분간 비선을 통한 북한과의 대화에 나서지 않을 방침을 내비쳤다.

일각에서는 지난해 협상에 대한 이 대통령의 태도에도 문제가 있었다는 지적이 나온다. 비선라인을 통해 얻을 것을 다 얻은 뒤 일방적으로 협상대표를 바꾸고 조건을 높인 것은 협상의 원칙에 맞지 않는다는 것이다. 당시 김양건 부장은 "한국에서 대기업이 중소기업 다루듯이 우리를 다루느냐"며 역정을 낸 것으로 알려졌다. 한 전문가는 "북한은 대하기 어려운 특별한 상대이고 보통의 다른 나라와 외교를 하듯 북한을 다루면 안 된다"며 "이 대통령이 처음부터 북한을 너무 쉽게 생각한 것 같다"고 지적했다.

이어 당국자는 내용을 가장 잘 아는 기자를 찾는 단계다. 임 전 장관은 그로부터 2년 가까이 흐른 2012년 6월에야 기자에게 싱가포르 비밀접촉의 속살을 털어놓았다. 그는 약 30분 동안의 단독 인터뷰에서 필자가 알고 싶었던 거의 모든 내용을 확인해 주었다. 따끈따끈한 남북관계의 비밀을 주인공에게서 직접, 그것도 공개적인 보도를 허락받고 듣는다는 그 기분을 기자가 아닌 사람은 모를 것이다.

그가 전향적으로 인터뷰에 응했던 것은 질문자인 내가 이미 많은 진실을 알고 있고 상당부분을 보도한 것을 보았기 때문일 것이다. 내용을 전혀 모르는 기자에게 말하는 것보다는 잘 아는 기자에게 진실을 털어놓는 것이 역사의 기록 차원에서도 옳다고 보았던 것 같다. 임 전 장관은 필자를 '만나야 할지, 만나지 말아야 할지' 사이에서 만남을 선택했고 만난 이상 숨길 수 없다는 태도였다.

물론 필자는 현인택 전 통일부 장관과 지금도 좋은 관계를 유지하고 있다. 하지만 현 전 장관은 아직 과거의 역사에 비밀을 지켜야 할 의무가 자신에게 있다고 생각하고 있다. 필자는 이를 존중하고 있고 언젠가 또 직접 그 때의 일을 역사로 남겨야 한다는 의무감을 가지고 있다.

"北 김양건 통전부장 여러번 만나 국군포로 송환-경제지원 논의했다"

2012년 6월 20일 〈동아일보〉

새누리당 대선예비후보인 임태희 전 대통령실장이 남북정상회담 개최를 위해 진행된 2009년 10월 남북 싱가포르 비밀접촉의 진실을

〈채널A〉에 공개했다. 임 전 실장은 북측 파트너였던 김양건 당시 노동당 통일전선부장(현 노동당 비서)과 함께 6·25전쟁 당시 북측에 묻힌 국군 유해 발굴 문제도 논의했다고 밝혔다.

임 전 실장은 19일 서울 종로구 수송동 후원회 사무실에서 〈채널A〉와 단독인터뷰를 갖고 "(김양건 부장을) 싱가포르에서 만난 것이 사실"이라고 확인했다. 임 전 실장은 "횟수를 말할 수는 없지만 (김 부장을) 여러 번 만났다"고 말해 싱가포르 비밀접촉 외에 수차례 추가 접촉을 했음을 시인했다.

싱가포르 비밀접촉은 이명박 정부가 남북정상회담 개최 문제를 놓고 북한과 가장 가까이 다가섰던 남북 간 소통이었다. 남측 주역인 임 전 실장은 비밀회동 직후 이 사실이 언론에 보도된 이후 관련 내용을 일절 확인하지 않았다.

싱가포르 비밀접촉에서 남북 양측은 정상회담 개최를 위한 양해각서 초안을 작성했다. 양해의 핵심은 북한이 국군포로와 납북자 일부의 남한 내 고향방문이나 송환을 허용하는 대신 남한이 그 대가로 경제적 지원을 하는 한국판 '프라이카우프'였던 것으로 확인됐다.

임 전 실장은 "국군포로 이산가족 납북자 문제들에 대한 북측의 인도적 조치에 상응해서 우리가 식량이나 기타 물품들을 지원하는 프라이카우프의 원형을 이야기했다"고 설명했다. 임 전 실장은 북한 내 국군 유해 발굴 사업에 대해 "우리가 제의해서 함께 공동노력을 하고 구체적으로 실천문제까지도 논의한 적이 있다"고 확인했다.

임 전 실장은 양해각서 초안에 대한 최종합의는 남북 당국 간 회담에 넘겼다. 이에 따라 남북 당국 간 비공식 회담이 싱가포르 비밀접촉 한 달

뒤인 2009년 11월 7일과 14일 개성에서 열렸다. 하지만 통일부가 이끄는 정부 협상단과 북측 통일전선부는 정상회담 조건을 놓고 최종 합의를 이루지 못했고 정상회담 논의는 결렬됐다.

민간 소스 '옥석을 가려야 한다'

북한 사람들의 이야기를 듣지 않고 북한 기사를 쓰려는 것은 난센스다. '어떻게 듣느냐'가 문제다. 남북대화가 끊어져 당국자들도 북한 당국자의 이야기를 듣지 못하는 상황이라면 어떻게 해야 할까? 폐쇄적일 것만 같은 북한도 외부 세계와 부단히 소통한다. 의도적으로 외부에 신호를 보내기도 한다. 기자실을 떠나 외롭게 '광야'로 나서는 용기가 필요하다. 북한 사람의 이야기를 전해주는 메신저와 북한의 말과 행동의 의미를 해석해 주는 멘토에게 부단히 물어야 한다. 그들을 어떻게 찾아내고, 관계를 맺어갈지가 관건이다. 북한 매체의 뉘앙스를 간파하고 비판적 시각으로 읽는 것도 중요하다.

북한과 관련해 직접 팩트를 모으는 가장 좋은 방법은 현지를 방문해 북한 사람들의 이야기를 직접 듣는 것이다. 필자는 김대중 및 노무현 정부가 대북 화해협력 정책을 폈던 2002년부터 2007년까지 모두 7차례 평양을 방문 취재했다. 2000년 금강산과 2008년 개성공단 방문을 포함하면 모두 9차례 북한 현지를 취재한 것이다. 비록 취재 대상과 내용은 북한 당국자들이 허락하는 것으로 제한되었지만 기자가 직접 보고 듣고 느낀 것을 르포 방식으로 표현하는 것은 매우 유용하다.

그럼 북한에 직접 가지 못하면 어떻게 할까? 북한 소식을 전해주는 사람들에게 귀를 기울여야 한다. 북한 내부에 있는 가족이나 지인을 통해 현지의 이야기를 듣는 탈북자들이 있다. 또 인도적 지원이나 학술행사, 사업 등 다양한 이유로 북한을 오가며 북한 이야기를 전해주는 이들이 있다. 기자 초년생 시절에 검사실이나 법정 문틈에 '귀 대기'를 했던 것처럼 필자는 북한을 취재하며 부단히 북한 내부에 '귀 대기'를 해야 했다.

필자가 2002년부터 석·박사 과정을 수학했던 경남대 북한대학원과 북한대학원대학교에는 기자와 당국자, 회사원 등 직장인 학생들이 북한을 공부하기 위해 모여든다. 그 중에는 탈북자 학생들도 있다. 북한을 잘 모르는 한국 학생들에게 탈북자 학생들은 그야말로 걸어다니는 참고서와 같다. 그런데 북한 논문을 쓰겠다면서 탈북자와의 대화를 꺼리는 이들도 있다. 탈북자들이 종종 자신이 알고 있는 것과 다른 이야기를 하기 때문이다. 하지만 이는 매우 현명하지 못한 생각이다. 물론 탈북자들이 제한된 경험과 지식으로 인해 잘못된 이야기를 전하기도 하지만 북한 주민들이 실제 살아가는 모습을 듣고 이해하는 데 탈북자 증언 청취만큼 쉽고 빠른 길은 없다.

기자도 마찬가지다. 북한을 취재하고 보도하겠다면서 탈북자와 대화하는 것을 꺼려하는 것은 자기모순에 가깝다. 물론 살아온 경험과 습성이 다른 만큼 탈북자와 소통하는 데에도 몇 가지 사전지식이 필요하다. 필자는 탈북자들의 아버지와 같은 존재였던 황장엽 전 노동당 비서와 2009년 7월부터 2010년 10월 10일 사망 때까지 교류하면서 열 차례의 단독 인터뷰를 했다. 사실상 말년 황 전 비서의 대변인 역할을 한 셈이다. 그러면서 느낀 탈북자 취재의 노하우를 이야기하려 한다.

우선 탈북자와 대화하려면 북한을 공부해야 한다. 한국의 당국자와 마찬가지로 탈북자들도 북한을 알고 질문하는 기자에게 마음을 열고 하나라도 더 이야기해 주려고 한다. 이는 통일을 이룬 독일에서도 확인된 조언이다. 통일 전 서독인들은 자신들이 동독을 잘 알고 동독전문가도 충분하다고 생각했다. 하지만 정작 통일이 된 뒤에야 그렇지 않았음을 깨달았다고 한다. 동독 재건 사업을 위해 많은 서독인들을 동독 지역에 파견했지만 동독의 역사와 문화를 잘 몰랐던 서독인들은 배척당했고 동독인들의 마음 속으로 파고 들어가지 못했다고 한다. 역설적으로 통일 이후에야 서독인들의 동독 공부가 시작되었다는 지적을 새길 필요가 있다.

일단 탈북자와 교류하게 되면 인내심을 가지고 이야기를 들어주어야 한다. 탈북자 역시 같은 '조선말'을 쓰는 한국인들과 소통하는 데 어려움을 느끼고 배척당한다는 피해의식을 가지는 경우가 많다. 같은 단어와 제스처가 내포하는 의미가 다르기 때문에 서로의 의사를 제대로 이해할 수 없고 그래서 답답함을 느낀다는 것이다. 북한을 배운다는 자세로 듣고 질문하면 탈북자들도 더 많은 이야기를 한다. 황 전 비서에게서 얻은 깨달음의 하나는 탈북자라고 해서 모두 보수적 성향을 지닌 것은 아니라는 점이다. 그들은 북한을 왜곡하는 한국 언론의 행태에 분노하기도 하고 북한 체제의 장점에 향수를 강하게 느끼기도 한다.

또한 남북한의 메신저들을 주목해야 한다. 남북관계가 악화되면서 인적교류가 끊어졌는데 필자도 2008년 5월 통일부 출입기자로 개성공단에 다녀온 것이 마지막이 될 줄은 몰랐다. 두 달 뒤 금강산에서 박왕자 씨 피격 사망사건이 터지면서 기자는 물론 평소 내왕이 잦았던 한국인들도 발길을 끊어야 했다.

다행히 미국 시민권자를 가진 몇몇 대북 협력 사업가들은 평양에 가기도 하고 제3국에서 북한 당국자들을 만나 소식을 전해주고는 했다. 남북관계가 악화되고 당국 간 관계가 끊어진 상황에서는 더더욱 이들 민간의 역할이 중요해졌다. 북한은 신뢰할 수 있는 민간 관계자를 통해 자신들의 정보와 의견을 전달하기 때문이다.

필자가 2002년 처음으로 평양에 가 북한전문가로 인생의 진로를 바꾸는 계기를 줬던 대북 인도지원 단체 '굿네이버스'의 회장 이일하 목사는 대표적인 민간 대북메신저였다. 그는 천안함 폭침 사건이 발생하기 20여 일 전인 2010년 3월 1일부터 3일까지 통일부의 허가를 받아 북한을 방문하고 돌아왔다. 그는 현지에서 북측 당국자로부터 향후 북한의 대남정책을 짐작할 수 있는 중요한 메시지를 듣고 왔다.

"우리는 6·15와 10·4선언의 정신을 지키려 노력했지만 남측은 무성의한 태도로 일관했다. 우리는 금강산과 개성관광 재개를 위해 노력하고 개성공단 근로자 유성진이나 동해상으로 월경한 '800연안호'를 석방하는 등 나름대로 최선을 다했지만 남측은 필요한 것들만 얻어 위기만 모면하려 하며 진정성 있는 대화를 진행하지 않은 데 대해 북측 주민들이 분노하고 있다. 남측 정부는 영·유아 지원 사업을 포함한 민간단체들의 대북 인도적 지원 사업들까지 막고 있다"

북한 당국자는 이어 그 달 8일부터 시작될 예정이던 한·미합동군사연습 키리졸브 훈련에 대해 일종의 분명한 경고를 했다. "최근(2010년

2월 25일) 인민군 총참모부의 발표 내용은 엄중한 것이다. 남한과 미국의 전투기가 비록 공해상일지라도 북측을 향해 기수를 돌릴 경우 이를 공격으로 간주하고 대응할 것이다. 북한 주변 공해상에서 무력충돌이 일어날 경우 한반도 전체의 긴장이 고조될 것이다"

북한이 뭔가 일을 저지를 것 같다고 판단한 그는 기사로 써도 좋다고 했다. 필자는 2010년 3월 5일자 〈동아일보〉에 이를 보도했다. 북한이 일을 치기 전에 미리 알려 막아보기라도 해야 한다는 생각으로 데스크를 설득했다. 하지만 이일하 회장의 노력은 허사였다. 21일 후 천안함 사건이 일어났기 때문이다.

북한은 천안함 폭침 사건과 비슷한 무력도발을 일으킬 것이라는 사전 경고를 2010년 초 이일하 회장뿐만 아니라 다른 루트를 통해서도 청와대와 정부 당국자들에게 전달했던 것으로 확인됐다. 천안함 폭침 사건이 일어난 2010년 3월 26일은 북한이 비난했던 키리졸브 훈련이 끝난 상태였지만 해상훈련 독수리연습이 진행되고 있는 상황이었다. 만일 북측 당국자가 군부 내에서 은밀하게 진행되고 있던 천안함 사건 모의를 미리 알고 있었던 것이라면 '독수리연습'을 '키리졸브 훈련'으로, '전투함이 북측을 위협할 경우'를 '전투기가 기수를 돌릴 경우'로 바꿔서 미리 알려준 셈이다. 북한 내부에 존재하는 대남 온건파가 군부를 중심으로 한 강경파의 무력도발에 앞서 우려의 메시지를 전달한 사례다.

이일하 회장 외에 대북 경협사업을 하는 익명의 대북소식통 B에게도 많은 도움을 받았다. 그는 자신의 정보망을 통해 2009년 11월 당시 북한의 원동연 아시아태평양평화위원회(아태) 실장이 노동당 통일전선부

부부장으로 승진했다는 소식을 듣고 기자에게 전했다. 그 해 하반기부터 북한의 대남 대화공세가 완연해지고 남북한 당국 간 비밀접촉이 한창이던 시점에 대남 대화 실무자가 교체됐다는 사실은 중요한 정보임에 틀림이 없었다. 당시 비밀접촉에 나섰던 정부 당국자들은 원 부부장의 승진 사실을 알고 있었던 것으로 보이지만 접촉은 물론 승진 사실도 시인하지 않았다. 정부가 원 부부장의 승진 사실을 처음 공개한 것은 2011년 2월 14일 발간한 2011년 판 '북한 주요인물' 책자를 통해서였다.

한편 전 세계에 퍼져 있는 북한전문가 네트워크도 요긴한 소식통이다. 중국과 러시아, 미국과 일본 등에 거주지를 두고 북한을 드나들며 연구하는 한국계 학자들의 경우 북한 당국자 및 지식인들과의 정보 네트워크를 활용해 한국 정보당국보다 먼저 북한 내부소식과 정보를 파악하는 경우가 흔하다. 기자는 일본에 거주하는 한국인 이영화 일본 간사이(關西)대학교 교수에게서 큰 도움을 받은 적이 있다.

이영화 교수를 처음 만난 것은 김정일 국방위원장의 건강 이상 문제가 확실해진 직후인 2008년 9월 29일 서울 프레스센터에서였다. 그는 기자에게 김양건 당시 노동당 통일전선부장과 오극렬 노동당 작전부장이 그 해 6월 이후 공식 석상에 모습을 드러내지 않고 있다는 점을 지적하면서 "북한이 이들(대남) 조직을 합쳐 대규모 단일 조직으로 구조조정하고 있을 가능성이 있다"고 말했다. 지금도 정기적으로 평양을 오가고 있는 이 교수는 가장 최근 들린 평양의 '분위기'를 근거로 이렇게 말했다. 자신의 추정이 사실이라면 건강에 이상이 생긴 김 위원장을 고려해 대남 사업지시와 보고라인을 단일화 할 필요성이 있을 것이라는 게 이

교수의 당시 해석이었다. 이 교수는 자신의 추정을 한국 정보당국에도 전했다고 말했다. 기자는 즉시 이 교수를 실명 인용해서 사라진 인물들과 대남 정보조직 통폐합 가능성을 전했다.

이 교수의 '근거 있는' 추정은 1년 5개월 만에 정부가 공식 정보로 확인해 대체로 사실로 드러났다. 노동당 통일전선부와 김양건 부장은 건재한 것으로 확인됐지만 북한은 대남 간첩 파견과 공작 업무 등을 담당했던 노동당 35호실과 작전부를 국방위원회 산하의 인민무력부 정찰총국으로 통합한 것으로 이후 확인됐다. 통일부가 이를 공식 확인한 것은 2010년 2월, 새로 발간한 2010년 판 '북한권력 기구도'와 '북한 주요인물' 자료를 통해서였다.

또한 북한 전문매체의 보도도 옥석을 가리는 것이 중요하다. 민간 차원의 북한 정보 취재에 가장 문제가 되는 부분은 북한 전문매체의 보도를 통한 것이다. 이명박 정부 출범 이후 〈열린북한방송〉, 〈좋은벗들〉, 〈데일리NK〉 등 북한 전문매체들이 휴대전화와 심지어 위성전화까지 동원해 북한 내부 소식통들의 소식을 중계했다. 그러나 이들의 보도에 대해서는 비판도 많았다. 책임성이 부족하다는 것이다. 실제로 군소 매체들이 경쟁하듯 보도를 쏟아내는 가운데 검증되지 않는 보도가 나오고 나중에 오보로 판명되는 것들도 적지 않았다. 이들 매체가 북한 내부에 거주하면서 중국을 드나드는 제한된 내부 통신원을 이용하고 있기 때문에 '인간정보 수집의 한계' 문제에서 벗어나기 힘들다는 지적이 있었다.

필자가 자주 인용했던 〈열린북한방송〉의 천안함 폭침 사건 관련 보도 세 건의 정확도를 사후 진행 상황으로 분석해 본 결과, 방향성을 맞춘 기사와 매우 정확한 기사, 오보 또는 현재까지 확인되지 않은 기사 등 다양한 결과가 나왔다. 이는 북한 전문매체의 정보력에 일정한 한계가 있음을 나타내는 것이다.

그러나 북한 내부 소식통에 의한 직접 정보수집은 방송과 신문 등 기존 제도권 언론도 스스로 하기 힘든 어려운 일로, 대북 정보가 부족한 현실을 감안하면 이들 매체가 정보의 양을 높이는 데 일조하고 있다는 측면도 무시할 수 없다. 따라서 이들 소스에서 정보를 얻되 반드시 국정원이나 통일부에 확인 과정을 거쳐야 오보를 피할 수 있을 것이다.

북한전문가 '훌륭한 공동기획 파트너로'

집단지성이라고 했던가. 같은 고민을 하는 여러 사람들의 생각을 모으면 반드시 각자의 생각보다 더 나은 새로운 지식이 생산된다. 많은 북한연구자들이 학회를 구성하고 철마다 공개세미나를 열어 토론하고 논쟁하는 이유다. 당장 오늘 하루 기삿거리가 안 되더라도 가능한 많은 토론장을 찾아야 한다. 내가 쫓는 진실은 나와 함께 진실을 쫓는 그 사람들 사이 어딘가에 있을 것이라는 겸허한 생각으로 시간을 투자해야 한다. 전문가들의 통찰을 잘 듣고 이해하기만 하면 다음 주 쓸 기획기사의 주제가 된다. 그리고 그렇게 만난 사람들이 분단시대 저널리스트의 유일한 재산임을 깨닫게 된다.

한 달에도 몇 번씩 북한 관련 세미나가 열린다. 북한 문제 관련 국내 5대 국책연구기관으로 불리는 통일연구원, 국립외교원, 국가안보전략연구원, 세종연구소, 대외경제정책연구원 등을 비롯해 서울대와 고려대, 연세대, 이화여대, 동국대, 북한대학원대 등 북한학 관련 학과나 기관을 개설한 학교에서도 계절마다 북한 관련 모임을 연다. 통일부나 민주평화통일자문회의, 외교부, 국방부 등도 직접 주최나 후원 형식으로 공개된 공론의 장을 만들기도 한다. 〈동아일보〉 화정평화재단·21세기평화연구소나 〈중앙일보〉 통일문화연구소 등 언론사들도 활동한다.

세미나에는 당대 최고의 전문가로 불리는 학자나 교수, 당국자 등이

나와 주로 현안 문제를 논의한다. 발제와 토론 형식으로 진행되는 세미나에서 당장 기사가 될 화끈한 정보나 비화 등은 나오지 않을 가능성이 높다. 하지만 기자들은 여기에 참여하면서 최근 전문가 그룹에서 어떤 고민이 진행되고 있으며 북한과 남북관계에 대한 어떤 이슈들이 쟁점이 되고 있는지 파악할 수 있는 좋은 기회가 된다. 여기서 명함을 주고받고 사귄 전문가들은 기자의 훌륭한 해설자가 된다. 성과는 그 다음이다.

국내 전문가들은 어떤 형식으로든 당국자들과 인적 연계를 가진다. 그 과정에서 비밀스럽게 진행되고 있는 당국자들의 움직임을 간접적으로 파악할 수 있다. 전문가들은 당국자와 달리 비밀유지의 부담이 적기 때문에 비교적 쉽게 정보를 줄 수 있다. 이들에게 정보를 얻어 당국자에게 확인하는 방식은 당국자를 직접 취재하는 것보다 훨씬 수월하고 효율적인 방식이다. 전문가들은 자신의 아이디어를 정부 정책에 반영하기 위해 언론을 활용하기도 한다. 세미나 등에서 공개 발표하는 제안 등을 언론에 제공해 결과적으로는 정부 당국자에게 입력하고 싶은 욕구가 있다.

이렇게 네트워크를 형성한 전문가들은 적절한 기회에 통일부와 외교부의 장관과 차관, 실국장, 청와대 비서관 등으로 자리를 옮겨 직접 정책을 실행할 수 있는 과정에 참여하기도 한다. 물론 민간전문가일 때와 당국자일 때는 기자를 대하는 태도가 180도 달라지지만 전문가로서 좋은 감정을 가졌던 기자에게는 흘러가는 분위기 정도를 공유하는 것이 일반적이다. 당국자도 정책입안 전에 여론을 수렴할 필요가 있기 때문에 과거 신뢰관계가 있는 기자들에게 '오프 더 레코드' 등을 전제로 의견을 묻기도 한다. 그렇게 정부 내부의 움직임을 관찰하는 것에서 나아가 간접적으로나마 참여할 수도 있는 것이다.

필자는 전문가들과 공동기획의 기회를 많이 가져야 한다고 생각한다. 언론이 전문성을 인정받으면 당국자와 학계 전문가들과 함께 공동의 연구팀을 꾸릴 수 있다. 민주평통과 이화여대 통일학연구원, 그리고 동아일보 화정평화재단 21세기평화연구소는 2011년 초부터 해외동포들의 목소리를 듣는 공동기획을 진행했다. 이화여대와 〈동아일보〉 팀이 객관식 19개, 주관식 2개 등 총 21개 문항의 질문지를 만들고 민주평통은 전 세계 101개 나라에 퍼져있는 해외동포 자문위원 2,600여 명에게 질문지를 돌렸다. 2개월 동안 총 48개 나라에서 230명의 동포들이 응답을 해왔다.

북한이 변화해야 한다는 당위, 그리고 변화할 것이라는 기대, 나아가 통일을 준비해야 한다는 현실 인식은 한반도 위에 땅을 딛고 사는 우리만의 생각일까? 멀리 타국 땅에서 분단된 조국의 현실을 지켜보는 동포들은 어떤 생각을 하고 있을까?라는 질문에서 기획이 시작됐다. 당시 조사는 이명박 전 대통령이 2010년 8·15 광복절 경축사에서 국가적 차원의 통일준비 필요성을 강조한 이후 정부와 민간 차원에서 활발해진 논의의 장을 해외동포 사회로 확대했다는 데 의미가 있었다. 일부 응답자는 "한국의 통일에 관심이 많았는데 해외에 사는 우리에게도 의견을 물어봐 줘 고맙다"는 인사를 전하기도 했다. 모두가 훌륭한 기삿거리이자 미래를 위한 투자이기도 하다.

2

자료 정보의 획득과 활용

북한 이벤트 데이터 '그래프로 그려보자'

북한의 대남정책은 규칙성이 있다. 반복적이고 계획적이다. 따라서 그들이 공개한 정보를 활용해 지금의 상태를 파악하고 미래의 정책을 어느 정도 예측할 수 있다. 북한이 내놓은 말과 행동을 자료화 해 패턴을 찾아내고 향후 움직임을 예측하는 이벤트 데이터(event data) 분석 기법을 활용할 수 있다. 조금만 부지런하면 된다. 〈노동신문〉과 〈조선중앙통신〉에 발표되는 그들의 성명과 담화를 한 달만 모아도 일정한 추세가 보인다. 약간의 조작적인 정의만 내리면 그 추세를 숫자로 계량화할 수 있다. 보통 기자들에게 북한 발표문은 1회용이지만, 공부하는 기자들에게는 잘 분류해 파일에 모셔 놓는 보물 덩어리다.

북한은 아직 계획(plan)을 신봉하는 사회주의 국가다. 어떤 일을 진행하기에 앞서 계획부터 세운다. 부작용이 나타나도 일정 기간 동안은 계획한 대로 밀어붙인다. 계획주의가 낳은 관성 때문이다. 국가정책 결정에는 관료주의적 성향이 강하게 나타난다. 무슨 일을 결정하기에 앞서 전례를 금과옥조처럼 여긴다. 전에는 어떻게 했는지를 찾고 그것을 기준으로 조금 더 나아간 결정을 내린다.

때문에 북한의 국가정책은 과거의 전례만 알면 대체로 예측이 가능하다. 정책의 시행에는 3개월, 6개월을 단위로 하는 시기적 단절성이 나타난다. 1990년대 경제위기 이후 국가가 여러 분야의 정책에 대해 계획을 세우고 이에 맞춰 성과를 내는 능력은 크게 떨어졌지만 지도부가 우선순위를 두는 국방 등 중요 분야의 정책은 여전히 계획적으로 수행되고 있다. 한 민간단체 관계자는 2010년 초 "제3국에서 북한의 대남정책 실무자가 '우리 대남정책은 3개월마다 바뀐다'는 재미있는 이야기를 했다"고 전했다. 북한 지도부가 3개월을 내다보고 대남정책을 수립해 실행한 뒤 평가하고 또 3개월 계획을 세운다는 뜻으로 풀이된다.

북한의 국가정책 가운에서 특히 대남정책은 상대적으로 더 예측이 가능하다. 그렇게 보는 이유는 다섯 가지다. 첫째는 적극성이다. 북한은 남한에 대해 늘 무언가를 한다. 과거 대북정책 수립과 실행에 깊이 관여했던 한 고위 당국자는 "다른 정보 분야와는 정반대로 북한의 대남정책 정보는 너무 많은 것이 문제"라고 하소연을 했다. 북한 당국은 이명박 전 대통령이 당선된 직후인 2008년 1월 1일 신년공동사설을 통해 "6·15공동선언과 그 실천 강령으로서의 10·4정상선언을 이행하라"고 요구한 이후 지속적으로 대화와 무력시위를 펴며 이 요구를 관철시키려

했다. 이 과정에 북한은 노동당 통일전선부, 국방위원회 산하 국가안전보위부, 국방위원회 정책실 등 다양한 통로를 통해 남측의 문을 두드렸다. 이 당국자는 "북한은 어떤 때는 애원을 하고 어떤 때는 협박을 하지만 진정성을 느낄 수 없다는 것이 문제"라고 증언했다.

둘째는 상호성이다. 북한의 대남정책은 남한 정부의 대북정책에 반응한다. 북한을 상대방으로 하는 남한 정부의 대북정책은 북한 대남정책의 성격을 결정하는 중요한 변수라고 할 수 있다. 역대 모든 정권에서 남북한의 무력충돌이 끊이지 않았다. 과거 김대중, 노무현 정부 시기에도 두 차례 연평해전과 같은 남북 간 무력충돌이 있었다. 하지만 특히 이명박 정부에서 북한이 천안함 폭침 사건과 연평도 포격이라는 전대미문의 도발을 감행한 것은 비핵화와 개혁·개방 등 근본적인 변화를 요구하는 정부의 대북정책에 대한 반발이라고 해석할 수 있다. 쉽게 말해 북한은 무언가 주는 것에 비례해 조용하고, 주지 않으면 달라고 떼를 쓰며 그래도 안 주면 도발하는 식이다.

셋째는 정책 목표의 명확성이다. 북한이 남한에 원하는 것은 명확하다. 앞서 살펴봤지만 북한이 대남 대화와 공세를 통해 남한에서 얻어내려 했던 것은 한마디로 쌀과 달러였다. 북한은 2009년 8월 16일 김정일-현정은 묘향산 회동에서 남북교류 5개항에 합의한 뒤 9월 24일 이산가족 실무접촉에서 금강산관광 재개를 다시 요구했다. 또 2010년 9월 26일 남북적십자회담에서는 쌀 50만t, 비료 30만t 지원을 요구했다. 북한은 2008년 12월 1일부터 개성공단의 통행 제한 및 차단 조치를 취하고 다음 해 5월부터 개성공단의 임금인상을 요구했으나 받아들여지지 않았다. 물론 박근혜 정부를 지나면서 개성공단은 폐쇄됐지만 당시 북한은 연 8,000만 달러에 달하는 근로자 임금 수입 때문에 개성공단을 그대로 유지하는 방향으로 갔다.

넷째는 정책수단의 한계성이다. 북한이 가진 대남정책 수단은 그리 많지 않다. 북한의 대남정책을 면밀히 분석해 보면, 대화와 공세의 두 가지 측면에서 비슷한 수단이 반복된다는 점을 확연하게 읽을 수 있다. 김정일에서 김정은으로의 3대 세습에 시간이 부족했던 북한은 당시 남한 정부의 대북정책을 바꾸기 위해 가능한 모든 수단을 드러냈는데 이것이 손에 꼽을 정도로 제한적이다. 구체적으로 이 기간 동안 나타난 공세 수단은 △직접 무력 공세(핵실험, 장거리로켓 발사, 서해 NLL 무력화 도발, 남한 함선 폭침, 해상 및 육상 총격 및 포격, 사이버테러 등), △남북 접촉면에서 실력행사(어선 및 민간인 억류, 임진강물 무단 방류, 개성공단 통행차단, 금강산관광지구 남측 재산 몰수 및 동결 등)였다. 대화 수단은 △당국 간 회담(정상회담 논의, 적십자회담, 각종 실무접촉), △민간 통한 소통(정치인 및 경협 기업인 통한 관계회복 제의 등), △인도적 지원 요청과 선행(수해지원 요청과 조문, 이산가족상봉 행사 등)이었다.

다섯 째는 대남 협상력의 취약성이다. 북한이 경제적 지원의 대가로 남한에 내놓을 수 있는 대가 역시 몇 가지 없다. 북측 인사들이 그동안 "우리가 남한을 무력으로 위협하지 않아 경제성장을 할 수 있도록 해준 것이 경제지원의 대가"라는 식으로 주장하는 것은 실제로 줄 것이 별로 없기 때문이다. 북한은 이런 이유로 남한의 지원을 받아내기 위해 각종 도발을 통해 사전 명분을 축적한 뒤 대화를 제의하고, 대화에서 원하는 것을 얻지 못할 경우 더 큰 도발을 하면서 다시 대화의 손을 내미는 '때리고 어르기'의 이중전술을 반복하고 있다. 특히 김정일에서 김정은으로 3대 세습이 이뤄진 2009년부터 2010년 사이 남한과의 대화를 통해 이익을 얻으려는 노동당 등 일부 세력과 남한과의 긴장 강화를 위해 후계구도에서 유리한 위치를 차지하려는 군부 등 일부 세력이 서로 갈등을 빚으면서 대화 요구와 도발의 진폭이 커지고 주기도 빨라진 것으로 평가된다.

북한의 대남정책이 반복적이고 계획적이라는 점을 감안하면 북한이 스스로 공개한 정보를 활용해 현재의 정책을 파악하고 미래 정책을 예측하는 언론의 능력을 키울 수 있다는 것이 필자의 주장이다. 우선 북한이 내놓은 말과 행동을 자료화 해 패턴을 찾아내고 향후 움직임을 예측하는 이벤트 데이터(event data) 분석 기법이 있다. 이하에서는 이 기법을 이용해 북한의 대남정책을 예측해 본 사례를 소개한다.

우선 북한 대남정책의 패턴을 수치화해야 한다. 첫 사례는 필자가 2010년 11월 5일 통일연구원이 주최한 언론인 세미나에서 '3대 세습 준비기간 중 북한의 대남정책'을 주제로 발표한 내용이다. 북한이 김정은으로의 3대 세습 준비를 시작한 2009년 1월부터 김정은이 당 대표자회에서 당 중앙군사위원회 부위원장직을 맡고 얼굴을 드러낸 2010년 10월까지의 대남정책 패턴을 이벤트 데이터 기법으로 분석한 결과, 북한이 늦어도 2011년 초반 대규모 무력 공세에 나설 것이라는 전망을 얻을 수 있었다. 이 전망은 2010년 11월 23일 북한의 연평도 포격 도발로 조금 일찍 현실화 됐다. 3대 세습 준비기간 북한의 대남정책 내용은 무엇이고 그것으로 미뤄볼 때 김정은 후계 공식화(2010년 9월 28일) 이후 대남정책을 어떻게 전망할 수 있는가를 문제의식으로 시작된 이 연구의 분석방법과 결과를 요약하면 다음과 같다.

〈표1〉 북한의 대남정책 사건 분석 방법

1. 분석 대상

1) 기간 : 김정일이 김정은을 후계자로 지명한 것으로 알려진 2009년 1월부터 김정은이 3차 노동당 대표자회에서 얼굴을 드러낸 2010년 9월 28일을 포함한 2010년 10월 말까지로 함(총 22개월)

2) 사건 : 대화와 공세에 대한 중요 사안 82건(2009년 45건, 2010년 37건) 지수화

2. 공세지수 계산식

- 북한의 대남공세 건당 최고 100점을 부여해 월 단위로 합산
  - ▽ 주체별 점수 = 당(50), 군(50), 내각(30)
  - ▽ 방법별 점수 = 무력행사(50), 실력행사(45), 대면통지(40), 유선통지(35), 사설(30), 성명(25), 담화(20), 문답(15)

※ 장거리로켓 및 대청해전, 해안 및 육로 총격은 300점 부여
※ 2차 핵실험 및 천안함 폭침 사건은 500점 부여

3. 대화지수 계산식

- 북한의 대남 대화 공세 건당 최고 100점을 부여해 월 단위로 합산
  - ▽ 인도적 선행 = 100점
  - ▽ 남북대화 = 당국 간 대화(100), 당국 간 접촉(80), 민간 대화(70), 대화제의(50)

※ 세 차례의 정상회담 논의는 각 300점

〈표2〉 북한의 대남 공세 및 대화지수 월별 추이

연	2009년											
월	1	2	3	4	5	6	7	8	9	10	11	12
공세지수	150	490	460	365	825	0	195	0	75	0	370	0
대화지수	0	0	0	130	0	160	80	540	200	380	600	50

연	2010년									
월	1	2	3	4	5	6	7	8	9	10
공세지수	250	265	700	365	70	0	100	260	0	385
대화지수	100	230	80	0	0	50	100	0	430	280

〈그림1〉 북한의 대남 공세 및 대화지수 추이

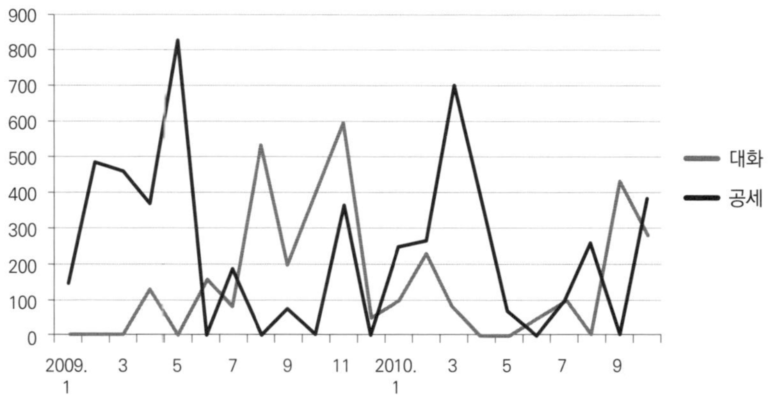

이상의 분석 데이터에 따르면 첫째, 북한은 우선 상반기에는 공세, 하반기에는 대화에 치중하는 패턴을 2년째 반복하고 있었다. 2009년 상반기에 공세지수가 가장 높았던 달은 2차 핵실험을 한 5월로 825점, 2010년

에는 천안함 폭침 사건이 있었던 3월로 700점을 나타냈다. 2009년에 대화지수가 가장 높은 달은 남북정상회담을 논의하기 위해 개성 비밀접촉이 있었던 11월로 600점, 2010년은 수해를 계기로 남북이 각종 인도적 사업을 진척시킨 9월로 430점을 나타냈다.

둘째, 북한은 대화 공세가 먹혀들지 않으면 다시 공세로 전환했다. 북한은 2009년 11월 남북정상회담 논의가 결렬되자 다시 공세로 전환해 2010년 3월 천안함 폭침 사건을 감행했다. 북한은 2010년 10월 당시에도 대남 유화공세가 먹혀들지 않자 △남한 심리전 재개 비난 △강원도 최전방 초소 총격 △천안함 폭침 사건 재차 부인 등 이상 조짐을 나타내고 있었다. 이를 토대로 전망한다면 북한은 2011년 상반기에는 다시 공세로 돌아설 가능성이 컸다. 북한이 발표 직후인 2010년 11월 23일 연평도 포격 도발을 단행해 예상보다 빨리 고강도의 공세 조치를 들고 나온 것은 반기 단위였던 '공세와 대화' 주기가 그만큼 빨라진 것이라는 해석도 가능했다.

다음으로 북한 대남정책을 그래프로 그릴 수 있어야 한다. 같은 분석기법을 활용해 2008년 2월부터 2009년 4월까지 북한 대남정책 공개정보를 분석한 결과 북한이 2009년 5월 2차 핵실험을 앞두고 미국과의 갈등을 극대화하기 전인 4월 16일 돌연 남북 당국 간 접촉을 제의한 것은 대남관계의 위기를 일정수준으로 관리하겠다는 의사일 수 있다는 전망을 도출할 수 있었다. 필자는 민주평통이 2009년 5월 1일 주최한 '남북관계와 언론' 토론회에서 이 조사결과를 발표했고 다음날인 2009년 5월 2일자 〈동아일보〉에 관련 기사를 실었다.

이명박 대통령 당선 후인 2008년 1월 이후 북한의 각종 대남공세 조치들을 주체별 및 방식별로 점수를 매겨 월 단위로 합산한 결과 2009년 4월의 대남공세 지수는 285로 나타났다. 전달인 3월의 대남공세 지수가 1,340이었던 것에 비해 공세 강도가 크게 낮아진 것이다. 북한은 2009년 4월 16일 돌연 남북 당국 간 접촉을 제의하고 같은 달 21일 개성공단에서 남측 당국에 기존 계약 재검토 방침을 통보했다. 같은 해 4월 18일 조선인민군 총참모부 대변인이 "서울이 군사분계선에서 50㎞ 안팎에 있다"고 위협한 것을 제외하고는 별다른 대남 공세 조치를 취하지 않았다.

반면 북한은 '인공위성 광명성 2호' 발사에 대한 국제사회의 제재 논의가 구체화되자 미국과 국제사회에 대한 공세 수위를 부쩍 높였다. 북한 외무성은 2009년 3월 14일과 25일 잇달아 6자회담 불참 및 폐연료봉 재처리 방침을 밝혔고, 같은 달 29일에는 2차 핵실험과 대륙간탄도미사일(ICBM) 실험을 예고했다. 이에 따라 북한이 당분간 대외공세의 주 전선을 미·북관계로 옮기고 남북관계의 위기는 적당한 수준에서 관리하는 국면전환을 꾀하는 것이라는 분석이 가능했다. 북한이 2009년 8월 김대중 전 대통령 빈소 조문단 파견, 남북정상회담 논의 응대 등을 통해 대남 대화 공세를 강화한 것을 보면 당시 개성공단 대화 제의는 '대외공세의 주 전선을 미·북관계로 옮기고 남북관계의 위기는 적당한 수준에서 관리하는 국면 전환을 꾀하는 것'이라는 사건 분석 결과가 옳았다고 평가할 수 있다.

북한은 2008년 1월 이후 2009년 4월까지 총 70건의 대남 공세(무력행사 등 행동과 문답 이상의 보도)를 취했으며 공세 강도가 가장 높았던 구간은 2009년 1~3월, 2008년 10~11월, 2008년 3월 말~6월 순으로 나타났다. 북한은 2008년 8월 중순 김정일 국방위원장이 뇌혈관계 질환으로 치료를 받을 당시에는 대남 공세를 멈췄다가 그가 공개 활동을 시작한 10월부터 대남 공세 수위를 높였다. 이에 따라 김 위원장의 건강 이상 및 후계자 문제 대두에 따른 내부 분열을 추스르기 위해 대남 공세를 강화했다는 분석도 가능했다.

〈표3〉 북한 대남 공세 조치 기간별 주요 내용

		Ⅰ	Ⅱ	Ⅲ	Ⅳ	Ⅴ	Ⅵ	Ⅶ	계
기간		2008년					2009년		1년 4개월
		1~3월	3~7월	7~8월	8~10월	10~12월	1~4월	4월	
총 건수		2	13	4	3	16	31	1	70
주체	당	2	3	0	3	4	13	0	25
	군	0	9	3	0	9	16	0	37
	내각	0	1	1	0	3	2	1	8
방법	말·글	2	10	3	3	9	21	0	48
	행동화	0	3	1	0	7	10	1	22

이상과 같이 북한의 행동을 계량화할 수 있다면 북한의 말과 글도 계량화할 수 있다. 〈노동신문〉과 〈조선중앙통신〉, 인터넷 사이트 〈우리민족끼리〉 등을 통해 북한 당국이 발표하는 발표문과 보도들을 일정기간 묶어 분석해 새로운 흐름을 읽어내는 것이다. 김철우 한국국방연구원 연구위원은 "북한은 대남정책과 관련해 고도의 심리전과 언론 홍보

기법을 활용하고 있다"며 "북한의 무기는 WMD(대량살상무기)가 아니라 WMP(대량선전무기)"라고 말했다. 특유의 선전선동 기술을 역으로 최대한 활용하면 그들의 의중을 읽을 수 있다는 것이다.

또한 〈노동신문〉 톱기사도 수치와 그래프로 변환할 수 있다. 이런 시도의 하나로 필자는 2009년 4~8월 5개월 동안의 〈노동신문〉 5면 톱기사를 전수조사해 기사의 내용에 따라 월별 대남 비난 지수를 만들어 보았다. 노동당 기관지인 〈노동신문〉은 북한 주민들에 대한 선전선동용 매체다. 신문은 총 6면으로 매일 발행되며 1~4면은 최고지도자의 동정 등 내부 문제를 주로 다루고 5~6면은 대남, 국제 이슈를 다룬다. 특히 5면 톱기사는 대남 문제에 대한 북한 지도부의 주요 관심사가 다양한 형식으로 제공된다. 한 북한 당국자는 2007년 방북한 기자에게 "북한 주민들은 물론이고 당과 군의 간부들도 〈노동신문〉 5~6면 중요 기사의 주제와 내용, 과거와의 뉘앙스 차이 등 행간을 읽어 당의 대남 및 대외정책 변화를 짐작한다"며 "간지 형태로 발행되는 5~6면이 가장 인기가 있다"고 말했다.

우선 5면 톱기사를 내용에 따라 4가지로 분류하고 점수를 차등 부과했다. △남한 정부에 대한 비난 및 대 정부 투쟁 선동(지수 100), △남한 정부에 대한 6·15공동선언과 10·4정상선언 이행 요구(80), △가공의 남한 내부 여론을 조작해서 북한 주민들에게 전달(60), △북한 김일성 주석의 통일방안 등 찬양(40)이 그것이다. 이후 지수의 월 합계를 구하고 관련 기사 게재일로 나눠 월 평균 지수를 계산한 결과 4월 57.9, 5월 75.7로 높아져 6월 80으로 최고치를 나타낸 뒤 7월 64.8, 8월(24

일까지) 63.5로 낮아졌다. 직접적으로 남한 정부를 비난하고 대정부 투쟁을 선동한 톱기사는 4월 5회에서 5월과 6월 각각 11회로 늘었다가 7월 3회, 8월(24일까지) 4회로 줄었다.

북한의 대남 비난 강도는 당시 이명박 대통령과 버락 오바마 미국 대통령의 첫 한·미 정상회담을 비난한 6월 25일자 기사인 '백악관 장미원에서의 상전과 주구의 역겨운 입맞춤'에서 극에 달했다. 그러나 신문은 29일자 '민족자주와 대단합으로 통일의 길을 열어야 한다'는 논평에서 "북남공동선언들을 이행하는 데서는 당국과 민간이 따로 있을 수 없으며 소속과 처지에 구속될 수 없다"고 해 남북 당국 간 회담이 이어져야 한다는 것을 간접적으로 촉구했다.

북한이 대남 유화 정책을 공식적으로 드러낸 것은 8월 4일 빌 클린턴 전 미국 대통령이 여기자 2명을 석방하기 위해 방북했던 날 이종혁 조선아시아태평양평화위원회 부위원장이 금강산에서 현정은 현대그룹 회장을 만나 방북을 허락하면서부터다. 이후 김대중 전 대통령 빈소에 고위급 조문단 6명이 나타난 '조문정치'로 확연해졌다. 북한 〈노동신문〉 5면 톱기사의 대남 비난 강도가 이미 7월부터 낮아진 것은 향후 대남 유화 정책을 위한 분위기를 사전에 조성한 것으로 풀이할 수 있다. 북한 지도부는 늦어도 6월 말 이전에 대남정책 변화를 결정한 것으로 추정된다. 조문정치는 대남 유화 공세의 극대화를 위해 사전에 고도로 계산된 선전선동이었던 것이다.

〈표4〉 노동신문 5면 톱기사의 대남 비난 강도 추이

	2009년 4월	2009년 5월	2009년 6월	2009년 7월	2009년 8월
총점	1680	2120	2160	1880	1460
일 평균 점수	57.9	75.7	80	64.8	63.5

※ 일 평균 점수는 '총점 ÷ 대남 관련 기사 게재 일수'

북한의 '남한 당국자 비난'도 훌륭한 그래프 자료다. 북한 공개 문헌에 나타난 남한 고위 당국자 비난 횟수와 강도 역시 계량화 할 수 있다. 이명박 정부 출범 이후 남북관계가 경색되자 북한 당국은 과거 김영삼 정권 시절과 마찬가지로 각종 공식 선전 매체를 통해 대통령과 통일부 장관 등에 대한 비방을 시작했다. 그러나 〈노동신문〉과 〈조선중앙통신〉 등 주요 매체를 통한 남한 당국자 비방은 대남정책 기조에 따라 강도와 빈도가 변화했다.

북한이 비방 강도를 높이고 빈도를 늘이는 것은 대남 강경 기조가 북한 지도부 내에 팽배해 있다는 것을, 반대의 경우 대남 유화 기조로의 전환이 이뤄지고 있다는 것을 유추할 수 있는 것이다. 실제로 2009년 4월 이후 북한 매체를 통한 이 전 대통령의 실명 비방도 7월부터 줄어들어 2009년 8월 25일 이후 사실상 중단됐다.

북한은 2008년 4월 이후 각종 매체를 통해 이 전 대통령을 실명으로 비방해 왔다. 통일부가 북한의 대내외 라디오 방송인 〈조선중앙방송〉과 〈평양방송〉 등을 기준으로 집계한 이 전 대통령 실명 비방 회수는 2009년 4월 207회, 5월 333회로 늘어 역시 6월 454회로 최대치를 나타낸 뒤 7월 275건, 8월 264건으로 줄어들었다. 북한 매체들이 2009년 8월 23일 이 전 대통령에 대해 처음으로 '대통령'이라는 존칭을 붙인 이후 8월 25일부터는 개인 실명 비방이 사라졌다. 이후 과거와 같은 대남 비난을 하더라도 대통령의 실명을 빼고 보도했다.

〈표5〉 북한 라디오 방송의 이명박 대통령 실명 비난 횟수

	2009년 4월	2009년 5월	2009년 6월	2009년 7월	2009년 8월
회수	207	333	454	275	264

※ 〈조선중앙방송〉과 〈평양방송〉 기준 통일부 집계

북한은 그러다 2009년 하반기 남북정상회담 논의가 무산되고 2010년 3월 26일 천안함 폭침 사건을 일으키기 직전인 2010년 3월 12일 〈노동신문〉을 통해 이 전 대통령의 3·1절 경축사 내용을 비난했다. 2009년 8월 이후 7개월 만에 다시 이 전 대통령을 실명으로 비방하기 시작했다는 점에서 모종의 대남 위협이 있을 것임을 짐작케 했다.

예측불가 북한
'이론을 적용해보자'

북한을 연구하는 학문공동체가 있다. 그들이 현실을 보는 거울로 삼는 이론들을 기사 쓰기에도 활용할 수 있다. 이론은 현실을 쉽게 설명해주고 더 잘 볼 수 있게 하며 궁극적으로는 미래를 예측할 근거를 마련해준다. 북한학에 엄밀한 이론이 있기는 힘들지만 오래된 패턴과 경향성을 모델화 한 다양한 설명의 틀이 존재한다. 20세기 현존 사회주의와 독재국가를 연구한 전 세계 학자들의 성과물도 활용할 수 있다. 조금만 공부를 하면 자신만의 설명 틀을 만들 수도 있다. 기존의 설명 틀과 이론에 따른 설명이 틀릴 때도 있다. 하지만 아무런 근거 없이 북한의 미래를 전망하는 것보다는 덜 위험하다.

우선 사회주의 국가 후계 구도에 관한 '3Ps+X' 이론이 있다. 2008년 9월 김정은 국방위원장의 건강 이상설이 공개되기 전부터 국내에서는 그의 후계자가 누가 될 것이냐가 화두였다. 박근혜 정부 초대 국방부 차관을 지낸 백승주 당시 국방연구원 선임연구위원은 미국 국무부의 요청으로 작성된 보고서에서 호주 멜버른대 레슬리 홈스 박사의 '3Ps+X' 이론을 활용, 북한 후계 구도를 전망했다. 이론을 요약하면, 사회주의 독재국가에서 최고지도자의 유고나 국내외 비상 상황 등 지도부 교체 상황(X)이 도래할 경우 세 가지 능력인 3P, 즉 권력기반(powerbase)을 확보하고 인격적 자질(personal qualification)과 정책능력(policy making ability)을 입증한 새 지도자가 권력을 잡아 자신의 체제를 공고화한다는 것이다.

권력기반 확보는 승계 준비과정에서 승계자가 국가의 중요한 권력기관의 최고지위를 직접 차지하는 동시에 자신의 추종자들로 하여금 주요한 권력기관을 장악하도록 하는 조치를 말한다. 지도자의 인격적 자질이란 지도자와 인민들에게 투영되는 지도자적 자질을 의미한다. 정책능력이란 대내적으로는 다른 지도자를 설득하고 인민의 정치적 지지를 끌어낼 수 있는 정책의 개발, 수행능력을 말하며 국제관계에서 국익추구를 극대화할 수 있는 외교능력을 뜻한다.

백승주 박사는 이 이론과 국방연구원 연구진 22명의 집단 설문조사 결과를 바탕으로 승계가 5년 내에 이뤄지면 장성택의 후원을 업은 장남 김정남이 승계할 가능성이 높고 5년 뒤에 승계가 이뤄지면 고용희의 아들인 차남 김정철과 삼남 김정은의 승계 가능성이 높다고 봤다.

보고서가 김정남에게 좋은 점수를 준 이유는 '3Ps+X' 이론의 첫 번째 조건인 권력기반 확보 때문이다. 김정남은 나이 어린 동생들보다 빨리 10대 중반에 북한컴퓨터위원회 위원장을 맡아 공직생활을 시작했다. 1980년대 후반 국가안전보위부와 당 선전선동부에서도 일했다. 김정남은 1996년 이모인 성혜랑의 변절로 김정일의 신뢰를 잃었지만 장성택의 정치적 후견을 받아 권력기반을 공유할 수 있다는 점에서 상대적으로 유리한 위치에 있다고 보고서는 전망했다. 보고서는 또 김정일이 사망한 뒤 북한에는 집단지도체제가 들어설 것이라는 관측도 담았다.

백 박사는 김정일 건강 이상설이 공개된 이후 필자와의 인터뷰에서

'3Ps+X' 이론을 토대로 다시 한 번 김정남의 승계를 점쳤다(〈동아일보〉 2008년 9월 13일 5면). 그는 자신의 박사학위 주제였던 중국의 사례를 들어 과거 마오쩌둥과 덩샤오핑 등의 권력승계 과정으로 볼 때 김정일이 병상에 누워 통치하는 동안에는 가까운 거리에서 건강을 관리하고 비서 업무를 하는 이른바 '문고리 권력'이 득세할 것이라고 전망했다. 그는 김 위원장의 비서이자 사실상의 넷째 부인인 김옥의 역할에 주목했고 호위 업무 등을 관장하는 호위사령부 등도 건강상태에 대한 정보 유포 등 음성적인 형태로 권력을 행사할 수 있다고 전망했다.

이후 필자는 김정일에서 김정은으로 북한의 3대 세습 드라마를 보면서 '3Ps+X' 이론을 여러 번 더 활용했다. 후계자 낙점이 확실해진 다음 김정은의 권력기반을 다져줄 엘리트 그룹은 누구인지를 전망해 볼 수 있었다(〈동아일보〉 2009년 6월 22일 8면). 또 김정은이 후계자로서 모습을 드러냈을 때에는 그의 승계가 사회주의 독재권력 승계의 일반 원칙에 맞지 않는다고 지적할 때(〈동아일보〉 2010년 9월 29일 5면)에도 이 이론을 활용했다. 당시까지 김정은은 권력기반, 인격적 자질, 정책능력 등 어느 조건도 증명해 보이지 못한 상태였기 때문이다.

그러나 '3Ps+X' 이론의 사례는 역설적이게도 이론으로 북한을 분석하고 전망하는 것이 얼마나 어려운 일인지 역시 증명했다. 김정일은 2009년 1월 8일 매제 장성택을 후견인으로 삼남 김정은을 3대 세습 후계자로 지명했다. 김정은은 2010년 10월 10일 노동당 창건 기념일에 대외적으로 얼굴을 공개하며 공식 활동을 시작했고 2011년 12월 아버지 김정일의 사망에 따라 그의 유일지도체제를 시작했다.

다른 전문가들의 예측도 모두 달랐다. 2008년 9월 김정일 건강 이상 당시 세종연구소 정성장 박사는 장성택과 김정남의 권력기반과 능력이 과대평가 됐다고 반박하면서 오히려 각각 군사와 당을 담당하고 있는 이용철, 이제강 노동당 조직지도부 제1부부장이 김 위원장 유고 때 권력을 잡을 가능성이 높다고 봤다. 그는 "이들은 직접 최고지도자의 자리를 노리기보다 현재 명목상의 국가 주석이며 2인자인 김영남 최고인민회의 상임위원장이나 차남 김정철을 '얼굴 마담'으로 내세울 가능성이 크다"고 내다봤다.

김 위원장 개인이 절대적인 정치·경제적 권력을 행사하는 '수령절대주의'와 권력엘리트들이 권력을 나눠 갖는 '집단지도체제'를 절충한 형태로 김 위원장의 아들이 상징적인 수령을 맡고 '당-정-군'의 엘리트들이 실권을 장악하는 구도가 '상징수령제론'인데 당시에는 후계 문제의 새로운 대안으로 제기됐지만 현재로서는 맞아 떨어진 가설이 아닌 셈이다.

김정일이 아버지 김일성 주석의 권력을 넘겨받으며 체계화한 북한 후계자론을 토대로 3대 세습의 불가능성을 피력한 이화여대 이승열 박사의 주장(〈동아일보〉 2009년 2월 20일 8면)도 그렇다. '북한 수령체제의 변화와 수령 승계방식의 한계에 관한 연구'라는 논문으로 북한대학원대학교 박사학위를 받은 이승렬 박사는 1970년대 김정일의 후계자 승계 과정과 2009년 초 상황을 비교할 때 3대 세습은 현실적 어려움이 많고 명분도 없다고 지적했다.

그러나 실제는 어떤가. 김정일은 건강 이상 이후 사망할 때까지 3년

4개월이라는 짧은 시간 동안 3대 세습 준비를 보란 듯이 끝냈고 주민들은 실제로 김정은을 어떻게 생각할지 알 수 없지만 조직적인 반발 역시 없었다. 아들을 후계자로 앉혀야겠다는 김정일의 본능적인 권력 승계 욕구는 수령제의 제도적 기반 등 일체의 논리적인 장벽을 개의치 않았다. 한마디로 북한은 김정일이 하고 싶으면 무엇이든 거기에 맞추면 되는 그런 사회였던 것이다.

'3Ps+X' 이론도, 상징수령제론도, 북한 스스로의 후계자론도 북한 3대 세습을 정확하게 예측하지 못했다면, 그럼 이론으로 북한을 보는 시도는 불가능하고 불필요한 것인가? 전혀 그렇지 않다. 오히려 나름의 근거를 가진 학문적인 추측은 정보도 논리도 없이 첩보와 풍설이 기정사실화 되는 척박한 분단시대 저널리즘의 세계에서 논리를 바탕으로 북한을 보고 또한 예측하도록 해준다. 비록 북한 독재정치의 자의성 때문에 그 결과가 다소 빗나갈 지라도 이론을 바탕으로 한 논의는 북한에 대한 공적 담론을 한층 풍성하게 해준다. 북한을 다루는 기자에게는 더 없이 풍성한 기사 소재를 제공하는 셈이다.

다음으로 2017년 12월 현재 국가정보원장으로 재직 중인 서훈의 '선군외교론'이 있다. 북한이 여섯 차례 핵실험을 하고 미국 본토 타격을 목표로 한 대륙간탄도미사일(ICBM)급 화성-14형과 이보다 개량된 성능의 화성-15형 발사를 실시한 지금 북한의 핵·미사일 도발 사이클은 일반인들에게도 익숙한 일상이 됐다. 하지만 2008년 당시에는 상황이 달랐다. 북한은 2006년 10월 한 차례 핵실험을 했을 뿐이었고 2008년 초에는 미국 등 국제사회와 대화를 이어가고 있었다.

서훈 당시 국가정보원 3차장(북한 담당)이 2008년 2월 동국대 북한학과에 제출한 박사학위논문 ''북한의 선군외교 연구 - 약소국의 대미 강압외교 관점에서'는 향후 이어진 북한의 도발 사이클을 이해하고 전망하는 데 매우 유용한 이론적 자원을 제공했다.

두 차례의 남북정상회담을 막후에서 조율한 명실상부 북한전문가인 그는 북한이 1993년과 2002년에 시작된 1, 2차 핵위기에 대응하는 데 사용한 외교 및 협상 전략을 '선군(先軍)외교'로 개념화 할 수 있으며 북한은 6가지의 대응 전략과 4가지 협상 방식을 거의 유사하게 반복해 왔다고 주장했다. 북한이 1989년 이후 소련 등 동유럽 사회주의 국가들이 붕괴하자 세계 유일의 초강대국인 미국과 대치해야 하는 비대칭적인 안보 불안에 대응하기 위해 대미 협상과 핵을 수단으로 한 선군외교를 발전시켜 왔다는 것이다.

약소국이 강대국을 압박하는 '강압 외교'의 드문 사례로서 선군외교는 '악명(惡名) 유지 → 모호성 유지 → 벼랑 끝 대치 → 맞대응 → 위기관리 → 협상'이라는 여섯 가지 전략을 반복적으로 사용한다. 협상에서는 '미·북 양자협상 → 포괄적 일괄타결 → 근본문제 카드 활용 → 단계별 동시 행동' 등 네 가지 방식을 되풀이했다.

그는 "북한이 1차 핵 위기 해결을 위해 위 과정을 두 차례, 2차 위기에서는 세 차례 되풀이했다"고 설명했다. 예를 들어 북한은 2005년 9·19합의 후 미국이 방코델타아시아(BDA) 은행사건을 들고 나오자 '악의 축'이라는 악명과 핵 보유 여부 등에 대한 모호성을 유지하다 2006년 미사일 발사(7월)와 핵 실험 강행(10월)으로 벼랑 끝 대치를 했다. 국제사회의 압력에 대해 '연이은 물리적 조치' 등 성명으로 맞대응했다. 그러나 같은 해 중국 및 러시아 방문 외교(10월) 및 미·북 베를린 양자 접촉(12월)을 통해 위기관리에 나서 6자회담에 복귀했고 2007년 2·13합의에 이르렀다.

이후 이명박 정부 당시 미·북 핵협상은 극과 극을 오갔다. 2008년 북한은 영변 냉각탑을 폭파하고 미국은 북한을 테러지원국 명단에서 해제하는 등 밀월관계를 갖는 듯했다. 하지만 과거 핵활동의 검증절차 합의에 실패했다. 2009년 버락 오바마 행정부가 등장하자 북한은 4월 장거리로켓 발사와 5월 2차 핵실험이라는 초강수를 들고 나왔다. 당선 전 적대국들과 "터프하고 직접적인 대화를 하겠다"고 밝혔던 오바마 행정부는 취임 선서식에 맞춰 장거리미사일을 꺼내 정찰위성 앞에 내놓은 북한의 당돌한 행위에 자세를 바꿨다. 이후 '같은 말을 세 번 사지 않겠다'는 말이 워싱턴에서 흘러 나왔고 이어 북한에 대한 '의도적 무시' 전략이 나왔다.

결국 최악의 상황으로 떨어진 미·북관계는 몇 차례의 대화 시도에도 나아지지 않았다. 겨우 2012년 2월 29일 미·북 간 합의가 이뤄졌지만 새롭게 등장한 북한의 지도자 김정은은 2012년 4월 13일 장거리로켓 발사로 산통을 깼다. 2012년 12월 장거리로켓 발사에 이어 2013년 2월 3차 핵실험을 한 김정은은 치열한 내부 권력다툼 과정 속에서 핵·미사일 전략 도발의 휴지기를 보냈다. 그러다 2016년 1월 6일 4차 핵실험 이후 2017년 12월 현재까지 핵·미사일 개발의 최종단계를 목표로 폭주를 하고 있다.

서훈의 논문은 이 모든 과정에 북한 담당 기자들이 상황을 조금 더 분석적이고 이론적으로 전망할 수 있도록 도와줬다. 전략적 모호성이나 협상카드 등은 주저 없는 김정은의 핵 폭주 앞에서 빛이 바랬지만 대부분의 내용은 지금도 유용하게 기사에 활용할 수 있다. 그가 논문을 낼 당시인 2008년 초를 기준으로 북한이 향후 사용할 수 있는 핵 카드를 모두 여섯 가지로 정리한 대목이 대표적이다. ① 핵시설, 핵물질, 핵무기의 증설 및 증대 ② 핵무기(폭발 장치) 실물 공개 ③ 우라늄농축 관련 기술, 장치, 물질 시위 ④ 핵탄두(미사일) 공개 및 실험 ⑤ 핵무기 실전 배치 ⑥ 핵무기, 핵물질, 핵기술 이전 위협이 그것이다.

북한은 2009년 5월 25일 2차 핵실험 이후 ①번 카드를 지속적으로 사용하고 있다. 2009년 6월 13일 우라늄농축프로그램(UEP)의 존재를 밝힌 것은 ③번 카드다. 2016년 이후 핵 폭주 과정에서 기폭장치와 핵탄두의 실물을 공개했다. 이제 남은 것은 ①번과 관련해 장거리미사일의 실거리 발사 실험과 핵탄두 공중 폭발 실험, ⑤ 핵무기 실전 배치 ⑥ 핵무기, 핵물질, 핵기술 이전 위협 정도다. 과거 핵무기나 핵물질, 핵기술을 이전한 사실을 시인하거나 미래에 이를 이전하겠다고 협박하는 ⑥번 카드는 북한이 최후 카드로 사용할 가능성이 높다. 미국 등 국제사회는 북한의 핵보유를 사실상 묵인하는 상황이 되더라도 북한이 다른 불량국가나 테러세력에 핵이 확산되는 것만은 막겠다는 의지가 확고하기 때문이다.

마지막으로 비교사회주의 방법론이 있다. 필자가 북한과 쿠바의 경제위기와 개혁에 대해 공부한 결과를 기사에 활용한 사례를 소개한다. 2002년 9월 1일 대학원 석사과정을 시작할 당시 필자의 관심 영역은 북한의 경제개혁과 개방이었다. 북한의 개혁에 희망을 품고 그것을 지지하는 마음으로 2004년 석사학위 논문 '북한의 경제개혁 : 7·1종합조치와 종합시장을 중심으로'를 썼다. 2005년 박사학위 과정을 시작해서는 쿠바와 북한을 비교했고 그 결과 2008년 '북한과 쿠바의 경제위기와 개혁'이라는 논문으로 박사학위를 받았다.

고백하건데 쿠바와 북한을 비교하는 동안 필자는 쉽게 말해 '보수적'이 됐다. 경제의 개혁과 개방은 단순한 경제정책이 아니다. 특히 북한처럼 독재사회주의 국가에서 그것은 정치의 핵심이라고 할 수 있다. 북한과 쿠바를 비교하고 정치와 경제의 관점에서 분석했을 때 필자가 내린 결론은 비관적이었다. 적어도 2008년 당시까지 북한은 중국과 베트남, 심지어 가장 소극적인 쿠바라도 흉내내기 위해 꼭 필요한 정치적 조건 두 가지를 결여하고 있었다. 바로 원활할 정치적 소통과 사회주의적 평등이었다.

북한과 쿠바의 20년 역사를 비교하고 그것을 나름대로 이론으로 그려본 결과 북한 경제에 대해 비판적일 수밖에 없었다. 1년 동안의 국내연수 기간 동안 학위논문 집필을 끝내고 복귀한 뒤 〈동아일보〉 2월 21일자에 박사학위 논문의 핵심적인 내용을 기사로 만들어 대중 독자들에게 처음 선보였다. 이후 많은 기사들에 북한과 쿠바 비교방법론을 활용했지만 이 기사에 가장 본질적인 이야기를 담아 소개했다.

김정일-카스트로, 1990년 소련 붕괴 후 경제위기 때 다른 길

2008년 2월 21일 〈동아일보〉

지난해 11월 기자가 쿠바의 수도 아바나 시를 방문했을 때 혁명광장 주변에서는 쿠바인들의 외국인 상대 달러벌이가 한창이었다. 한쪽에서는 요란한 그림이 그려진 1950~1960년대 승용차의 주인들이 외국인들을 상대로 택시 영업을 했다. 다른 쪽에서는 신형 중국제 관광버스들이 단체 관광객을 쏟아냈다. 광장 어디에도 독재자 피델 카스트로의 얼굴이나 동상은 없었다. 다만 내무부 건물에 설치된 유명한 체게바라의 얼굴 구조물만 눈에 들어왔다.

꼭 한 주 전 평양을 일곱 번째 방문했을 때 북측 안내원은 늘 그랬듯이 일행을 만수대 위 김일성 주석 동상 앞으로 안내했다. 과거처럼 일행이 경건하게 머리를 숙이기 원하는 북측과 이를 거부하는 남측 인사 사이에 실랑이가 벌어졌다.

사회주의 쿠바를 49년 동안 철권 통치한 피델 카스트로가 24일 권좌에서 물러날 예정이다. 그러나 북한 최고지도자인 김정일 국방위원장은 아직 그에게 보고 배울 점이 많다. 최고지도자를 우상처럼 숭배하지 않도록 한 점도 그 중 한 가지다.

북한과 쿠바는 1990년 소련 등 소비에트 블록 국가들이 붕괴하자 똑같은 경제위기에 처했다. 카스트로는 과감한 개혁과 개방을 통해 역설적으로 사회주의를 지켜냈지만 김 위원장은 미숙한 대응으로 일관하다 수십만, 수백만 명이 굶어죽는 아사(餓死)를 초래했다. 무엇이 이런 차이를 가져왔는지를 보면 두 지도자와 두 체제의 차이가 뚜렷하게 드러난다. 2008년의 북한은 과거로부터 어떤 교훈을 얻어야 하는가.

소련의 지원이 줄어들자 1990년 이후 두 나라의 연간 경제성장률은 마이너스를 나타내기 시작했다. 카스트로는 경제가 위기임을 국민에게 솔직히 시인했다. 그는 1989년부터 경제가 어려워질 가능성을 공개적으로 언급했고 위기를 '특별한 시기'로 명명했다. 1991년에는 대소 경제의존 실태를 국민에게 상세하게 발표하고 함께 대응책을 마련했다.

최고지도자의 고백 덕분에 쿠바는 권력 엘리트 및 인민 대중의 동의 아래 과감한 개혁과 개방을 단행할 수 있었다. 쿠바는 1991년부터 외국인 관광과 투자를 대폭 확대했다. 1993년과 1994년에는 시장의 재도입과 자영업 허용, 내국인 달러 보유 허용 등의 개혁조치를 단행했다. 쿠바 경제는 1994년부터 다시 성장하기 시작했다.

북한은 쿠바와 다른 길을 갔다. 실권자인 김 위원장은 1992년까지 미국, 일본, 한국 등과의 관계개선 및 1차 핵 위기를 통해 경제난을 해소하려 했다. 이에 실패한 북한 지도부가 경제위기를 간접적으로 시인한 것은 1993년 12월이었다. 북한도 나진선봉경제특구 도입과 무역자유화 등 부분적인 개방조치를 취했다. 그러나 쿠바와 같은 시장지향적 개혁 조치를 단행하지 못했다. 1994년 김일성 주석이 사망하고 자연재해가 겹치자 북한은 '고난의 행군'이라는 사상 초유의 경제위기로 빠져들었다. 북한은 더욱 심해진 경제난을 타개하기 위해 아직 핵과 씨름하고 있다.

북한이 왜 1990년대 초반 쿠바처럼 과감한 개혁을 단행하지 못했는지에 대해서는 '안보딜레마' 가설이 가장 일반적이다. 쿠바와 달리 북한은 남한과 대치하고 있어 개혁에 따른 체제붕괴의 불안감이 더 컸다는 것이다.

쿠바 지식인들의 증언을 종합하면 쿠바와 북한의 가장 큰 차이는 정치적 소통과 권력에 따른 불평등의 정도다. 카스트로는 혁명 후 대중연설과 집회 등을 통한 '최고지도자-권력엘리트-인민대중'의 활발한 정치적 의사소통을 통치에 적극적으로 활용해 왔다. 1990년대에 경제가 위기라는 사실을 전 국민이 공유하고 대안을 마련하는 과정도 마찬가지였다.

반면 북한 김 위원장은 폐쇄적인 '측근정치'에 의존했다. 최고지도자는 국가 중대사를 인민에게 알리지 않았고 인민들은 현장의 목소리를 '수령'에게 전달할 수 없었다. 또 스스로 신격화한 아버지와 자신의 경제정책 실패를 시인하기 어려웠다.

한편 김 위원장은 1970년대 초반부터 당과 군의 권력엘리트들을 위한 특권적인 '수령경제'를 운영해 왔다. 경제위기가 왔지만 최고지도자와 권력엘리트들은 체제위협을 무릅쓰고 개혁을 해야 할 정도로 배가 고프지 않았던 것이다.

2005년 부임해 현지에서 활동하고 있는 KOTRA 조영수 아바나무역관장은 "쿠바도 어쩔 수 없는 사회주의 국가이고 카스트로는 독재자라는 점에서 유사하지만 상대적으로 원활한 소통과 평등은 북한과 김 위원장이 본받아야 할 점"이라고 말했다.

비밀해제 외교문서
'진흙 속 진주'

하루살이 같은 기자들은 현재에 과도하게 매몰되는 경향이 있다. 하지만 북한과 남북관계의 현대사에는 아직 공개되지 않은 비밀들이 너무나 많다. 옛날 자료를 뒤지고 사람을 만나서 메워야 할 진실의 빈틈이 아직 많은 것이다. 기자들이 직접 옛 문헌과 기록을 뒤지는 것이 쉽지는 않다. 하지만 기자라는 특권을 발휘한다면 역사 속 진실을 찾기 위해 자료를 뒤지고 사람을 잘 찾아 만나면 된다. 북한대학원대학교와 미국의 저명한 국제냉전사 연구 싱크탱크인 우드로윌슨센터가 2006년부터 함께 진행한 '북한국제문서조사사업(NKIDP)' 결과물 보도는 바로 그런 과정을 통해 성사됐다.

북한대학원대학교와 우드로윌슨센터가 NKIDP 사업을 진행한 것은 북한의 정치체제나 외교관계에 대한 신뢰할 수 있는 정보가 필요하다는 판단 때문이었다. 이를 위해 평양에 상주 대사관을 설치했던 옛 공산권 국가들의 외교문서 중 최근 비밀이 해제된 1차 자료를 발굴해 영어로 번역한 뒤 이를 통해 북한의 정책결정 과정과 배경을 연구해 왔다.

이 프로젝트를 미국 현지에서 직접 이끈 제임스 퍼슨 박사는 "우드로윌슨센터에는 현재 옛 공산권 국가에서 수집한 자료가 6만 쪽 이상 보관돼 있다"고 말했다. 러시아 유학 중 외교정책을 연구하다 북한 근대사에 매력을 느끼게 됐다는 퍼슨 박사는 미국 조지워싱턴대학교에서 북한 역사 연구로 박사학위를 받은 뒤 2007년부터 우드로윌슨센터에 합류했다. 그는 “올해 동독과 폴란드에서 1만 쪽에 이르는 북한 관련 문서를 수집했다”며 “김일성 주석과 북한 간부들의 대화록 및 북한 내부 자료들은 대북정책 결정에도 도움이 될 것”이라고 말했다.

2009년 9월 필자는 NKIDP 사업의 결과로 발굴된 1971~1972년의 북한 관련 동유럽 외교 문서 문서 39건(총 164쪽)을 입수해 〈동아일보〉 9월 24일자부터 시리즈 보도를 시작했다. 39건의 내용별로는 △미국과 중국의 데탕트에 대한 남북한의 고민 △북한의 대남 평화공세 △김일성 당시 내각 수상과 이후락 중앙정보부장의 평양 비밀회담 △7·4 남북공동성명 발표 △남한의 10월 유신 등에 관한 귀중한 사료들을 포함하고 있었다.

21건은 당시 동독과 루마니아, 불가리아 등 동유럽 국가들이 보관하고 있던 문서를 입수해 번역한 것이다. 1971년 6월 10일 니콜라에 차우셰스쿠 루마니아 대통령이 이끄는 대표단이 평양을 방문해 김일성 수상과 대화한 내용처럼 주요 인사들이 직접 만나 나눈 대화록의 형태도 있고, 북한 외교당국이 평양 주재 동유럽 국가 외교관들에게 전달한 정보를 각국 대사관이 본국 등에 보고한 문서도 있다. 북한이 담화문 등의 형태로 전달한 것을 자국어로 번역해 본국에 보고한 문서들도 있다.

나머지 18건은 한국의 문서보관소에서 나온 남북대화 문서들이다. 1972년 5월 4일과 11월 3일 각각 평양에서 진행된 이 부장과 김 수상의 평양 대화록을 비롯해 1971년부터 시작된 남북적십자 회담과 7·4남북공동성명 이후 진행된 남북조절위원회 회의록 등이 포함됐다. 이 내용은 국내에 이미 소개된 것이지만 남북대화 관련 국내 문서가 영어로 번역돼 해외의 북한 연구자들에게 제공되는 것은 의미가 크다. 우드로 윌슨센터는 발굴한 자료들을 홈페이지의 '한국 현대사 포털' 사이트를 통해 일반에 공개하고 있다. 아래에는 당시 작성한 기사 가운데 역사적 가치가 높은 사례를 소개한다.

"10월유신 선포, 北에 2차례 미리 알렸다"

2009년 9월 24일 〈동아일보〉

박정희 정부가 1972년 10월 17일 오후 7시를 기해 계엄 선포와 헌법 폐지, 국회 해산, 대통령 간선제 도입 등을 골자로 하는 '유신(維新) 체제'를 선포하기 전에 두 차례 북한 당국에 이를 예고하고 배경을 설명한 것으로 23일 확인됐다. 남측은 10월유신 선포 다음 날인 18일에도 북측과 다시 접촉해 "남북대화의 목적에 부응하는 체제를 만들 것"이라고 헌법 개정의 불가피성을 설명했다.

북한은 같은 해 7월 4일 자주, 평화, 민족대단결 등 3원칙에 따라 남북통일을 이룬다는 7·4남북공동성명을 발표한 뒤 동유럽 사회주의 우방국들에 "한반도에서 미국과 일본을 몰아내 박정희 정권을 고립시키고 내부 혁명역량을 강화해 남북연방제 통일을 이루기 위한 것"이라고 선전한 것으로 드러났다.

이 같은 사실은 미국의 국제 냉전사를 연구하는 싱크탱크인 우드로 윌슨센터가 동독과 루마니아, 불가리아 등 옛 동유럽 사회주의 국가들이 보관하고 있던 당시 북한 관련 외교문서를 입수해 분석함으로써 밝혀졌다. 우드로윌슨센터는 2006년부터 한국의 북한대학원대와 함께 '북한 국제문서조사사업(NKIDP, North Korea International Documentation Project)'을 진행해 왔으며 1971~1972년 당시의 북한 관련 문서 39건(총 164쪽)을 영어로 번역했다.

〈동아일보〉가 단독으로 입수한 문서들에 따르면 김재봉 당시 북한 외교부 부부장은 1972년 10월 19일 동유럽 6개국 외교관들을 만나 "16일 판문점 남북 접촉에서 남측은 박정희 대통령이 17일 북한이 주의해서 들어야 할 중요한 선언을 발표할 것이라고 밝혔고, 17일 (10월유신) 발표 1시간 전에도 남측이 전화를 걸어 라디오를 주의 깊게 들으라고 알려왔다"고 전했다.

이 문서들에 따르면 당시 남측 대표는 북측 대표를 만나 이후락 중앙정보부장이 김영주 남북조절위원회 북측 위원장(김일성의 동생)에게 보내는 메시지를 전달했다. 이 부장은 메시지에서 "박정희 대통령과 김일성 내각 수상이 권력을 갖고 있는 동안 어떤 대가를 치르더라도 통일을 이룰 것"이라며 "하지만 남측 다수가 통일을 반대하고 있어 (통일을 위한) 질서를 구축하기 위한 중요한 선언을 발표할 것"이라고 전했다.

박정희 정부는 미국 측에는 발표 하루 전에 필립 하비브 주한 미국대사를 통해 발표할 성명 사본을 미리 전달했다. 나머지 주한 외교사절에게는 발표 3시간 전에 알렸다. 당시 남한 언론에는 유신 선포 사실이 사전에 보도되지 않았다.

한편 김일성 내각 수상은 1972년 9월 22일 정준택 부수상을 루마니아에 보내 니콜라에 차우셰스쿠 대통령에게 대남 평화공세의 목적과 배경을 설명했다. 정 부수상은 "남한과 전쟁을 할 수 없는 상황에서 남한 내부의 혁명역량을 강화할 수 있는 길을 고민한 끝에 '평화공세'를 시작했다"고 밝혔다.

당시 대남 평화공세에 대한 북한의 의도가 드러난 것은 북한이 표면적으로는 대화를 주장하지만 궁극적으로는 한반도의 적화를 노렸다는 보수 진영의 시각을 확인해주는 것이다. 선준영 북한대학원대학교 석좌교수(전 유엔대사)는 "이들 문건은 최근 북한의 대외 유화 공세의 본질을 파악하는 데 중요한 시사점을 제공하고 있다"고 말했다.

북한, 5·16군사정변 예측 … 당일 지지성명 준비했었다

2009년 10월 16일 〈동아일보〉

북한은 5·16군사정변 발생 이전부터 남한에서 군사정변이 발생할 것을 예측하고 상황을 예의 주시해 왔던 것으로 밝혀졌다. 북한은 특히 쿠데타 발생 직후 쿠데타 주도세력을 진보세력으로 보고 당일 지지성명까지 준비했지만 이틀 뒤인 18일 "극심한 반동에 의한 쿠데타이며 쿠데타 세력은 반동적인 친미(親美) 군인들"이라고 평가했다.

이 같은 사실은 북한 등 4개국 주재 중국대사관이 자국에 보낸 외교전문(電文) 8건(1961년 2월 27일~5월 26일)을 입수한 미국의 외교안보전문 싱크탱크 우드로윌슨센터의 분석 결과 밝혀졌다. 이 센터는 한국의 북한대학원대와 함께 '북한국제문서조사사업(NKIDP)'을 벌이고 있으며 이번에 공개된 것은 중문으로 된 26쪽짜리다. 앞서 동아일보는

9월 24일 우드로윌슨센터에서 입수한 문건을 통해 '10월 유신 선포 북한에 2차례 미리 알렸다'는 기사를 단독 보도했다.

이번에 입수한 5월 16일자 오후 11시 전문에 따르면 김일 부수상은 김일성 수상의 지시에 따라 평양 주재 중국대사에게 남한의 군사쿠데타를 설명하는 자리에서 "북한은 아직 어떤 조치를 취할지 숙고 중이며 이번 쿠데타를 지지하는 성명을 발표하는 것을 고려하고 있다"고 말했다. 김 부수상은 "이번 쿠데타는 진보세력의 조직적 행동일 가능성과 당시 정부에 불만을 품은 소장파 군인세력일 가능성 등 2가지가 있다"고 전했다. 그 근거로 주도자인 박정희가 한때 남로당원이었다는 점을 제시하며 "미국 제국주의의 막후 사주를 받은 쿠데타가 아닐 가능성은 90%"라고 평가했다.

하지만 절대비밀로 분류된 18일 북한 노동당 중앙위원회 상임위원회 회의에서는 이번 쿠데타를 반동적인 시도로 명확히 규정했다. 이날 회의록을 바탕으로 중국대사관이 본국에 보고한 21일자 전문은 "북한은 이번 쿠데타가 남한 주민들의 투쟁을 억누르고 파시스트 지배를 강화할 목적으로 미국에 의해 기획된 것"이라는 평가와 함께 "쿠데타는 미국과 직접 연결된 것"이라고 적었다.

한편 5·16군사정변은 북한에도 적지 않은 파장을 불러일으킨 것으로 확인됐다. 북한은 군사 쿠데타에 충격을 받아 경제의 군사화를 의미하는 국방경제 병진 노선을 채택하고, 1차 7개년 경제개발계획을 연기하려 했던 것으로 드러났다.

北 '푸에블로' 나포 때도 외교관 불러 "방공호 파라" 심리전

2013년 4월 11일 〈동아일보〉

북한이 1968년 1월 23일 미국 해군 정보함인 푸에블로호를 나포한 직후에도 평양 주재 외교관들을 불러 모아 "미국의 공격이 예상되니 대사관에 방공 참호를 파라"고 심리전을 벌인 사실이 외교 문서를 통해 확인됐다.

미국의 저명한 국제냉전사 연구 싱크탱크인 우드로윌슨센터는 당시 루마니아대사관이 본국에 보낸 두 건의 외교문서를 입수해 8일 홈페이지에 공개하면서 "최근 북한이 평양 주재 외교관과 외국인들에게 '한반도 긴장으로 안전을 보장할 수 없다'고 경고한 것은 전례가 없는 일이 아니다"라고 지적했다. 문서들은 우드로윌슨센터가 2006년부터 한국 북한대학원대학교와 함께 진행해 온 북한국제문서조사사업(NKIDP)으로 입수한 것이다.

루마니아 외교문서에 따르면 북한 외무성 관리들은 푸에블로호 나포로 북·미관계가 악화된 2월 26일 평양 주재 외교관들을 불러 "조선반도 정세가 긴장돼 있고 미제와 남조선 박정희 정부가 언제라도 전쟁을 도발할 수 있다는 것이 우리의 결론"이라며 "모든 대사관은 반항공 벙커를 만들어야 한다"고 요구했다.

루마니아 외교관은 "벙커를 얼마나 깊게 어떤 모양으로 언제까지 파야 되느냐"고 물었다. 북측은 외교관 관리 사무소가 전문가들을 대사관으로 보내 관리 규정에 따라 어디에 어떻게 참호를 만들지 결정하고 설계와 승인, 공사 시작 등을 맡을 것이라고 말했다.

당시 미국은 북한을 상대로 군사적으로 보복할 움직임을 보였고 북한도 전국적으로 이에 대비한 정황이 문서에서 확인됐다. 평양과 외곽의 전반적인 전쟁 대비 상황에 대해 전문은 다음과 같이 보고했다.

"전반적인 긴장 상태가 평양을 압도하고 있다. 군대 이동과 방공 훈련이 계속되고 있다. 비행기와 투광조명을 이용한 야간 공습 훈련이 강화되고 있다. 평양과 주변 지역에서는 6·25전쟁 당시의 방공 벙커가 복원되고 있다. 참호와 구덩이를 파고 차들은 위장망을 뒤집어쓰고 운행하고 있다."

3월 1일 평양 주재 루마니아대사관은 헝가리 외교관이 전한 정보를 본국에 보고했다. 김창봉 북한 인민무력부장(한국의 국방부 장관에 해당)이 2월 하순 평양 주재 헝가리대사를 만나 "5월로 예정된 자신과 군 관리들의 부다페스트 방문 일정을 4월 초순으로 당겨줄 수 없느냐"고 채근했다는 내용이다.

당시 김 부장은 한반도 정세 때문에 내부적으로 시기가 결정된 것이라며 4월 20일 이후에는 해외여행이 불가능할 것이라고 설명했다. 루마니아대사관은 방공 참호 건설 요구와 연관지어 "적어도 2개월 정도는 한반도 상황이 지금 상태보다 더 나빠지지는 않을 것 같다"는 결론을 내리고 본국에 보고했다.

우드로윌슨센터 제임스 퍼슨 박사는 "최근 북한의 평양 주재 외교관 철수 권고가 미국과의 긴장을 조성하기 위한 것이라면 1968년에는 실제로 미국과의 전쟁이 예상되니 사회주의 국가들이 단결해서 좀 도와달라는 취지의 액션을 취했던 것으로 보인다"고 분석했다.

한편 한·미 정보당국은 북한이 이번 외교관 위협을 할 때 러시아와 중국 등 힘센 나라에는 "나갈 계획이 있느냐"고 의향을 묻는 식으로, 제3세계의 약한 나라에는 "그냥 나가라"는 식으로 차별대우를 한 것으로 파악하고 있다.

3

분단저널리즘의 꽃, 남북관계 칼럼

진영논리 탈피 '격조 있는 주장 담자'

기자는 단순한 사실의 관찰자나 전달자가 아니다. 기자는 해설자이면서 동시에 처방자이기도 하다. 논문을 쓰는 학자와 마찬가지로 사실을 수집하고 해설하고 처방하기 위해서는 기자 나름의 시각과 가설이 필요하다. 자기 주관 없이 취재 현장에 뛰어든다는 것은 사막에서 반지를 찾는 것과 같다. 주관으로 세상을 보면 할 말이 많다. 분단저널리즘의 현장도 마찬가지다. 크게는 대북정책에서부터 작게는 이산가족상봉 방법론까지 현장에서 체득한 아이디어를 적극적으로 주장할 수 있다. 처방자로서의 기자, 이것이 분단저널리즘을 뛰어넘기 위한 마지막이자 가장 수준 높은 지혜다. '한국 사회에 고함'이라고 할 만한 분단저널리스트들의 장르가 있으니 바로 칼럼이다.

칼럼에는 다섯 가지의 요소가 있다. 우선 주제다. 무엇을 쓰려고 하는 것인지가 분명해야 한다. 칼럼도 기사나 논설과 같은 보도문이기 때문이다. 주제는 칼럼 안에 문장의 형태로 드러나기도 하고 전체적인 구성 속에 녹아 들어가기도 한다. 어느 경우든 한 문장으로 주제가 드러나는 것이 좋다. 쓰는 사람의 입장에서는 한 문장의 주제를 미리 적어 놓고 시작하는 것이 좋다. 칼럼의 주제는 그 당시 미디어 소비자들이 관심을 가지고 있는 시사(時事)여야 한다. 독자들은 자신도 궁금한 세상사에 대해 칼럼니스트가 어떤 생각을 가지고 있는지 궁금해 한다. 사적인 감상이나 가족의 일 등 개인사는 독자들의 관심사항이 아니다. 이것이 칼럼의 주제가 소설이나 시, 희곡 등 문학작품과 결정적으로 다른 속성이다.

다음으로 주장이다. 칼럼을 읽은 사람에게 무엇을 주장하려 하는지 또한 명확하게 드러나야 한다. 모든 보도문이 사실은 하나 이상의 주장을 담고 있지만 기사와 칼럼, 논설은 정도에 있어서 다르다. 보통의 스트레이트 기사가 사례의 일반화 정도라고 한다면 논설은 쓰는 사람의 주장을 가장 명확하고 강하게 제시한다. 칼럼은 기사보다는 주장의 정도가 강하지만 논설의 정도와 유사할 수도, 약하거나 강할 수도 있다.

장르 선택도 자유롭다. 논설이 논리를 갖춘 건조체인데 비해 칼럼은 다양한 요소를 가미할 수 있다. 칼럼니스트는 그가 정한 주제 속에서 자신의 생각을 보다 더 효과적으로 주장하기 위해서 수필이나 소설, 편지, 희곡 등을 쓸 수 있다. 일단 장르를 선택하고 나면 시공을 초월할 수 있다. 과거 인물들이 서로 대화를 나눌 수도 있고 가상의 미래 모습을 선보일 수도 있다. 한 편의 시를 쓸 수 도 있고 글 안에 시 한 수를 인용할 수도 있다. 보도문이지만 문학적인 글맛을 느낄 수 있다는 것, 이것이 독자들이 칼럼을 읽는 이유다.

칼럼의 네 번째 요소는 구성이다. 〈동아일보〉의 경우 현장 기자들이 특정 현장에서 얻은 통찰을 소개하는 '기자의 눈', 부장급 언론인들이 보다 일반화된 시사를 논하는 '오늘과 내일', 각종 대기자들의 기명 칼럼까지 다양한 코너를 선보이고 있다. 코너마다 다르지만 주제와 주장, 문학적 요소를 갖춘 보도문은 제법 긴 분량을 요구한다. 필자가 쓰고 있는 '오늘과 내일' 코너의 경우 1,750자 분량이 정량이다. 이처럼 긴 글을 지루하지 않게 이어가기 위해서는 구성이 필수적인데 이는 다른 어떤 글과 다르지 않다. 하지만 위의 장르에 맞게 다양하고 창의적인 구성 기법을 사용할 수 있다는 점에서 다르다. 국어시간에 배운 3단 구성, 수미상관, 액자구성 등 다양한 기교를 부릴 수 있다. 주제와 주장을 가장 잘 보여줄 수 있다면 말이다.

마지막은 글감이다. 이 역시 모든 글의 구성요소이기는 하지만 칼럼은 기자가 쓰는 보도문이라는 점에서 몇 가지 제한이 있다. 우선 독자들은 언론인의 현장 경험을 읽고 싶어 한다. 그래서 개인적으로는 15년 넘은 북한 보도 현장에서의 체험을 가능한 많이 활용하려고 노력하고 있다. 많은 사람이 기억하고 있는 역사적 사실이 왜곡되지 않은 형태로 인용되는 것도 중요하다. 개인과 가정사, 사적인 역사들은 보도문인 칼럼이 지양해야 할 역사다. 기사와 마찬가지로 인물들의 발언이 적절하게 녹아 들어가면 좋다. 실명이면 좋지만 익명의 취재원들이 자신의 발언을 통해 등장할 수 있다는 이야기다.

좋은 칼럼을 쓰기 위해서는 우선 위 다섯 가지 요소를 중심으로 당대의 유명 칼럼니스트가 쓴 글을 잘 읽어보는 것부터 시작하면 좋다. 이 글을 읽는 언론사 지망생에게도 권한다. 신문사들이 입사시험의 첫 관문에 작문 과목을 넣는 이유는 지망생이 장차 좋은 칼럼니스트가 될 수 있을지를 파악하기 위해서다. 주제와 글감까지 보도문인 칼럼의 요소를 제대로 갖추는 것이 중요하다.

여기까지는 칼럼의 일반론이다. 그러면 북한과 남북관계 칼럼에서 특히 신경을 쓰고 주의해야 할 것들은 무엇일까? 바로 주제와 주장이다. 북한 및 남북관계에 대한 여론이 보수와 진보 사이에 첨예한 갈등 한가운데 있다는 점을 받아들인다면 칼럼의 주제와 주장의 선정에 있어서 세심한 배려를 할 필요가 있다.

어떤 칼럼니스트들은 진영 논리에 충실하다. 자기 진영에 어필하는 주제와 주장을 가려 쓰면서 양 진영의 갈등의 골을 더욱 깊게 만든다. 칼럼의 목적이 '많이 읽히는 것'이라면 어쩔 수 없는 방법이다. 양 진영 어디에도 어필하지 못하는 칼럼은 양측 모두의 무시 대상이기 때문이다. 특히 회색인들을 배격하는 정치적 풍토 아래에서는 더욱 그렇다.

그러나 칼럼의 목적이 '북한 문제의 해결과 남남갈등의 해소, 나아가 민족의 통합과 통일'이라는 보다 원대한 것이라면 생각을 조금 달리 해야 한다. 때로는 진영 논리를 벗어나 양측의 잘 된 점을 칭찬하고 잘못된 점을 두루 비판할 수 있어야 한다. 이른바 시시비비, 공명정대의 정신이다. 이것은 비단 분단시대 칼럼니스트뿐만이 아니라 모든 언론인이 견지해야 할 언론의 사명에 관한 '이상향'이다.

하지만 질곡의 한국 현대사는 한반도의 '분단 저널리스트'에게 서구적 저널리즘이 제시한 원칙들을 그대로 준수하기 어렵게 만든다. 특히 위에서 제시한 칼럼에는 쓰는 이의 정치적 성향이 고스란히 드러날 수밖에 없다. 반대로 말하는 자신의 정치적 견해를 숨기고 쓰는 칼럼은 진정성이 떨어지는 가짜 글이 될 수도 있다. 그럼 어떻게 해야 할까? 갈등의 골을 더 깊게 만드는 칼럼니스트가 되라는 말인가? 아니면 자신을 숨기고 기계적 형평성 뒤에 숨는 비겁한 길을 택하라는 말인가?

감히 필자가 스스로 그렇게 하고 있다고 말할 수는 없지만 분단시대 칼럼니스트가 지향해야 할 바는 있다고 생각한다. 특정 진영에 서고 자신의 정치적 지향점을 숨기지 않으면서도 양 진영의 합리적이고 생산적인 토론에 재료를 제공할 수 있는, 격이 높은 칼럼을 쓰려는 노력이다. 이를 위해서는 칼럼의 주제와 주장이 논쟁의 여지가 없는 사실에 기반하고 사회과학적 방법론에 따라 가공된 자료를 사용하며 지적으로 성숙한 통찰과 성찰이 담긴, 그래서 교육적인 칼럼을 쓸 수 있어야 한다. 이 역시 가상의 세계에서나 가능할 이상적 형태일지도 모른다. 하지만 지적으로 천박한 글을 극복하고, 경험의 일반화에 근거해 자기 확신에 가득 찬 좌우 진영의 북한 및 남북관계 담론을 개선하며, 생산적인 논의의 장을 만들어 나가기로 마음먹는다면 이 방법 밖에는 없다는 생각이다.

북한·남북관계 칼럼 쓰기의 실제

아래는 필자가 〈동아일보〉의 '오늘과 내일' 칼럼니스트로 선정된 뒤 북한 김정은의 핵·미사일 고도화 국면에서 쓴 북한 및 남북관계 칼럼 중 일부다. 모든 칼럼이 위에서 제시한 다섯 가지 요소를 갖춘 것은 분명하지만 아래에서 제시한 좋은 칼럼의 자질을 갖추었는지는 오로지 독자들이 판단할 몫이다. 2008년 이후 필자가 〈동아일보〉의 '광화문에서'와 '오늘과 내일' 등의 코너에 기고한 칼럼 가운데 위에서 제시한 요소를 두루 갖추었다고 자부하는 몇 가지 작품을 소개한다.

미스터 김정일에게 보내는 편지

2011년 12월 28일 〈동아일보〉 '광화문에서'

'은둔의 나라'로만 알았던 당신의 공화국이 인도적 지원단체 회원자격으로 남한 기자의 입국을 허락했을 때, 나는 작은 변화의 조짐을 느꼈습니다. 2002년 6월 29일이었지요. 서해에서는 제2차 연평해전이 일어나고 있을 때였습니다. 그런 줄도 모르고 나는 고려항공에 몸을 싣고 당신의 공화국에 도착했습니다. 여름이 막 찾아오는 평양은 아름다웠습니다. 고려호텔 옆 창광거리의 밤을 수놓은 청사초롱과 흑맥주의 맛을 지금도 기억합니다.

이틀 뒤 능라도 5월1일경기장에서 아리랑축전의 규모에 놀라고 있을 때 당신은 '7·1경제관리 개선조치'라는, 제한적이지만 이전보다는 과감한 경제 개혁 조치를 단행했습니다. 나는 그 사실을 한국으로 돌아온 뒤 일본 언론을 통해 알았습니다. 특종을 현장에서 놓친 아쉬움과 부끄러움은 뒤늦게 당신과 북한을 공부하게 만든 계기였습니다.

3년 뒤인 2005년까지 나는 당신의 이름으로 진행된 경제 개혁을 쫓아 4차례 더 방북했습니다. 당신의 부하들은 많은 것을 보여주고 들려주었습니다. 인민과 공장, 기업소, 농장 등 각 경제주체에 생산의 권한을 더 주고 시장 유통을 허용한 조치는 그런대로 괜찮은 아이디어였습니다. 1990년대 '고난의 행군' 경제난 때 당신의 인민들이 터득한 삶의 지혜를 당신의 이름으로 인정해 준 것이죠.

하지만 거기까지였습니다. 2005년 가을부터 당신은 돌변했습니다. 개혁으로 알량한 기득권을 빼앗길지 몰라 두려워한 측근 권력자들의 손을 들어준 것이죠. 당신은 경제주체들의 자율성을 빼앗고 시장을 통제하고 국제사회와의 대화를 끊었습니다. 그러곤 다음 해인 2006년 첫 번째 핵실험을 했지요. 당신의 공화국을 도와주면 당신이 고마워하고 지원받은 종잣돈을 잘 불려 주민 생활을 살찌우고 국제사회의 건전한 일원이 될 것이라는 기대를 버린 것은 그 무렵이었습니다.

이명박 정부와 버락 오바마 정부 출범 후 당신이 장거리로켓과 핵으로 국제사회를 위협하는 것을 보면서, 건강 이상 이후 끝내 전대미문의 3대 세습을 단행하는 것을 보면서, 나는 당신과 당신의 공화국이 얼마나 좁고 낡은 과거에 갇혀 살고 있는지를 깨닫게 됐습니다. 〈조선중앙TV〉

를 통해 방송되는 당신의 빈소 표정이 17년 전 당신 아버지가 운명했을 때와 하나도 다름이 없는 것처럼.

오늘은 당신의 영결식이 열리는 날입니다. 나는 서울 광화문 스튜디오에서 금수산기념궁전을 떠나 평양 시내를 마지막으로 둘러보는 당신의 모습을 지켜보고 시청자들에게 보도하는 일로 바쁠 것 같습니다. 당신의 아들과 부하들도 영결식을 마치고 3대 세습 권력체제를 다지는 앞날의 일로 몸과 마음이 바쁠 것 같군요.

당신의 아들과 부하들은 당신이 살았을 때 하던 그대로 변함없이 나라를 운영하겠다는 유훈통치를 소리 높여 다짐하고 있습니다. 당신이 경제난 속에서도 당신의 공화국을 지켜낸 것은 사실입니다. 하지만 그 과정에서 국제적 고립과 정치적 독재, 경제적 파탄이 낳은 피해가 너무나 컸다는 사실은 당신도 아실 테지요.

혹시 가능하다면, 구천에서라도 아들에게 유훈 하나만 더 내려주면 어떨까요. '나는 못했지만 너는 공화국의 덩샤오핑이 되어 보라' 고요. 한때 당신의 개혁에 관심을 가졌고 앞으로 당신의 공화국을 계속 지켜보고 기록으로 남겨야 할 사람의 마지막 부탁입니다.

클라우제비츠의 훈계

2017년 8월 5일 〈동아일보〉 '오늘과 내일'

북한 김일성이 중국 마오쩌둥(毛澤東)을 따라 나의 '전쟁론(On War)'을 공부한다고 했을 때 알아봤어. 전쟁에 이기려면 전쟁의 본질을 알고 처신해야 하는 법이지. 그런 점에서 1990년대 초반 '고난의 행군' 경제 위기로 거의 망했던 북한이 살아나 오늘날 미국 본토를 위협할 수 있는 대륙간탄도미사일(ICBM)을 들고 날뛰는 상황에 나(프로이센의 전쟁 철학자 카를 폰 클라우제비츠, 1780~1831)도 책임이 있다고 생각해. 하지만 나를 '전쟁광' 정도로 치부하며 무시한 당신들에게도 문제가 많아.

말이 나온 김에 우선 싫은 소리부터 좀 해야겠어. 1993년 북한 1차 핵 위기가 시작된 이후 미국과 한국, 그리고 국제사회는 내가 200여 년 전 설파한 전쟁론의 기본을 전혀 따르지 않았어. 전쟁의 목표는 적을 패배시키는 것이야. 적의 힘의 중심부(the center of gravity)를 찾아내 내가 가진 힘을 집중해야지. 우회하거나 우물쭈물하지 말고 최대한 신속하게 공격을 퍼부어야 겨우 이길 수 있는 거야.

그런데 당신들은 어땠나. 독재국가 북한의 힘의 중심부는 김정일과 김정은 등 독재자의 정치적 의지, 그리고 월등한 후원국인 중국과의 동맹관계라는 것은 알았을 것이야. 그럼 뭐해. 정말 강력한 압박(pressure)도 화끈한 개입(engagement)도 한번 해보지 못하고 이랬다저랬다 하며 시간을 허비했어. 반면 북한은 24년 동안 핵미사일 개발과 거짓 대화를 번갈아 하며 시간을 끌었지. 처음엔 시간이 당신들 편이었지만 이젠 반대야. 북한은 생존의 위기를 넘어섰고 후원국 중국은 주요 2개국(G2)

일 정도로 강해졌어.

왜 그렇게 된 것 같으냐고? 구체적인 목적(objective)을 달성할 지휘 계통을 통일하라(the unity of command)는 원칙을 어겼잖아. 요즘 당신네 문재인 대통령이 '운전자론'을 들고 나왔지만 24년을 돌아봐. 미국과 한국 정부는 대화와 공세, 주도권을 놓고 의견이 다른 기간이 더 많았어. 미국도 한국도 진보와 보수로 정권이 바뀌면 정책 자체가 180도 달라졌어. 심지어 조지 W. 부시 행정부는 1기 땐 공세를 했다가 2기 땐 대화를 하다가, 거의 정신분열 수준이었어.

물론 미국과 한국은 일정 기간마다 정권이 바뀌는 자유민주주의 국가라는 사실을 나도 알아. 김씨 일가 독재 체제가 더 일관성 있게 목표를 향해 힘을 집중할 수 있다는 점도 인정해. 하지만 가난한 독재국가가 생존을 위해 핵·미사일을 가지면 어떤 위협이 올 것인지 간파했어야 했어. 당신들은 애초에 전략적이지 않았던 거야. 도널드 트럼프 행정부가 요즘 하루는 대화, 하루는 전쟁을 들고 나오며 헷갈리는 꼴도 마찬가지야.

그렇다고 너무 불안해하거나 비관할 필요는 없어. 북한 핵·미사일 저지 전쟁은 아직 끝나지 않았고, 아주 중대한 고비가 남아 있으니까. 어떤 전쟁이나 마지막 승리의 최종단계(the last one mile)가 가장 어려운 법이야. 북한은 ICBM 재진입 기술과 정밀유도 기술, 핵탄두 소형화를 입증해야 하는 가장 어려운 관문을 앞두고 있어. 그거, 쉽지 않은 거야.

반면 당신들은 다행히 정신을 차려가고 있잖아? 대화를 강조했던 문재인 정부가 '미국, 일본과의 최대한의 압박'을 공식 선언하고 내키지 않아 하던 사드(THAAD, 고고도미사일방어) 발사대 4기의 임시 배치도 결정했지. 박근혜 정부 때보다 일본과의 관계도 좋아졌고 미국은 김정은 정권 교란을 위해 간첩도 들여보낼 기세야. 부디 '성공의 역설'이란 행운이 함께하기를. 그건 당신들이 얼마나 단결하느냐에 달렸어.

“절대 미국과 헤어지지 마세요”

2017년 9월 18일 〈동아일보〉 ‘오늘과 내일’

문재인 대통령 각하. 북한 김정은이 연일 핵미사일 도발을 해대는 엄중한 시기에 얼마나 몸과 마음의 고생이 많습니까. 허나 어쩔 수 없는 일이지요. 최고지도자의 제1의 임무는 안보를 튼튼히 하는 일이니까요. 오늘 유엔 총회가 열리는 미국 뉴욕으로 출발한다고 들었습니다만 한·미·일 정상회담에서 도널드 트럼프 미국 대통령, 아베 신조 일본 총리와 철저한 대북 공조를 이루길 바랍니다.

지금 당신이 처한 상황은 제2차 세계대전 당시 나와 비슷한 점이 참 많다는 생각에 조금 훈수를 두려고 합니다. 당신에게 가장 중요한 과제는 북핵문제의 해결이고 열쇠는 트럼프 대통령이 쥐고 있습니다. 나 역시 조국 영국을 나치 독일의 공격에서 보호하기 위해 프랭클린 D. 루스벨트 미국 대통령의 힘과 의지를 정말 간절히 필요로 했답니다.

1943년 가을 나는 충격적인 첩보를 입수했습니다. 유럽과 중동, 아프리카를 넘어 침략 전쟁을 확대해 가던 아돌프 히틀러가 프랑스 서해안에서 런던을 향해 로켓이나 장거리포 사격을 준비하고 있다는 거였소. 영국 총리 집무실이 있는 다우닝가 10번지만 해도 너무 낡고 부실해서 폭탄이 떨어지면 완전 산산조각 날 것이 뻔했죠. 지금 한국이 북한의 탄도미사일 공격을 우려하는 상황과 별반 다를 것이 없었습니다.

하지만 난 독일에 맞선 미국과 소련의 힘이 훨씬 강하다는 사실을 믿었소. 문제는 두 강대국이 영국과 유럽을 위해 전쟁에 계속 전념하도록 관리하는 일이었습니다. 매일 아침 일어나 처음 하는 생각은 ‘어떻게 루스벨트를 기쁘게 할까'였고, 두 번째 생각은 '이오시프 스탈린 소련 공산당 서기장을 어떻게 회유할까'였다오. 나는 대영제국의 총리였고 루스벨트는 나보다 여덟 살 어렸지만, 미국은 영국을 군사력으로 보호해 줄 유일한 나라였기 때문이오.

그해 11월 28일부터 12월 1일까지 나와 루스벨트, 스탈린이 이란의 수도에서 만난 역사적인 '테헤란 회담'은 개전 이후 처음으로 3국 최고 지도자가 만나 전략적 역할 분담을 하고 전후 처리 문제를 논의하는 자리였소. 난 그 직전인 22~26일 루스벨트를 이집트 카이로에서 따로 만나 의견을 조율했소. 속을 알 수 없는 스탈린을 앞에 두고 미국과 영국이 다른 목소리를 내지 않기 위해서였지요.

역설적으로 그 뒤 나와 영국의 입지는 줄어들었소. 난 연합군의 운전석을 루스벨트에게 양보했고 스탈린에게는 조수석도 비워줬습니다. 다음 해 6월 6일 연합군의 승전을 굳힌 노르망디 상륙작전도 별로 내키지 않았지만 미국이 원했고 난 따랐소. 조국을 구하려는 전략적인 선택이었어요. 전쟁이 끝나고 총리 자리를 사임하는 각료회의 연설에서도 "절대 미국과 헤어지지 말라(Never be separated from the Americans)"고 강조했습니다.

다행히 트럼프도 북핵 문제를 주도적으로 해결하려고 합니다. 오히려 그가 국내 정치적 이유로 무모한 모험을 할지 걱정이 되겠지만. 그럴 때일수록 트럼프의 마음을 사고 서로 오해가 없도록 해야 합니다. 난 루스벨트와의 비밀을 잘 지켰고, 말한 것을 행동으로 보여줬소. 조심스럽게 구애도 하고 인간적인 면모를 보여주려 노력했소.

당신이 그렇게 하는 건 사대주의도, 친미주의도 아닙니다. 약소국의 외교정책은 기본적으로 겸손해야 합니다. 지지자들에게 당장 값싼 박수를 받는 것보다 장기적인 국가 안보만 바라보세요. 그것이 당신이 조국을 위해 마땅히 해야 할 일입니다.

2017년 9월 18일 전 영국 총리 윈스턴 처칠 드림

PART 3

국제사회 창(窓)으로 북한을 보다

❶ 미국과 북한 뉴스

❷ 중국·일본과 북한 뉴스

왕선택 〈YTN〉 통일외교전문기자

서강대학교 영문과를 졸업하고, 미국 조지워싱턴대학교에서 국제정책실무 석사, 북한대학원대학교에서 '북한과 미국의 핵외교 추세' 연구로 북한학 박사학위를 받았다. 1994년 〈YTN〉 공채 1기로 입사한 이후 주로 정당 취재와 보도를 담당했고, 2002년 이후에는 통일부와 외교부, 국방부, 청와대 출입기자를 하면서 통일외교전문기자의 길을 걷고 있다. 2009년 한국기자협회 부회장, 2013~2016년 〈YTN〉 워싱턴 특파원을 역임했다. 2013년 저서 '북핵위기 20년 또는 60년'을 출간했고, 2017년 '돈 오버도퍼 기자상'을 수상했다.

1

미국과 북한 뉴스

미국 내 북한의 뉴스의 위상과 특징

미국은 지리적으로 북아메리카 지역에 위치한 나라지만, 19세기 말 이후 한반도에서 중요한 당사자 역할을 수행해왔다. 1950년 6월 발발한 한국전쟁에서 1953년 7월 북한과 미국, 중국이 서명한 정전협정이 계기였다. 정전협정 체결로 한반도에 정전체제가 구축되고, 미국은 한반도 문제에서 남한과 북한에 준하는 중대 당사자가 된 것이다.

미국이 한반도 문제의 당사자가 됐지만, 미국 언론매체에서 북한 뉴스는 수십 년 동안 주요 관심사가 아니었다. 이는 첫째, 북한은 너무 작은 나라였기 때문에 일반적으로 미국 사람들의 관심 범위에서 벗어나 있었다. 관심 범위를 벗어났다는 차원으로 보면 남한도 다르지 않았다. 둘째, 북한 뉴스가 '괴상한 이야기'로 처리되는 것이 자연스레 관행이 됐다. 과거 북한 지도자 김정일 국방위원장이 은둔하는 경향이 있고, 국제사회와 정상적인 소통을 하지 않는다는 점에 영향을 받아 북한 뉴스를 토픽으로 처리하는 관행이 형성됐다. 또한 북한을 방문하는 것이 어렵고, 방문한다고 해도 철저하게 통제된 안내를 받아 현지 취재의 의미를 살릴 수가 없었기 때문에 북한 뉴스를 토픽으로 다루는 것에 익숙해진 것이다. 여기서 토픽으로 다룬다는 것은 사실관계 확인이 필요 없다는 뜻도 포함한다. 셋째, 김정일 국방위원장과 김정은 국무위원장을 '악마화'하는 관행도 미국 언론의 북한 뉴스 보도에서 나타나는 특성이다. 2009년 5월 제2차 북핵 실험 이후 북한이 유엔 안보리 대북제재 결의를 전면적으로 배격하고, 핵실험과 미사일 발사 등 도발적 행위를 일삼으면서 국제사회에서 북한 지도자를 악마 같은 존재로 묘사하는 것은 기본이 됐다.

미국 언론에서 북한 뉴스 비중은 2016년에서 2017년을 지나면서 크게 바뀌었다. 북한의 핵·미사일 도발 폭주가 직접적인 원인이었다.

북한은 2016년에 이어 2017년에도 평균적으로 2주일에 한 차례 꼴로 유엔 안보리 대북제재 결의를 위반하는 갖가지 도발을 감행했다. 특히 2017년 5월 14일 '화성-12형' 중장거리탄도미사일 발사와 7월 5일 '화성-14형' 대륙간탄도미사일 발사는 미국에서 북핵 문제에 대한 인식을 전면적으로 바꾸는 계기가 됐다. 북한은 2013년에도 워싱턴이나 텍사스 주 등지를 탄도미사일로 타격하겠다고 협박한 적이 있지만, 상응하는 미사일을 보유하지 않았기 때문에 단지 '말폭탄', '허장성세'로 받아들였다.

그러나 '화성-14형' 미사일의 경우 정상각도로 발사할 경우 10,000km 이상 비행할 수 있다는 분석이 나오면서 북한의 미국 본토 타격 협박의 신빙성이 크게 높아졌다. 북한에서 미국 서부 도시 시애틀까지는 약 8,000km, 로스앤젤레스까지는 약 9,000km, 중부 내륙에 위치한 시카고는 약 10,000km, 동부 대서양 연안 뉴욕과 수도인 워싱턴이 약 11,000km 떨어져 있다. 단순하게 계산하면 북한이 핵탄두를 탑재한 미사일을 미국 본토에 투하할 수 있다는 사실을 부정할 수 없기 때문에 북한 뉴스를 대하는 미국 언론의 태도는 질적으로 달라진 것이다.

도널드 트럼프 미국 대통령이 2017년 1월 취임한 것도 북한 뉴스가 미국 언론에서 민감하게 다루는 주제로 격상한 배경이다. 트럼프 대통령은 취임 100일에 해당하는 4월 말 시점에 북한 문제를 최고의 관심사안으로 제시하며 계획적으로 다양한 행사를 진행했다. 취임 100일을 맞아 진행한 각종 언론 인터뷰에서 북한 문제를 민감하게 언급했고 국무장관과 국방장관이 북한을 규탄하는 내용의 합동성명서를 발표했는데 전례 없는 일이었다. 미국 연방 상원의원 100명을 버스에 태워 백악관 행사장으로 불러 대통령이 참석한 가운데 북한 문제에 대한 정책설명회를 주최한 것은 북한 뉴스 띄우기의 정점이었다.

트럼프 대통령은 왜 북한 뉴스를 띄우기로 결정했을까? 기본적으로는 북한 문제가 심각하게 악화되어 더 이상 외면할 수 없는 문제라고 판단했을 것으로 추측할 수 있다. 다른 한편으로는 상대적 차원으로 다른 외교 현안 중 북한 문제만큼 부각할 만한 아이템이 없었기 때문일 수도 있다. 어떠한 배경이든 트럼프 대통령의 취임 100일 기자회견에서 주요 현안으로 다뤄진 이상, 북한의 핵·미사일 위협에 대한 뉴스는 미국 언론에서 최고 수준의 관심 소재가 되는 것은 피할 수 없는 일이었다.

이 시기 한국에서는 박근혜 전 대통령이 탄핵되어 대통령 대행체제가 이어진 것도 북한 문제가 미국 언론의 최고 관심사로 떠오른 배경 중 하나다. 구체적으로 한·미정상회담이 열리지 못한 상황에서 미·일, 미·중정상회담만 개최된 것이 문제였다. 2017년 2월 플로리다 주의 마라라고에서 아베 신조 일본 총리는 트럼프 대통령에게 미국과 일본의 적극적인 협력을 전제로 북핵에 단호하게 대응할 것을 권고했다. 아베 총리 입장에서 북핵 문제는 외교는 물론, 국내정치 맥락에서도 존재감을 부각할 수 있는 소재였다고 판단했을 것이다. 그렇지만 북핵은 한국 정부 입장에서 전략적으로 대응해야 할 문제다. 다시 말해 한편으로는 북한의 핵개발 프로그램을 강압적으로 방지하기 위해 국제사회의 제재와 압박을 강화하도록 노력해야 하지만, 남북관계 개선이라는 또 다른 과제를 달성하기 위해 그 수위와 속도를 조절해야 하는 것이다.

이에 따라 전통적으로 한국과 일본의 대북정책 방향과 수위 및 속도는 차이를 보여 왔고, 미국은 한국과 일본의 주장을 적절하게 절충하는 경향을 보여 왔다. 그런데 미국 대통령이 일본 총리의 설명만 듣고 한국 대통령의 설명을 듣지 못하는 바람에 트럼프 행정부는 일본 총리의 시각만 반영된 대북정책을 채택하게 된 것이다. 아베 총리는 특히 미국의 보수적인 성향의 한반도 문제 전문가들과 교감 속에서 조언을 했기 때문에 트럼프 대통령의 공감을 얻어내는 데 별다른 어려움이 없었을 것이다. 이러한 요소들이 거의 같은 시기에 일어나면서 북한 뉴스는 미국 언론에서 주요 관심사로 떠올랐다.

북한 뉴스가 미국에서 주목을 받게 되면서 유통되는 특성에도 변화 양상이 나타났다. '소셜 미디어'(Social Media)의 확산이 중요한 변수였다. 과거에는 정규 언론인과 소통하면서 여론 형성에 참가했던 취재원들이 소셜 미디어를 이용해 직접적으로 의견을 피력하는 상황이 새로운 현상으로 두드러졌다. 소셜 미디어의 장점을 싱크탱크에서도 적극 활용하면서 주요 취재원들은 '파워 블로거'(power blogger)와 유사한 존재로 의견을 피력하기 시작했고, 이를 기존 언론이 다시 유포하는 형태가 나타나고 있다.

정리하자면, 미국에서 유통되는 북한 뉴스는 다음 세 가지 특징을 강하게 나타나고 있다. 첫째, 트럼프 대통령의 정책 역량을 가늠하는 기준으로 떠올랐다는 것. 둘째, 전쟁 뉴스의 일부로, 특히 미국에 대한 핵공격 위협 차원에서 다루고 있다는 것. 셋째, 한·미동맹은 물론 미·중관계와 연동하는 사안으로 처리되고 있다는 것이다. 북한 뉴스가 트럼프 대통령의 정책 역량을 가늠하는 기준이 된 것은 트럼프 대통령이 북한 뉴스를 개인 차원에서 대응하기 때문이다. 2017년 1월 북한 김정은 국무위원장이 신년사를 발표하면서 핵탄두를 탑재한 대륙간탄도미사일 개발이 마감 단계에 와 있다고 주장했는데, 트럼프 대통령은 자신의 '트위터'(Twitter)에 "그런 일은 없을 것"이라고 비아냥거렸다. 이에 따라 미국 언론은 북한이 과연 장거리미사일을 만들 수 있을지, 트럼프 대통령은 이를 어떻게 막을 것인지에 대해 관심을 갖게 됐다.

이에 북한은 보란 듯이 대륙간탄도미사일 발사를 감행해 트럼프 대통령 체면을 철저하게 구겨놓았다. 트럼프 대통령은 8월 8일 주요 참모들과의 회의 모두발언에서 북한이 미국에 대한 위협을 계속한다면 "화염과 분노를 맞게 될 것"이라고 협박했다. 이에 대해 북한은 3시간이 지난 시점에서 서태평양에 위치한 괌을 향해 포위사격을 감행하는 방안을 검토하겠다고 맞대응 협박을 놓았다. 북한의 협박은 10,000km 이상 사거리를 보이는 미사일을 보유하고 있다는 사실 때문에 헛소리로 치부할 수 없었다. 트럼프의 대북 협박이 북한의 더 극악한 협박을 초래하고, 이에 트럼프 대통령이 다시 맞대응하는 구도가 나타나면서 북한 문제는 트럼프 대통령 개인의 자존심 문제라는 특성을 보이게 됐다.

다음으로 미국 언론은 북한 뉴스를 철저하게 전쟁 뉴스로 처리하는 경향을 보였다. 미국 언론 입장에서 북한 뉴스는 중동 지역에 대한 국제사회 관심이 소강 상태로 들어선 조건에서 반가운 소재이기도 했을 것이다. 시리아를 중심으로 IS(이슬람국가) 발호가 지속되고 있지만 뉴스 가치로 보면 과거에 비해 현저하게 떨어진 상황이다. 전쟁 뉴스에 익숙했던 미국 독자와 시청자에게 북한은 그 빈 공간을 메우는 소재가 됐던 것이다. 북한 뉴스를 다루는 미국 언론인은 대개 국무부를 출입하는 외교 담당 기자였지만, 전쟁 뉴스의 일부로 취급되면서 서울에 출장 오는 임시 특파원 역시 전쟁 담당 기자들로 채워졌다.

전쟁 뉴스를 담당하는 기자들은 '전쟁이 날 것인가, 나지 않을 것인가'에 대한 질문을 중심으로 뉴스를 전하게 된다. 전쟁이 날 수 있다고 보도를 하고도 일정한 시간이 지난 후 전쟁이 나지 않는다면, 기자 입장에서는 전쟁을 강요하는 분위기로 보도 초점을 이동하는 경향이 강하다. 북한 뉴스가 미국 내에서 주요 뉴스로 처리되면서도 북핵 문제 해결 의지를 구체화하지 않고, 단지 전쟁 뉴스의 일부로 처리되는 것은 전쟁을 불가피하게 만드는 분위기를 유발한다는 점에서 치명적이다. 북한 문제를 담당하는 한국 언론인 입장에서 보면 극도의 주의가 필요한 부분이다.

또한 미국 언론에서 북한 뉴스를 다룰 때 북한은 단독 행위자가 아닌 한·미동맹이나 중국 견제 차원의 일부로 다뤄지는 경우가 많다. 미국에게 북한은 기본적으로 미국 주도 국제질서에 저항하며 특히 동맹국인 한국을 위협하는 불량국가다. 북한에 대한 인식이나 정책은 한·미동맹 관계의 틀에서 결정된다. 또 북한은 중국의 영향권에 포함된 존재라는 인식도 중요한 요소다. 북한의 도발 의도나 대북정책 대안을 논의할 때 중국의 정책 의지나 방향을 중대 변수로 삼아 보도한다. 물론 중국이 북한에 대해 일정한 영향력을 갖고 있는 것은 주지의 사실이다. 그러나 정반대로 북한도 중국에 대해 영향력을 구사한다는 사실은 미국 언론에서 그리 중시되는 요소가 아니다. 중국의 대북 영향력이 북한의 대중 영향력보다는 크지만, 그렇다고 중국이 북한을 일방적으로 강압하는 관계는 아니다. 북한 문제와 관련해 중국 역할의 의미를 과도하게 부여한다면 제대로 풀 수 없으며 잘못된 정책 대안에 대한 선호나 요구는 대북정책 결정 과정에서 왜곡과 오류를 부르는 요소가 될 수 있다.

미국에서 북한 뉴스가 생산되고, 유통되는 양상을 살펴보면 세 가지 특징이 두드러진다. 첫째, 북한 뉴스는 '괴상한 뉴스'로 다뤄진다는 것이다. 미국 언론에서 북한은 오랫동안 괴물국가처럼 묘사됐다. 북한의 핵·미사일 위협이 가시화된 최근에는 위험한 무기를 지닌 불량국가 정도로 존재감이 생겼지만, 괴상한 존재라는 기본 인식에는 변함이 없다. 북한 문제에 대한 미국의 영향력이 상당한데도 북한 뉴스가 미국에서는 괴상한 뉴스로 처리되고 있다는 점은 안타까움을 넘어 심각한 일이기도 하다. 북한 문제에 대한 뉴스가 정상적으로 처리되지 않으면, 북한과 관련한 미국 사회의 정책 토론이 진지하고, 건전하게 진행될 수 없기 때문이다.

둘째, 북한 뉴스는 미국의 국가이익 관점에서 다뤄진다는 것이다. 미국에서 북한은 동맹국인 한국을 괴롭히고, 미국이 주도하는 국제질서를 무시하는 불량국가다. 미국의 국익 관점에서 북한을 보는 것은 일면 당연한 것이다. 그렇지만 한·미의 국익이 일치하지 않는 부분이 있다는 점은 지적할 필요가 있다. 예를 들어 한국은 남북통일을 염두에 두고 대북정책을 전개해야 하지만, 미국의 정책 당국자나 전문가, 언론인은 남북분단 문제에 대해 별다른 고민 없이 토론하고, 보도한다.

셋째, 북한 뉴스는 독자적인 보도 가치를 지니기보다는 미·중관계나 한·미동맹의 틀에 연계되어 처리된다. 미·중관계에서 북한 문제가 다뤄진다는 것은 주로 중국을 견제하는 수단으로 북한이 활용되는 경우를 의미한다. 미국에는 중국이 보다 강력한 의지를 가질 경우 북한 문제가 금방 해결될 수 있다는 믿음이 만연해 있다. 한·미동맹의 틀에서 북한 뉴스가 처리된다는 것은 자명한 것이다. 한·미동맹이 없었다면 미국은 예전에 북한과 외교관계를 수립했거나, 아니면 정반대로 북한을 완전히 파괴했을 것이다. 한국을 보호하고, 한반도에서 전쟁이 나지 말아야 한다는 조건에 부합하는 차원에서 미국은 북한과 관계정상화도, 완전한 파괴도 하지 못하는 어정쩡한 정책에서 벗어나지 못하는 것이다.

미국에서 북한 뉴스를 취재하는 요령을 정리하자면, 일부 제약이 있지만 서울에서 취재하는 것과 크게 다르지 않다. 첫째, 공식적으로 공개된 행사나 취재 기회를 적극 활용하는 것이 좋은 방법이다. 백악관이나 국무부 정례 브리핑은 모두 공개된 행사고, 담당자에게 이메일을 하거나 전화를 걸어 개별적으로 질문을 제기하는 방법도 있다. 미국 의회 청문회나 싱크탱크 세미나도 공개된 행사로 별도 등록절차 없이 취재가 가능하다. 둘째, 한국과 미국이 지리적으로 매우 멀지만, 최근 인터넷 온라인 영역이 획기적으로 확대되면서 지리적 한계를 극복할 수 있는 방법이 많아졌다. 백악관과 국무부 브리핑이나 미국 의회 청문회 일정 대부분이 온라인으로 생중계되기 때문에 서울에서도 실시간 시청이 가능하다. 싱크탱크 세미나의 경우도 인터넷으로 시청이 가능한 경우가 많아지고 있다. 미국 행정부를 비롯한 주요 기관에 이메일 연락처를 등록하면 다소 시간차가 있지만 발언록을 보내주는 경우가 많다. 보도 마감 시간을 고려하면 당장 도움이 되는 것은 아니지만, 평소 이메일로 발언록을 확보하고 수시로 내용을 파악할 경우 새로운 상황전개에 대한 이해가 빨라질 수 있고, 용어 사용이나 맥락 파악 등 정확하고 심층적인 보도에 도움이 될 수 있다. 셋째, 북한 관련 뉴스를 취재하면서 새로운 소식을 찾는 것은 당연하다. 그러나 북한 뉴스의 경우 새로운 아이템을 발견하기 어렵다. 그러므로 새로운 것에 초점을 맞추기보다는 예전과 다른 용어 사용이나 발언의 분량 등에 주목하는 것도 한 방법이다. 실제로 외교 문제 보도에서는 미세한 단어 사용의 차이에 주목하는 것이 좋은 보도와 평범 또는 잘못된 보도의 갈림길이 되는 경우가 많다.

취재를 열심히 했다고 해도 보도 과정에서 왜곡과 편견, 억지가 개입된다면 올바른 여론 형성에 기여하지 못하고, 오히려 상황을 악화시키는 '사회악'으로 작용할 수 있다. 그런 면에서 몇 가지 유의할 점이 있다. 첫째, 미국의 한반도 문제 전문가 분석을 금과옥조로 떠받드는 오류를 범하지 말아야 한다. 북한을 포함해 국제 문제를 다루면서 미국 전문가들은 미국 관점에서 상황을 분석한다. 북한을 불량국가라는 차원에서 관찰하고, 대안을 모색하는 것은 자연스럽고 정당한 것이다. 구체적으로 동북아에서 미국의 주도적 영향력 유지, 자유와 민주주의 등 미국 중심의 가치 확산, 미국의 안전과 번영의 기회 보장, 동맹국인 한국과 일본의 보호, 중국 견제, 대량살상무기 비확산 등의 가치를 중시하는 것은 당연하다. 그렇지만 한국 전문가들이 중시하는 남북통일 문제는 미국 전문가들의 고려 사항에 거의 포함되지 않는다. 그러다보니 한국과 미국의 북한 문제 전문가는 반드시 일치하는 분석과 대안을 제시하는 것은 아니다. 그런데도 한국 전문가의 의견을 저급으로 보고, 미국 전문가의 의견을 일류로 간주하는 경향은 중대하고 서글픈 착각의 결과다. 단지 미국이 북한 문제에서 중대한 영향력을 갖고 있는 만큼, 미국 정부의 견해를 파악하는 차원에서 미국 전문가의 분석과 의견을 확인하는 정도로 활용해야 한다.

둘째, 한국의 국가이익 개념과 지정학적 특수성에 대한 수준 높은 이해가 필요하다. 2017년 현재 한반도 정세와 관련 한국의 국가이익은 장기적 차원에서 남북통일을 중심으로 형성되어 있고, 단기적 차원에서 북핵 문제 해결을 통한 안보불안 해소에 맞춰져 있다. 문제는 단기적 국익과 장기적 국익이 경우에 따라 모순될 수 있다는 것이다. 예를 들어 한·미동맹에 대한 가치와 중요성 부여, 아니면 남북관계 개선을 위한 교류와 협력에 대한 판단 등을 놓고 치명적인 혼란이 발생할 수 있다. 북한 문제는 고도로 정치쟁점화 된 사안인 만큼 사람마다 분석과 의견이 다를 수 있지만, 결국 장기적 차원에서 국가이익의 큰 방향을 정하고, 단기적 차원에서 미세조정을 해야 한다고 한다면, 그리고 통일·외교·안보 문제를 초당파적으로 다뤄야 한다는 공감대가 형성되어 있다면, 한국의 국가이익 내용에 대한 공유는 충분히 가능한 일이다.

마지막으로 미국과 관련한 북한 뉴스를 다루면서 당파적으로 다루려는 유혹을 극복하고, 국가이익에 봉사하는 범위 내에서 객관적이고, 중립적인 보도에 힘써야 한다. 미국 전문가 발언을 인용해서 국내 보수 진영이나, 또는 진보 진영 논리의 정당성을 강화하려는 노력은 무리한

꿰어 맞추기가 되는 것이고, 국가이익 차원에서 보면 자충수가 될 가능성이 있다. 한국 언론이 미국 전문가 발언을 당파적으로 활용하는 상황은 결국 우리나라 엘리트가 국가이익보다는 개인적 권력투쟁에만 연연하는 야만국가라는 사실을 반영한다는 점에서 참으로 부끄러운 일이다.

미국에서 북한 뉴스를 포함한 북한 관련 담론이나 정책 토론이 전개되는 양상을 살펴보면, 한반도 문제는 결국 당사자인 한국인들이 적극적으로 나서야 해결 가능성이 있다는 것을 거듭 확신하게 된다. 이런 확신은 북핵을 포함한 북한 문제가 제대로 풀리기 위해서 한국과 미국의 철저한 정책공조가 필수적이라는 조건에서 비롯된다. 두 나라가 정책공조를 제대로 이루려면, 한국과 미국의 접근법을 절충한 제3의 방안을 도출하고, 이것에 대해 양국이 공동의 정책으로 채택할 필요가 있다. 한국의 경우 남북통일을 염두에 두고 정책을 마련해야 하고, 미국의 경우는 한·미동맹 유지에 관심을 두는 만큼 양자 간 차이가 있기 때문이다. 그런데 한국은 약소국으로 강대국인 미국의 보호를 받는 관계인만큼, 한국은 미국의 대북정책에 동조하는 현상이 나타나게 된다.

문제는 미국에서 북한에 대한 정책 토론은 미국의 국가이익 관점에서 진행되는 경우가 허다하고 이에 따라 한반도 문제의 특수성에 대한 이해가 결여된 정책 대안이 제시된다는 점이다. 북한에 대한 압박이든 회유든, 효과가 미약하거나 부작용이 예상되는 정책을 사용할 가능성이 커지고, 문제 해결이 아니라 악화시키는 정책을 채택하게 된다. 그러나 한국에서는 미국의 정책 기조에 동조하는 것이 안전하다는 경향이 우세하기 때문에 문제점은 수정되지 않고, 한국과 미국이 공동으로 채택하는 제3의 대북정책이 된다.

이러한 악순환을 끊고 생산적이며 효과적인 대북정책을 수립하기 위해서는 두 가지 노력을 해야 한다. 첫째, 한국이 미국의 정책 기조에 무조건 동조하지 않고, 실질적인 절충 과정을 거쳐 제3의 방안을 도출하는 노력을 해야 한다. 우리의 정책 담당자나 전문가들의 노력으로 일정 부분 가능할 수 있다. 둘째, 한·미 간 절충을 원활하게 진행하기 위해 미국에서 한반도 특수성에 대한 충분한 이해가 반영된 담론이 유통되도록 환경을 조성해야 한다. 미국 정책 담당자나 전문가, 언론인들은 이러한 것까지 고려할 동기부여가 없기 때문에 스스로 그러한 상황을 만들지 않는다. 그러므로 한국 언론에서 먼저 한반도 특수성이 반영된 담론을 선도적으로 유통시키는 것이 미국 언론에 영향을 미칠 수 있고, 그것이 미국에서 효과적인 대북정책이 제기되는 토양이 될 수 있다.

북한 문제에서 중대한 영향력을 행사하는 미국의 대북정책이 효과적이지 않다면, 북한 문제가 제대로 풀리는 날은 없을 것이고, 한반도의 지정학적 불행과 비극은 계속될 것이다. 미국에서 효과적인 대북정책이 나와야 하지만, 그 시발점은 워싱턴이 아니라 서울이라는 점을 한국의 북한 뉴스 담당자들이 충분히 이해하고 있어야 한다. 미국에서 북한 뉴스가 다뤄지는 상황을 보다 자세하게 이해하기 위해 북한 뉴스를 다루는 언론매체와 싱크탱크, 정부기관 및 의회 등의 순서로 특성과 취재 요령을 살펴보기로 한다.

주류 언론과 매체 '전문 영역이 있다'

뉴욕타임스

미국 주류 언론 중에서는 〈뉴욕타임스〉(The New York Times), 〈워싱턴포스트〉(The Washington Post), 〈AP〉 통신(The Associated Press)이 상대적으로 가장 활발히 북한 문제에 대한 취재·보도를 이어가고 있다. 그 중에서도 〈뉴욕타임스〉는 서울에 특파원을 두고 북한 뉴스를 비중 있게 처리한다. 2017년 12월 현재 〈뉴욕타임스〉 서울 특파원은 최상훈 기자다. 최상훈 특파원은 북한 뉴스를 20년 이상 다뤄온 베테랑이다. 〈뉴욕타임스〉로 자리를 이동하기 이전 〈AP〉 통신 서울지국 기자로 일하면서 노근리 사건에 대한 보도로 퓰리처상을 수상하기도 했다. 최상훈 특파원이 토박이 한국인이라는 사실은 매우 중요하다. 〈뉴욕타임스〉가 북한 문제와 관련해 한국 사회의 반응과 한국인의 시각을 충분하게 반영한 뉴스를 공급한다는 점을 의미하기 때문이다.

그렇지만 〈뉴욕타임스〉의 북한 뉴스는 최상훈 특파원 혼자서 처리하지 않는다. 워싱턴에서도 외교 담당 기자들이 북한 뉴스를 작성한다. 그 중에서도 북한 뉴스를 가장 자주 다루는 기자는 데이비드 생어다. 백악관을 오래 출입한 생어 기자는 미국 국내정치와 외교정책에 대한 기사를 꾸준히 작성해 온 베테랑이다. 미국 행정부 고위 관리를 비롯한 취재원들로부터 북한이나 대북정책과 관련해 획득한 정보를 바탕으로 중요한 기사를 적지 않게 생산했다. 하지만 워싱턴 시각으로 북한 뉴스를 처리하는 특성을 보인다는 점도 지적되어야 한다. 국제 문제를 다루는 인식은 유럽에서 탄생한 국제정치 이론에 따라 세력균형 관점에서 이해되는 것이 기본이다. 따라서 한반도 문제의 특수성에 대한 관심과 이해를 강조하는 사례는 찾기 어렵다. 또한 생어 기자 역시 언론인으로서 회사 내부 또는 타사 언론인과 경쟁하는 상황에 영향을 받고 있어 한국에서 활동하는 대부분의 기자들과 마찬가지로 생어 기자 역시 독자들의 적극적인 반응을 얻어내기 위해 상황을 과도하게 단순화하는 경우도 적지 않은 것으로 판단된다.

그럼에도 〈뉴욕타임스〉는 〈워싱턴포스트〉와 더불어 미국에서 북한 문제에 관한 가장 정확한 보도를 하는 매체로 평가할 수 있다. 북핵을 포함한 북한 문제 전반에 대한 〈뉴욕타임스〉의 접근법은 합리적이고, 현실적이며, 균형감을 갖추고 있다. 〈뉴욕타임스〉를 통해 한반도나 북한 문제에 대한 미국의 여론, 특히 엘리트 집단의 여론을 파악하는 것은 매우 적절하다. 특히 미국 행정부 고위 당국자들이 〈뉴욕타임스〉나 〈워싱턴포스트〉를 통해 특정한 정책 대안에 대한 여론의 반응을 시험하는 사례가 적지 않기 때문에 미국의 대북정책 구상을 역추적하는 판단 기준이 될 수도 있다.

다만 미국 엘리트의 판단이나 미국 정책 당국자의 구상을 지고지순의 정책 대안으로 간주하는 태도는 극히 조심해야 할 부분이다. 미국이 이미 채택했거나 또는 채택할 가능성이 큰 정책 대안은 충분히 주목할 가치가 있다. 그러나 그것이 가장 옳은 정책이거나 가장 효과적인 정책임을 증명하는 것은 아니다. 미국 중심의 국가이익에 따라 최선의 정책 대안일 가능성이 크지만, 북한 문제 해결 차원에서 보면 최선이 아닐 가능성도 상당히 존재한다는 말이다. 〈뉴욕타임스〉가 아무리 고품격 언론이라고 해도 북한 뉴스 처리와 관련해 미국 언론에 내재된 문제점, 즉 트럼프 대통령의 개인적인 특성이나 북한 문제에서 위기 요소를 의도적으로 부풀려 독자들의 관심을 증폭하기 위해, 또는 단지 중국이 결심하면 곧 북한 문제가 풀릴 것이라는 착각 등으로 문제 전체가 오도될 가능성은 언제나 존재한다. 미국 언론을 통해 나오는 북한 문제 대안이 반드시 정답은 아니라는 단순하고도 평범한 지침은 〈뉴욕타임스〉를 통해 미국 여론을 파악할 때 반드시 필요한 요소일 것이다.

워싱턴포스트

〈워싱턴포스트〉(The Washington Post)는 서울 특파원이 없다는 점에서 〈뉴욕타임스〉에 비해 한반도나 북한 뉴스에 대한 비중을 낮게 보는 편이다. 그렇지만 미국의 외교정책 결정 과정에서 〈워싱턴포스트〉의 중요성과 영향력은 〈뉴욕타임스〉에 뒤진다고 볼 수 없다. 2017년 8월 트럼프 대통령이 '화염과 분노' 발언을 한 것은 〈워싱턴포스트〉가 북한의 핵·미사일 역량이 고도화했다는 보도를 한 것에 대한 직접적인 반응이었다. 〈워싱턴포스트〉 칼럼은 미국의 대북정책 결정에 중요한 영향을 미치는 '여론'의 흐름을 좌우하는 영향력을 갖고 있다. 칼럼 내용도 〈뉴욕타임스〉와 유사하게 대체로 합리적이고, 현실적이며, 실용적이라는 평가를 받는다. 〈워싱턴포스트〉를 통해 미국 여론 동향을 파악하는 것은 매우 적절하다고 볼 수 있다.

〈워싱턴포스트〉가 서울에 특파원을 운용하지 않는 것은 아쉬운 일이지만, 서울과 평양 뉴스를 담당하는 도쿄 특파원 애나 파이필드(Anna Fifield) 기자의 활약으로 '고품격 언론'이라는 명예를 유지한다. 파이필드 기자는 뉴질랜드 사람으로, 미국 최고 명문인 하버드 대학교에서 공부했고, 서울과 베이징, 중동 등지에서 특파원 경험을 축적한 글로벌 베테랑 언론인이다. 2016년 5월 평양을 방문해 휴대전화를 이용한 평양 거리 생중계를 진행하여 전 세계적인 반향을 불러 일으키기도 했다. 북한 뉴스를 적극적이고, 진지하게 다루고 있음을 잘 보여주는 사례라 할 수 있다. 파이필드 기자는 〈워싱턴포스트〉가 시범적으로 진행하는 동영상 생방송 프로그램에도 적극 참여해 북한 뉴스를 실감나게 해설하는 역할도 수행한다. 파이필드 기자의 장점은 〈워싱턴포스트〉 소속 언론인으로서 워싱턴의 현장 분위기도 반영하지만, 서울의 정책 당국자나 전문가, 때로는 탈북자나 탈북지원단체 인사 등 북한 문제와 관련한 당사자 입장을 최대한 확인하는 식으로 현장보도 원칙을 지킨다는 점이다. 그리고 다양하게 분포되어 있는 전문가 의견을 최대한 공정하게 반영하고, 특히 전문가들의 세부 전문성에 대해서도 세심하게 관심을 기울이기 때문에 미국 언론 중에서는 최고의 현장성과 전문성, 공정성을 갖고 있다고 평가할 수 있다.

월스트리트저널

〈뉴욕타임스〉나 〈워싱턴포스트〉가 다소 진보적인 성향의 미국인 엘리트 여론을 반영하는 것과 비교해서 미국 내 보수 진영의 목소리를 파악하고 싶을 때는 〈월스트리트저널〉(The Wall Street Journal)을 참조하는 것이 편리하다. 〈월스트리트저널〉 역시 칼럼과 일반 보도에서 북한 뉴스를 비중 있게 다루고 있다. 다만 북한에 대해서는 강경하고 원칙적인 대응이 정당하다는 것, 그리고 북한과 대화 및 협상에 나서는 것은 유화정책으로 북한의 협박에 굴복하는 것으로 간주하는 경향이 두드러진다. 〈월스트리트저널〉 역시 현지취재나 당사자 직접 확인 등 품격 있는 언론으로 기초적인 절차를 수행한다. 2017년 9월 25일자 신문에 게재한 '북한에서 온 편지'라는 제목의 현지답사 보도는 북한에 대한 객관적인 보도를 하겠다는 의지가 반영되어 있다.

다만 보도 내용 자체는 북한의 비정상적 측면을 부각하는 데 초점을 맞추고 있고 북한에 대한 경계심과 적대감을 상대적으로 많이 반영한다는 지적에서 자유롭지 못하다. 예를 들어 "북한을 방문, 주민들과 인터뷰를 진행해 기사를 작성하기는 했지만, 주민들이 통역을 했기 때문에 자유롭게 속마음을 이야기했는지 불확실하다"는 식으로 지적하는데, 이러한 문장은 독자들로 하여금 북한이 고도의 독재체제라는 점을 강조하는 동시에 주민들이 극도의 탄압 속에 자유롭게 의사표현을 하지 못하고 있다는 점을 강조하는 것이다. 물론 이러한 접근법은 한편으로는 사실을 반영하는 것이다. 북한은 실제로 고도의 독재체제이고, 전체주의체제이며, 강도 높은 인권탄압이 자행되는 곳이기 때문이다. 그러나 북한 주민 다수가 김정은 체제에 대해 충성심을 보인다거나, 북한의 핵과 미사일 개발에 대해 자발적으로 지지하는 모습을 보이는 현상도 사실이다. 이러한 것을 모두 탄압에 의한 결과로 규정하는 것은 '무리한 단순화'로, 결국 사실을 왜곡하는 우를 범하게 된다. 미국 언론에서 보수 진영이 북한 문제를 파악하는 시각이나 접근법에서 주의할 대목이라 할 수 있다.

AP 통신

〈AP〉 통신(The Associated Press)은 미국에서 북한 뉴스가 유통되는 과정에서 핵심적인 역할을 수행하는 매체다. 〈뉴욕타임스〉나 〈워싱턴포스트〉과 비교해 다른 방식으로 영향력을 미친다고 할 수 있고, 이는 양대 신문에 결코 뒤지지 않는다고 할 수 있다. 〈AP〉 통신은 북한에서 발생한 뉴스는 물론 워싱턴이나 서울, 베이징에서 발생한 관련 뉴스를 1차적으로 시시각각 보도하는 기능을 수행한다. 대부분의 다른 언론사는 〈AP〉 통신이 1차로 보도한 내용을 그대로 보도하거나 필요에 따라 추가적인 취재나 조사 과정을 거쳐 원래 내용에 첨삭한 내용을 보도하게 된다. 〈AP〉 통신은 미국 언론사 가운데 서울과 평양 두 곳에 모두 정식으로 지국을 설치한 유일한 언론사다. 지난 2006년 동영상 뉴스 서비스를 담당하는 〈APTN〉 평양지국을 설치한 데 이어 2012년에는 〈AP〉 통신

평양지국을 설치했다. 평양에 언론사 지국을 설치한 나라는 중국이나 러시아, 일본 등이 있지만 북한과 미국의 적대관계를 고려할 때 〈AP〉 통신의 평양지국 운영은 특기할 만한 일이고, 현장 중심의 정확한 보도를 구현하기 위한 노력이라는 점에서 찬사를 받을 만하다.

다만 〈AP〉 통신의 평양지국 활동은 북한의 강력한 통제체제로 자유로운 취재와 보도라는 본연의 기능을 수행하는 것에는 명백한 제약이 있다. 〈AP〉 통신 평양지국이 북한 외부에서 북한 뉴스를 전하는 다른 언론매체와 비교해 과연 어떠한 장점을 가지고 있는지 말하기 어려울 정도로 북한 내부에서 취재와 보도 활동은 통제되어 있다. 이에 따라 〈AP〉 통신의 평양지국 설치는 북한의 선전·선동 정책에 협조하는 결과를 낳을 수 있기 때문에 중단되어야 한다는 주장도 제기되고 있다. 하지만 북한의 통제를 받는다고 하더라도 북한 문제와 관련해 객관적이고, 중립적이며, 공정한 뉴스를 전달하겠다는 결의를 보여주는 차원에서 보면 〈AP〉 통신의 활동은 의미가 적지 않다. 2011년 12월 김정일 국방위원장이 사망한 이후 평양에서 전개된 중대 사건을 현장에서 취재하고, 보도한 것도 평양지국 운영의 정당성을 설명하는 자료가 된다.

〈AP〉 통신을 통해 북한 문제 담당 언론인이 얻어야 할 요점은 북한과 관련한 1차적이고 객관적인 상황 파악이다. 특히 미국 대통령이나 국무장관, 국방장관, 백악관 국가안보보좌관 등 미국 행정부 최고위급 참모들이 북한과 관련해 제기하는 발언은 〈AP〉 통신을 통해 가장 빨리 접할 수 있다. 〈AP〉 통신 기자들은 대부분 주요 뉴스를 보도하면서 멋진 표현이나 유려한 문장 구사에 관심을 두기보다는 기초적인 정보를 최대한 많이 전달하는 것에 집중한다. 이러한 점은 북한 문제를 담당하는 기자들은 물론 이를 장기적으로 추적하는 사람들에게 매우 유용한 자료로 기능한다. 이에 반해 〈뉴욕타임스〉나 〈워싱턴포스트〉 등 유력 신문은 〈AP〉 통신에 나온 내용을 심화시킨 종합 보도나 특정한 논점에 주력하는 초점 및 해설 보도에 주력하기 때문에 상호보완 관계가 성립한다. 〈뉴욕타임스〉나 〈워싱턴포스트〉에서 특정한 주제에 대해 보도를 하면서 기초적인 사실관계를 언급하지 않고, 곧바로 관계자 반응이나 전문가 논평을 중심으로 보도하는 것은 〈AP〉 통신의 보도가 이미 언론계에 유포되었다고 전제하기 때문이다.

즉 〈AP〉 통신은 기초적 사실관계에 대한 객관적인 보도를 주로 다루게 되고, 〈뉴욕타임스〉나 〈워싱턴포스트〉는 〈AP〉 통신을 통해 알려진 기초적 정보에 더해 중요성에 대한 판단에 따라 재배열하는 역할을 담당한다. 정보 가운데 특정한 부분에 대해 의미를 부여하면서 정책에 대한 평가와 배경 분석, 향후 전망에 대한 판단에 도움을 주는 가공된 지식을 전달한다. 따라서 북한 뉴스를 담당하는 언론인이라면 〈뉴욕타임스〉와 〈워싱턴포스트〉는 경쟁사 차원으로 이해하는 것이 적절하고, 〈AP〉 통신은 취재와 관련한 정보원, 또는 정보수집 도우미로 이해하여 적극적으로 활용하는 것이 현명할 것이다.

CNN

방송에서는 〈CNN〉이 다른 방송사와 비교하여 차원이 다르게 북한 뉴스를 활발하게 다루고 있다. 미국의 다른 유명 방송사는 평소에는 북한 뉴스를 잘 다루지 않고, 한반도 전쟁 위기설 등 긴장 국면이 조성될 경우에만 특별 프로그램을 편성하는 경향을 보여 왔다. 그러나 〈CNN〉은 1990년대 이전부터 평양 현지취재와 보도를 진행하면서 북한 입장을 최대한 반영하는 노력을 아끼지 않았다. 〈CNN〉 베이징 특파원과 홍콩 특파원 등을 역임한 마이크 치노이(Mike Chinoy) 아시아 담당 선임기자는 1989년 처음으로 평양을 방문한 이후 15차례에 걸쳐 북한을 방문했다. 그 중에는 1994년 4월 김일성 주석 생일 기념행사를 계기로 김일성 주석 독점 인터뷰를 진행하기도 했다. 그 해 6월 지미 카터 전 미국 대통령의 역사적인 평양 방문 일정도 동행했다. 카터 전 대통령의 방북은 미국의 북한 공습 계획이 구체적으로 언론에 표출되는 등 한반도 전쟁 위기가 최고조에 이른 상황에서 전격적으로 이뤄졌다. 카터 전 대통령은 평양에서 김일성 주석과 회담한 뒤 〈CNN〉 생중계 대담 프로그램에 출연해 김일성 주석과 나눈 대화를 공개했다. 카터 전 대통령은 방송에서 김일성 주석이 핵과 미사일 동결에 동의할 수 있다는 입장을 밝혔다면서 미국이 양보할 수 있는 상황이 조성됐다는 취지로 발언했다.

당시 빌 클린턴 대통령과 미 행정부 북한 문제 담당 관리들은 카터 전 대통령의 북한 방문 이전에 북한 당국과 물밑 접촉을 통해 협상을 상당히 진전시켜 놓은 상태였다. 카터 전 대통령이 발표한 내용도 물밑 협상을 통해 진전시킨 내용과 크게 다르지 않았다. 그렇지만 카터 전 대통령의 현란한 외교 역량 과시 기술이 〈CNN〉을 통해 전 세계에 확산된 이상 일부 정책 방향을 변경하지 않을 수 없었다. 북한 입장에서는 국제사회를 상대로 한 선전·선동에 이용하기 위해 〈CNN〉을 초청한 것이지만, 〈CNN〉은 국제사회의 관심 대상에 대한 직접취재와 보도를 추진한 것이기 때문에 양자 간 이익 거래는 균형을 맞췄던 상황이라고 볼 수 있다.

치노이 기자는 기자 생활을 마감한 뒤 미국 남가주대 미·중연구소 연구원으로 자리를 옮겨 한반도를 포함한 동북아 지역 문제에 대한 탐구를 지속하고 있다. 치노이 기자가 자신의 취재 경험을 중심으로 출간한 저서 '북핵 롤러코스터(Meltdown)'는 북핵은 물론 북한 문제와 관련해 미국에서 나온 저서 가운데 객관적이고, 정확하며, 유익한 정보가 많다는 측면에서 최고 수준의 저서로 평가할 수 있다.

치노이 기자에 이어 최근에는 도쿄지국 소속인 윌 리플리(Will Ripley) 기자가 적극적으로 북한 방문취재와 보도를 담당하고 있다. 리플리 기자는 2014년 이후 10차례 이상 북한을 방문했다. 2017년 9월 16일 리플리 특파원의 평양 현지보도에는 한반도 안보 위기 상황에서 북한 주민의 대응 상황을 자세하게 보도했다. 리플리 특파원이 전자오락실에서 만난 10대 소년들에게 자신이 미국인이라면 총을 쏠 것인지 질문을 하자, 소년들이 곧바로 그렇게 하겠다고 답변하는 모습을 방송에 담았다. 이런 모습은 북한 김정은 체제가 단순히 탄압에 의해서만 관리되는 것이 아니라 내부적으로 자발적인 순종을 유발하는 장치도 충분하게 작동하고 있다는 사실을 보여주는 것이었다.

한편 〈CNN〉 역시 다른 미국의 TV 방송사처럼 북한과 관련한 뉴스를 전하면서 전쟁 보도에 준한 프로그램을 진행하는 것을 자주 볼 수 있다. 한국 현지에 유명 앵커와 특파원을 급파하고, 당장이라도 전쟁이 날 것 같은 분위기를 강조하면서 3일 이상 때로는 1주일 이상 한반도 전쟁 임박설에 대한 보도를 이어가기도 한다. 2017년 4월 초 〈NBC〉 방송이 유명 앵커 레스터 홀트(Lester Holt)를 한국에 보내 오산 공군기지 등에서 전쟁 분위기를 내면서 방송한 것은 당시 4월 위기설을 부추기는 중대 요소가 됐다. 시청률 높이기에만 관심이 있는 미국 방송사의 선정주의에 한국의 안보와 경제 불안 상황이 총체적으로 활용당하면서도 바라만 보고 있어야 현실은 분단의 비극과 고통을 극적으로 보여주는 사례라 할 수 있다.

C-SPAN

미국에서 북한 뉴스가 어떻게 처리되는지 알고 싶다면 〈C-SPAN〉을 빼놓을 수 없다. 〈C-SPAN〉은 Cable-Satellite Public Affairs Network의 줄임말로, 1979년 창설된 비영리 민영 케이블 및 위성 텔레비전 방송과 라디오 방송이다. TV 채널 3개와 라디오 채널 1개를 운영하는 〈C-SPAN〉은 미국 연방 의회 상·하원과 정부의 주요행사를 포함해 공공성을 지닌 행사 생중계를 주요 임무로 삼고 있다. 협력관계에 있는 케이블 및 위성 방송 전송 사업자가 내는 회비로 운영 자금을 충당하고, 광고를 하지 않으며 미국 정부나 의회의 통제를 받지 않는다. 〈C-SPAN〉을 잘 활용하면 굳이 워싱턴을 방문하지 않아도 유명한 인사들이 참가하는 주요행사를 실시간으로 시청하면서 상황을 파악할 수 있다.

특히 미국 행정부 고위 당국자들이 미국 의회 청문회에 출석해 증언을 하는 경우가 자주 있는데, 북한 문제에 대한 미국 정부의 입장과 계획을 정확하게 알 수 있는 통로다. 워싱턴에 파견된 한국 특파원들의 주요 임무 가운데 하나가 바로 미국 행정부 주요 당국자들의 의회 청문회 증언을 취재하는 것인데, 실제로 의회를 방문해 취재하는 경우도 있지만, 사무실에 앉아서 〈C-SPAN〉을 보면서 상황을 파악하는 특파원도 적지 않다. 미국 의회 청문회 일정을 잘 활용하는 문제는 이후 상세히 다루기로 한다.

VOA

대북 라디오 방송 매체는 미국 내 북한 뉴스 처리와 관련해 매우 중요한 위치를 차지한다. 미국의 대북 라디오 방송 매체는 〈VOA〉(Voice of America)와 〈RFA〉(Radio Free Asia) 두 곳이다. 두 곳 모두 미국 국무부가 감독권을 갖고 있는 '방송위원회(BBG)' 산하 기구다. BBG는 미국의 국제 홍보 방송을 총괄하는 조직으로, 미국의 핵심 가치인 자유와 민주주의 확산을 궁극적 목표로 제시한다. 다만 BBG는 자유와 민주주의 확산을 위해서는 상대방의 신뢰를 얻는 것이 가장 중요하다고 보고, 신뢰를 얻기 위한 방법이자 원칙으로 정확하고 공정한 보도를 제시하고 있다. 미국 정부 국제 홍보 매체가 북한 문제에 눈길을 돌린 것은 2004년 북한인권법 제정이 계기가 됐다. 북한인권법 제정은 대북 방송 확대를 위한 법적 토대가 됐다. 미국의 대북 방송 확대 계획은 2007년부터 본격화 했고, 업무 종사자와 방송 시간이 늘어나는 추세를 보이고 있다.

〈VOA〉는 제2차 세계대전이 벌어지던 1942년 2월 24일에 설립됐다. 처음에는 나치 치하의 독일에 대항하기 위한 독일어 방송부터 시작했고, 이후 이탈리아어, 프랑스어, 영어 방송 등으로 확대됐다. 2017년 현재 한국어를 포함해 약 50개 언어로 방송하고 있다. 〈VOA〉 한국어 방송은 1942년 8월 29일 시작됐다. 1985년까지는 매일 1시간 정도 방송했지만, 2003년 방송 시간을 3시간으로 늘렸고, 2007년에는 5시간으로 늘렸다. 〈VOA〉는 미국 정부가 자유와 민주주의 확산이라는 구체적인 정책 목표를 갖고 운영하는 만큼, 일반적인 언론사 개념에는 부합하지 않고 정부의 선전 매체로 분류하는 것이 정확할 것이다. 다만 객관적이고 공정한 보도를 하는 것이 정책 목표를 달성할 수 있다는 규정을 준수하는 노력을 진행하고 있기 때문에, 외형적으로 다른 언론사와 다를 바 없는 보도 활동을 하고 있다.

RFA

〈RFA〉(Radio Free Asia)는 〈VOA〉와 유사한 조직이지만, 설립 목적과 임무가 다르고 실제로 하는 일도 다르다. 〈RFA〉는 미국 의회가 입법한 국제방송법에 따라 1996년 미국 의회 출자에 의해 설립된 국제 방송사다. 미국 워싱턴에 본사가 있고, 서울에도 지국이 있다. 〈VOA〉와 다른 점은 아시아 지역만을 대상으로 한다는 것, 그리고 언론사를 지향한다는 것이다. 〈RFA〉는 인터넷 홈페이지에서 밝힌 회사 사명에서 스스로를 민간 비영리 단체로 규정하고 있다.

〈RFA〉가 정부 선전매체가 아니라 언론사를 지향하는 만큼 방송 내용도 보통 언론사와 유사하다. 오히려 미국에서 북한 문제에 대해 가장 구체적이고, 다양하며, 심층적인 보도를 한다는 점에서 매우 독특한 장점을 지녔다고 볼 수 있다. 〈RFA〉 기자들은 탈북자는 물론 북한 내부 취재원을 확보해 북한 소식을 전하는 데 많은 노력을 투입한다. 또 미국 내 북한 문제 전문가들은 물론 미국 의회 의원이나 보좌관들과 수시로 접촉하고 이를 보도에 반영하면서 워싱턴의 북한 문제 전문가 공동체나 미국 의회 분위기를 전달한다. 북한 문제를 다루는 국제기구의 활동을 관찰하면서 주요 보고서 발표 등의 행사가 있으면 결과를 보도하기도 한다.

〈RFA〉 보도 가운데 상당 부분은 한국 언론에서도 진행해야 하는 작업이지만, 인력과 예산이 부족하고 여러 이유로 워싱턴 지역 취재망을 구축하지 못해 제대로 추진하지 못한 일이다. 장기적으로 한국 언론은

〈RFA〉가 추진하는 작업에 동참하고, 보도 수준을 발전시키는 노력을 해야 할 것이다.

성조지

한국의 기자들이 북한 뉴스를 다루는 과정에서 미군의 움직임도 살피는 일은 매우 곤혹스러운 것이다. 군사 문제 자체가 매우 복잡한 성격을 지닌데다 미국은 국가 규모가 크기 때문에 군대 편제와 활동도 다양하고 복잡하다. 따라서 한국에서 북한 문제를 담당하는 기자들이 미군의 움직임까지 일일이 챙긴다는 것은 분명 쉽지 않은 작업이다. 이러한 차원에서 미국의 군사 전문 일간지인 〈성조지〉(STARS AND STRIPES)는 매우 유익한 매체로 기능한다.

〈성조지〉는 미국 국방부가 발행하지만 편집권이 독립되어 있어 정부 선전매체 성격보다는 현실적으로 군사 전문매체의 특성을 보인다. 1861년 남북전쟁 시기에 미주리 주 블룸필드기지에서 근무하던 북군 병사들이 지역 신문사 폐간 소식을 듣고 1쪽짜리 자체 신문을 인쇄한 것에서 유래됐다고 한다. 블룸필드판은 4호까지 발행됐다. 〈성조지〉는 1918년 2월 제1차 세계대전 시기에 주간지로 부활해 퇴역 군인이나 청년 병사들이 기자나 삽화가 등으로 근무했다. 직원들은 프랑스에서 8쪽 분량의 주간신문을 인쇄해 미국 군부대에 배포했다. 제1차 세계대전 종전과 함께 중단된 〈성조지〉 발행은 제2차 세계대전 발발과 함께 부활했다. 조지 마셜 육군 사령관은 제1차 세계대전에서 활약했던 존 퍼싱 장군의 말을 인용하면서 '정부 관리가 신문 발행 과정에 개입하거나 통제하면 안 된다'는 지침을 내렸다. 드와이트 아이젠하워 총사령관은 1945년 같은 지침을 확인했다. "자유 언론과 자유 발언, 이 두 개의 큰 원칙은 바로 우리가 지키기 위해 싸우는 목적이며, 동시에 인류의 기본권이기도 하다"

〈성조지〉는 전 세계로 파견된 미국 군인과 정부 관리 및 그 가족들을 주 고객으로 삼는 매체다. 따라서 외국에서 생활하는 미국인에게 고향 마을의 분위기와 느낌을 전해주는 것을 사명으로 한다. 그러다보니 한국이나 북한을 주제로 뉴스를 생산하지는 않는다. 다만 미군 항공모함 등의 전략자산 전개 동선이나 주요 군사훈련 일정, 태평양사령관 등 주요 지휘관의 한국 방문 일정 등을 보도하는 과정에서 기초적인 사실관계를 알려주기 때문에 매우 유용하다. 특히 한반도 군사 위기가 고조되는 상황에서는 미군 전략자산의 한반도 전개 일정에 대한 사실관계를 확인할 수 있다는 데 유용성이 많다.

넬슨리포트

워싱턴의 북한 문제 전문가 공동체에서 잘 알려져 있는 유료 소식지로 '넬슨리포트'(The Nelson Report)가 있다. 크리스토퍼 넬슨(Christopher Nelson)이라는 프리랜서 기자가 운영하는 일일 소식지로, 유료 회원들에게 이메일 등으로 매일 1차례 정도 발송하는 형식을 취한다. 소식지에는 한국이나 북한 문제와 관련해 미국의 각종 언론에서 다룬 내용을 소개하는 것과 함께 넬슨 기자가 스스로 취재한 내용을 포함하고 있다. 넬슨 기자는 1967년 버클리 대학교를 졸업하고, 뉴스 통신사인 〈UPI〉(United Press International)에서 처음으로 기자 생활을 시작했다. 미국 의회에서 하원 국제관계위원회 소위원회나 상원 민주당 정책위원회에서 정책보좌관으로 일하기도 했다. 한국과 중국, 일본, 싱가포르, 타이완 등지를 자주 여행하면서 동북아 지역 전문가로 현장 경험을 축적했다.

'넬슨리포트'의 특징은 워싱턴에서 한국 정부나 기업, 언론이 관심을 가질 만한 중·소규모 정보를 맞춤식으로 다룬다는 점이다. 미국의 주요 언론이 다룬 한반도 관련 보도는 많은 사람들이 접할 수 있지만, 소규모 언론에서 다룬 문제나 아예 언론에서 다루지 않고 지나갈 수 있는 한국 관련 정보를 다루는 경우를 종종 찾을 수 있다는 것이 장점으로 꼽힌다. 워싱턴에서 수시로 벌어지는 한국 관련 세미나 내용을 요약, 정리하는 경우도 자주 포함된다. 넬슨 기자는 유료 회원의 요구를 받아 특정한 내용을 취재하는 경우도 있다.

'넬슨리포트'는 기본적으로 소수 유료 회원에게 이메일 형식으로 전달되는 사설 정보지 수준으로 운영되는 만큼 공식 언론매체로 분류하기는 어려울 것이다. 회비도 다소 비싼 편이라 개인적으로 구독하기는 어렵다. 그럼에도 주요 언론에서 공개적으로 보도되는 내용 이외에 미국의 고위 관료와 정치인 사이에서 한국 문제에 관한 여론이 어떻게 진행되는지 궁금한 한국 정부나 기업 관계자, 언론인에게는 일정한 정보를 제공하는 긍정적인 역할을 수행한다고 볼 수 있다.

사실 '넬슨리포트'의 존재는 한국의 국가 역량에 대한 고민을 유발하는 요소가 있다. '넬슨 리포트'가 맞춤식으로 진지하게 다루고 있는 정보는 사실상 정부 관리나 기업 직원, 언론인 등이 합리적인 조건에서 시간과 에너지를 투자하게 되면 수집이 가능한 경우가 대부분이다. 워싱턴의 한국인 공동체 내부에서 관련 정보가 충분히 공유 가능하기 때문이다. 그렇지만 현실을 보면 워싱턴에 파견된 정부나 기업, 언론사 주재원들은 대부분 인원과 예산, 업무 유연성 부족 등으로 생산적인 정보수집 활동을 진행하는 데 어려움을 겪는다. 워싱턴에 파견된 인원 자체가 턱없이 부족한데다 업무 시간의 상당 부분은 관료주의에 따른 불필요한 업무에 투입되는 경우가 많기 때문이다.

특히 언론이나 정치권에서 독자나 유권자 관심을 끌기 위해 과민하게 문제를 제기하는 경우 시간낭비 요소가 발생한다. 워싱턴 현지에서는 별다른 문제가 되지 않는 사안에 대해 주재관들이 해당 보도에 대한 답변자료를 만들기 위해 아까운 시간을 보내는 경우도 허다하다. 이런 일은 후진국에서 나타나는 현상으로, 이미 선진국으로 진입한 한국에서 그것도 워싱턴의 한국 주재원 공동체에서 이런 현상이 나타나는 것은 실망스러운 일이 아닐 수 없다. 이제는 한국 언론도 다른 언론사에서 보도한 특정 내용에 대해 과민하게 반응하며 또 다른 왜곡 보도를 양산하지 말고, 담담하고 합리적으로 판단하면서 국가 이익 중심의 보도를 지향해야 할 것이다.

한·미동맹이 중요하고, 미국의 대북정책이나 한반도 정책이 한국의 안보와 경제 상황을 좌지우지하는 중대 변수인데도, 한국 정부와 기업, 언론사가 워싱턴 주재관이나 주재원을 운용하는 방식은 과거 1970년대 가난했던 시절, 그저 악다구니 하나로 버티던 시절의 방식으로 진행된다는 점은 심히 안타까운 점이다. 만약 워싱턴에 파견된 정부 공무원이나 기업체 주재원, 언론사 특파원들이 불필요한 업무에서 해방될 수만 있다면 업무 효율성은 즉각적으로 두 배 이상으로 늘 수 있다. 한국 주재원 공동체가 '넬슨리포트'보다도 더 튼실한 정보지를 만들어 공유할 수도 있을 것이다. '넬슨리포트'의 존재는 한국 사회의 부분적 퇴행성, 또는 시대착오적 오류를 반영하는 현상이라는 점에서 씁쓸하지 않을 수 없다.

워싱턴 싱크탱크 '미국 대북정책 가늠자'

워싱턴 싱크탱크(think tank)는 미국 외교정책 결정 과정에서 중요한 요소이고, 대북정책과 관련해서도 큰 의미를 갖는다. 워싱턴 싱크탱크의 기원에 대해서는 다양한 견해가 있지만, 그 중에서도 1910년대를 제1세대 등장 시기로 보는 것이 합리적이다. 당시 최대 갑부이자 철강왕으로 불리던 앤드류 카네기가 1910년 카네기 국제평화재단을 설립하면서 연구원들에게 전쟁을 막을 수 있는 방법을 찾아낼 것을 주문했다. 1916년에는 로버트 브루킹스가 초당파적 연구소를 설립하면서 연방정부 과제에 초점을 맞춘 학술기관을 표방했다. 1919년 후버 연구소가 생겼고, 미국외교협회(CFR)도 1921년 출범했다.

미국의 싱크탱크는 1940년대 제2차 세계대전을 계기로 전쟁 수행에 대한 조언을 제공하면서 규모를 확대했다. 제2세대 등장 시기로 볼 수 있다. 군사 전략가들이 전쟁 계획을 마련할 수 있는 안전한 공간을 의미하는 싱크탱크(think tank)라는 용어가 유행한 것도 이 때였다. 이 시기에 설립된 대표적인 싱크탱크는 1946년 미국 공군이 더글러스 항공사와 공동 설립한 랜드연구소(RAND Corporation)다. 연구소의 주요 과제는 무기 기술 개발과 전략적 방어 역량 분석이었다.

싱크탱크의 활동 반경은 1970년대 또는 1980년대 이후로 '세계화'에 영향을 받으면서 획기적으로 확장되었다. 이른바 제3세대 워싱턴 싱크탱크의 출현이다. 미국 보수 진영의 대표적인 싱크탱크인 헤리티지 재단은 1973년 설립되었다. 헤리티지 재단은 1977년 에드윈 퓰너 회장이 취임하면서 획기적인 혁신을 단행했고, 이에 따라 워싱턴 싱크탱크 운영 방식도 질적으로 변화했다. 퓰너 회장은 싱크탱크를 단순한 학술 연구기관이 아닌 경영 개념을 반영한 사업체로 간주한 관리 방식을 도입했다. 학자들의 정책 대안 보고서를 간소화, 다양화, 상품화하고, 워싱턴에서 정책 영향력을 강화하면서 동시에 보수적인 성향의 미국 시민과 기업체로부터 후원금을 받는 활동에 집중했다. 연구진이 작성하는 정책 대안 보고서도 바쁜 독자들이 읽기 편하게 요점만 나열한 짧은 형식을 추가해 좋은 반응을 이끌어냈다.

퓰너 회장의 도전은 대대적으로 성공했고, 재단 규모와 영향력은 획기적으로 증강됐다. 헤리티지 재단이 미국 보수 진영의 구심점 역할까지 수행하는 현상도 생겨났다. 헤리티지 재단의 성공에 영향을 받아 다른 싱크탱크도 보수나 진보 진영의 논리를 관철하는 캠페인을 시도하거나, 보고서 상품화 및 후원금 활동을 강화하는 풍조가 일반화됐다. 현재 미국의 유명 싱크탱크는 1970년대 말 이후 1980년대에 경영의 개념이 반영된 혁신의 결과이며, 지금도 여전히 그 연장선에 있다고 볼 수 있다.

1980년대 이후 미국 정책 전문가 공동체에서 존재감을 키운 워싱턴 싱크탱크는 다양한 형식으로 미국의 외교정책에 영향을 미치고 있다. 정책 연구기관으로써 정체성이 발전하면서 현안에 대한 다양한 형식의 정책 대안 보고서를 시시각각 쏟아내고 있다. 특히 미국 행정부와 의회에서 싱크탱크에 특정 현안에 대한 정책 대안 검토 프로젝트를 발주하는 경우가 적지 않다. 싱크탱크 소속 유명 연구원들은 미국 행정부나 의회에서 주최하는 각종 정책 공청회에 증인이나 참고인으로 출석해 현안에 대한 분석과 대안을 제시한다. 싱크탱크는 다양한 형태의 정책 토론회를 주최하면서 정책 담당자인 관료들과 학자, 사회단체 종사자 등 전문가, 그리고 언론인을 한 곳에 초청해 공론화 마당을 제공한다. 다양한 분야의 전문가를 영입해 연구 인력으로 활용하는 동시에 장관이나 차관, 차관보급 고위 관료 후보자를 양성하는 기능도 수행한다. 정치인이나 언론인, 전문가 집단에 대한 정책 보고서를 무료로 제공하고 소규모 정책 대안 설명회 행사를 주최하면서 바람직한 정책 결정에 도움을 주고 여론을 조종하기도 한다.

북한 문제에 대한 미국 정부 정책은 싱크탱크 활동과 밀접한 관계가 있다. 북한 문제에 관심을 보이는 워싱턴 싱크탱크들은 다양한 형태의 대북정책 대안 보고서를 쉴 새 없이 생산하고 있다. 주로 워싱턴의 '케이 스트리트'(K Street)나 '듀퐁 서클'(Dupont Circle) 근처 싱크탱크 세미나실, 또는 미국 의회 건물 근처 싱크탱크 세미나실에서는 평균적으로 1년 내내 1주일에 2건 이상 북한 문제와 관련한 세미나가 열리고, 관련 전문가들이 모여 인사하는 기회가 마련된다. 한국에서 대통령을 포함해 유명 정치인이 워싱턴을 방문하면, 싱크탱크 주최 행사에 참가하고 연설하는 것을 성공적 방문의 징표로 여기기도 한다.

싱크탱크 소속의 북한 문제 전문가 중 상당수는 정권이 교체될 때마다 백악관 국가안전보장회의 아시아 담당 선임국장이나 국무부와 국방부 차관 또는 동아태 차관보 후보자로 주목을 받는다. 주한 미국대사도 싱크탱크에서 배출되거나 반대로 주한 미국대사를 지낸 인사가 싱크탱크 연구원으로 자리 잡는 경우도 있다. 주한미군사령관 출신 예비역 미군 장성들도 싱크탱크 주최 행사의 주요 초청 대상이다.

무엇보다 워싱턴 싱크탱크는 한국 언론이 요구하는 북한 문제에 대한 전문가 논평을 제공하는 기회를 통해 대북정책 결정 과정에 참여한다. 한국 언론은 미국의 한반도 전문가 논평을 갈구하는 경향이 있다. 북한의 도발이 발생하거나 미국에서 대북정책이 발표된다고 하면 한국 언론은 미국의 한반도 전문가 논평을 원한다. 한국 언론에서 워싱턴의 한반도 전문가로 거론된 사람은 한국에서 열리는 주요 대북정책 토론회에 토론자로 초청받을 가능성이 크다. 한국의 유명 정치인이 워싱턴을 방문해 미국의 한반도 전문가들과 식사하면서 그들의 견해를 청취하는 것은 빠뜨릴 수 없는 핵심 일정이다. 한국의 유력 정치인들은 그들의 발언을 중심으로 미국의 견해를 이해하고, 정책 판단 과정에서 중요한 지침으로 활용하게 된다.

전략국제문제연구소(CSIS)

워싱턴 싱크탱크 중 한반도와 관련해 가장 활발하게 활동하는 기관은 CSIS(The Center for Strategic and International Studies), 즉 전략국제문제연구소다. 연구소는 1962년 조지타운대학교 부설 연구소로 출범했다. 당시 영국에 국제전략문제연구소(IISS)가 있어 대외정책 문제를 전문적으로 연구하는 것을 본떠 설립했다고 한다. 1987년에는 규모가 커지면서 대학에서 분리해 독자 연구소로 재출범했다. 연구소는 보수적이라는 평가도 받지만, 스스로는 중도를 표방하면서 정파적으로 다양한 견해를 제시한다고 주장한다. 특히 1970년대를 지나면서 헨리 키신저 전 국무장관이나 제임스 슐레진저 전 국방장관 등 당대 석학이 연구진으로 참가하면서 정책 연구기관의 명성을 획기적으로 높였다. 펜실베이니아대학교가 주관한 세계 싱크탱크 순위 자료에 의하면 6년 동안 연속으로 국제 안보 분야에서 세계 1위의 싱크탱크로 지목되기도 했다. 연구소의 정규 직원만 220여 명이고, 자문위원이나 방문연구원 등의 형식으로 협력관계를 유지하는 전문가는 400명이 넘는다.

연구소는 한국 연구실 석좌를 운영하고 있다. 다수 인턴을 고용해 북한 문제에 대한 각종 자료를 정리하며, 현안에 대한 분석 논평이나 논문을 출판한다. 초대 한국 석좌인 빅터 차(Victor Cha) 조지타운대학교 교수(2017년 12월 현재 주한 미국대사 내정자)는 과거 백악관 국가안전보장회의 NSC에서 아시아 담당 선임 국장을 역임한 이후 북한 문제와 관련해 대표적인 워싱턴의 한반도 전문가로 부상했다. CSIS는 한반도 또는 미국에서 북한 문제와 관련한 중요한 정책 변화가 나타나면 관련 사실을 간결하게 정리하고, 나름대로 의미 부여까지 포함한 약식 정책 자료를 신속하게 작성해 언론에 배포하는 등 연구 성과 홍보 노력을 전개해 왔다. 비록 서비스 내용이 부실한 경우가 많고, 불규칙적으로 자료를 제공하는 경향이 있어서 기자들에게 안정감을 주지 못하는 단점도 있다. 그러나 이러한 서비스를 제공하는 다른 싱크탱크를 찾기 어렵다는 점에서 CSIS가 상대적으로 우월한 것으로 평가할 수 있다. CSIS가 1975년에 하와이 호놀룰루에 설립한 퍼시픽포럼은 아시아·태평양 지역에 대한 연구를 담당하는 곳으로 한반도 문제도 연구 대상이다. 퍼시픽포럼은 현재도 활발하게 활동하고 있고, 회장인 랄프 코사 박사는 저명한 한반도 전문가로 알려져 있다.

인터넷 홈페이지를 통해 중요한 토론회 행사를 생중계하는 서비스도 기자들에게는 매우 유용하다. 현장취재 기자들이 시간과 공간의 제약 속에서 어려움을 겪어야 한다는 사실을 감안하면 CSIS 생중계 서비스는 최고의 선물이라고 할 수 있다. 서울에서도 워싱턴 현지에서 벌어지는 토론회를 실시간으로 시청할 수 있고, 오전에 발생한 상황을 오후에 바로 점검할 수도 있다. 동영상 화질이 다소 떨어지는 것은 아쉽지만, 외교와 안보 분야를 주제로 한 토론회 성격상 화질보다는 선명한 소리가 중요하다는 점에서 불만의 대상이라고 말할 수 없다.

다만 핵실험이나 미사일 발사, 기타 북한의 도발적 언사 등과 관련해 의미를 부여하는 과정에서 가끔씩 오판이 발생해 기자들의 혼란을 야기하는 경우도 적지 않다. 북한의 정치 구조나 특성에 대한 이해가 심각하게 부족하거나 또는 이를 의도적으로 무시하는 경향이 있기 때문에 북한에서 나오는 각종 메시지를 황당할 정도로 왜곡하는 경우도 적지 않다. 이러한 사례는 CSIS도 미국의 국제정치이론과 접근법으로 북한과 한국, 한반도 문제를 해석하는 경향에서 예외가 아니라는 점을 보여주는 것이다. 북한이나 한반도 문제는 지정학적, 역사적으로 누적된 특수성을 염두에 두고 해석해야 하는데, 미국식의 보편적 분석틀을 사용하는 현상이 흔히 발생하는 것은 안타깝다.

문제는 한국 언론이나 정치권, 또는 정책 전문가 집단이 미국에서 나오는 북한 관련 논평을 최고 등급으로 가정하는 경우가 많다는 점이다. 미국 워싱턴 싱크탱크의 분석이 중요한 것은 사실이지만, 북한 문제에 대한 그들의 진단이나 처방 중에는 적절하지 않은 것도 포함되어 있음을 명심할 필요가 있다. 그들의 분석은 그들의 처지에서, 즉 미국의 이익을 중심으로 하고 미국의 국제정치이론에서 제시한 접근법에 따라 분석하여 처방한 결과다. 따라서 그 자체가 사실이나 진실을 담보하는 것이 아니며 따라서 지고지순의 지침으로 간주할 수도 없다. 단지 미국의 대표적인 또는 전형적인 접근법으로 인식하고 우리의 전략적 환경에 따라 참고자료로 삼으면 되는 것이다. 그런 차원에서 CSIS 자료는 미국식 접근법에서 가장 일반적인 대안이 무엇인지 알고 싶다면 최고의 자료로 평가할 수 있을 것이다.

한편 CSIS는 워싱턴을 방문하는 한국 정계나 외교정책 분야 유명 인사들에게 인기가 높다는 점에서 미국의 대북정책 결정에 일정한 영향력을 행사한다. 한국 주요 인사들이 워싱턴 시내에서 정책 발표회 등의 행사를 추진하지만, 실제로 200명 정도의 청중을 수용할 수 있는 적절한 행사장은 찾기 어렵다. CSIS는 원래 케이 스트리트에 위치했지만, 2013년에 듀퐁 서클 근처 로드 아일랜드 스트리트로 이주했다. 새로 건물을 지으면서 다양한 규모의 방청객을 수용할 수 있는 여러 개의 행사장을 만들었고, 약 200명을 수용하는 대규모 행사장도 확보했다. 이에 대통령이나 총리 등 국가수반급 인사가 참여하는 고품격 행사를 유치하는 데 매우 유리하다. 2015년 워싱턴을 방문한 박근혜 전 대통령, 2017년에 방문한 문재인 대통령도 모두 CSIS를 주요 정책 연설 행사장으로 선택한 바 있다.

브루킹스연구소

브루킹스연구소(Brookings Institute)는 미국에서 가장 오래된 싱크탱크 가운데 하나로 설립 시기는 1916년으로 거슬러 올라간다. 기업인과 학자들이 정부정책 지원을 위한 사설 연구기관으로 정부 연구소가 설립됐고 1927년 기업인 로버트 브루킹스가 다른 연구기관인 경제 연구소와 브루킹스대학원을 통합해 만든 것이 현재의 브루킹스연구소다. 브루킹스연구소는 조직 규모나 학술 연구, 정책 영향력 등에서 미국 최고 수준이라는 평가를 받고 있다. 기본적으로 당파를 초월한 비영리 연구 기관을 표방하지만, 실제로는 진보 성향의 미국인들이 선호하는 싱크탱크로 알려져 있다. 보수 진영 미국인들이 헤리티지재단을 구심점으로 여기는 것과 비교해 진보 진영 구심점은 브루킹스연구소라고 말하는 사람도 적지 않다. 미국에서 민주당이 정권을 잡으면 브루킹스 출신 학자들이 내각의 각료나 고위 관리로 진출하는 경우가 허다하다. 연구소 규모가 워낙 크다보니 한반도 문제도 관심사 목록에 포함되어 있다. 1998년에 동북아정책연구센터가 설립됐고, 이곳에서 한반도 문제를 비중 있게 다루고 있다.

브루킹스연구소 역시 CSIS처럼 한국 관련 연구 프로그램을 전담하는 한국 석좌 자리를 운영하고 있다. 브루킹스의 한국 석좌 자리는 SK와 한국국제교류재단, 한국무역협회, 비공개 기부자들이 운영자금을 지원해 2014년 6월 설치한 것으로, 정식 명칭은 'SK-Korea Foundation Chair in Korean Studies'다. 워싱턴 싱크탱크 가운데 한국 석좌를 정식으로 설치한 연구소는 CSIS와 브루킹스연구소 두 곳뿐이다. 2017년 12월 현재 브루킹스연구소의 한국 석좌는 컬럼비아대학교 역사학 박사 출신으로 CIA와 DNI에서 간부를 지낸 박정현(Jung H. Pak) 박사다. 2017년 9월 제2대 한국 석좌로 취임한 박정현 박사는 2009년 이후 CIA와 DNI에서 동아시아, 태평양 담당 선임분석관, 동아시아 담당 부정보관, 동아시아 태평양임무센터 국장 등으로 근무했다.

초대 석좌는 웰즐리대학교 교수 출신인 캐서린 문 박사가 맡았지만, 2년 정도 역할을 수행한 뒤 학교로 돌아갔다. 한국 석좌는 학술 활동이나 정책 차원에서 성과를 내야 하고, 동시에 자금 후원이나 인적 네트워크 관리도 해야 하는 복합적인 임무를 지니고 있다. 브루킹스연구소의 경우 캐서린 문 교수 퇴진 이후 임시 한국 석좌를 맡았던 조나산 폴락 박사나 리처드 부시 박사가 한반도 문제에 수준 높은 분석과 논평을 제시하지만, 이들은 중국을 중심으로 한 동북아 전반을 다루는 연구자로, 한반도 문제는 부분적으로 다룬다는 특징이 있다. 폴락 박사의 경우 중국 문제와 미·중관계 등 동북아 정세 분석이 주요 전공이다. 부시 박사의 경우도 양안(중국과 타이완)관계, 중·일관계 등이 주요 전공이라고 할 수 있다.

우드로윌슨센터

우드로윌슨센터(The Woodrow Wilson International Center for Scholars)는 워싱턴에서 가장 저명한 싱크탱크 가운데 하나로 꼽힌다. 가장 큰 특징은 미국 의회가 설립을 주도하고, 미국 정부가 운영 자금의 상당 부분을 제공하기 때문에 중립적이며 장기적인 학술 연구가 가능하다는 점이다. 위치도 워싱턴 백악관 근처 로널드 레이건 국제무역센터 사무실을 사용하고 있다. 센터 명칭은 우드로 윌슨 전 미국 대통령의 이름을 따왔는데, 이는 윌슨 전 대통령이 미국 대통령 가운데 박사 학위를 갖고 있는 유일한 사람이고, 프린스턴대학교 총장을 역임하는 등 오랜 기간 학자로서 활동했다는 점이 참고가 되었다고 한다. 센터의 이사진과 고위 간부는 정부 각료나 미국 대통령이 임명하는 민간인으로 구성된다.

우드로윌슨센터는 특히 한국의 극동문제연구소, 북한대학원대학교와 긴밀하게 협력관계를 유지하면서 북한 및 한반도 문제에 대한 정책 연구를 발전시켜 왔다. 우드로윌슨센터와 극동문제연구소는 공동으로 연례 학술 토론회를 주최하고, 2015년에는 통일부 도움으로 매년 한반도국제포럼을 개최했다. 센터는 특히 2015년 6월 현대자동차와 한국국제교류재단이 공동으로 후원하는 한국 역사 및 공공정책센터를 설치해 사실상의 한국 석좌, 즉 한국 문제 프로그램 전문 연구원을 보유하고 있다. 2015년 6월 센터 창립 축하 행사에는 미국 연방 하원의원을 지낸 제인 하먼 우드로윌슨센터 소장과 당시 현대자동차 이광국 워싱턴 소장이 나와 센터가 한반도 문제의 최고 정책 연구기관으로 발전하겠다는 의지를 적극적으로 피력한 바 있다.

2017년 12월 현재 조지워싱턴대학교에서 냉전 시기 역사를 연구해 박사학위를 받은 제임스 퍼슨 박사가 센터장 보직을 갖고 운영을 담당하고 있다. 한국 석좌 명칭을 부여하지 않은 것은 냉전 시기 역사 연구에 활동 초점을 맞추고 있고, 북핵 등 한반도 문제와 관련한 포괄적인 정책 연구는 아니라는 점이 작용했다. 앞으로 북핵 문제나 남북관계, 북한의 외교정책 분야에서 전문성을 갖춘 연구진이 보강된다면 우드로윌슨센터가 워싱턴 싱크탱크 가운데 한반도 문제에 가장 정통한 기관이 될 잠재성이 있다고 하겠다.

미국외교협회(CFR)

CSIS와 브루킹스연구소, 그리고 우드로윌슨센터 외에 한반도 문제를 전담하는 연구원을 운영하는 싱크탱크로는 미국외교협회, 즉 CFR(The Council on Foreign Relations)이 있다. 1921년 출범한 미국외교협회는 외교정책 분야 엘리트 경력을 가진 사람들로 구성된 조직으로 유명 정치인과 국무장관, 중앙정보국장, 은행가, 변호사, 교수, 유명 언론인 등이 주요 회원이다. 협회는 미국의 외교정책과 국제 문제를 주제로 토론회를 주최하는데, 정부 고위 관료와 세계적 기업의 경영자, 유명 학자와 외교 분야 주요 인사들을 초청한다. 협회는 격월간 외교문제 잡지인 '포린 어페어스'(Foreign Affairs)를 발간하는데, 외교정책 분야에서 세계 최고의 권위를 가졌다고 평가하는 사람이 많다. 1947년 국무부 정책기획국장이던 조지 케난이 엑스(Mr. X)라는 가명으로 '포린 어페어스'에 기고한 논문 '소련에 대한 미국 정책의 핵심 요소'는 당시 미국 외교정책의 큰 흐름을 돌려놓았다는 평가를 받고 있다.

미국외교협회의 주요 관심사는 미국의 외교정책과 일반적인 국제 문제지만, 한반도 역시 관심사 가운데 하나로 포함되어 있다. 1998년 이후 한반도 문제에 대한 태스크포스를 구성해서 당대 외교·안보 현안에 대한 정책 연구와 대안 제시를 진행하고 있다. 2017년 12월 현재 스콧 스나이더 연구원이 한·미관계 프로그램 국장으로 한반도 문제를 전문적으로 다루고 있다. 스나이더 연구원은 2000~2004년 아시아재단 한국사무소장을 역임하면서 대북지원 프로그램을 운영했고, 한국 전문가들과 함께 서울에서 한·미관계와 북한 문제를 깊이 있게 다룬 경험이 있다. 스나이더 연구원은 북한 문제와 함께 한국의 국내정치 상황과 외교정책, 남북관계에 대해서도 전문적인 분석을 제공할 수 있다는 장점을 갖고 있다. 워싱턴의 많은 한반도 문제 전문가들이 국제정치이론이나 중국 또는 일본 문제를 전공한 이후 북한 문제 전문가를 표방한다는 것과 다르다.

실제로 스나이더 연구원이 한국의 국내정치 상황이나 남북관계, 북핵 문제에서 특별한 상황이 발생했을 때 신속하게 제시하는 논평은 한반도의 특수성을 합리적으로 감안한 것으로 매우 실용적이고 현실적인 시각을 갖췄다는 평가를 받는다. 다만 스나이더 연구원 외에 미국외교협회에서 특별히 한국 문제에 토론할 역량이 있는 연구원은 찾기 어렵고 따라서 조직의 거대한 규모에 비해 스나이더 연구원 한 사람의 활동은 매우 빈약해 보인다. 미국외교협회의 사례는 미국 싱크탱크 공동체가 한반도 문제를 다루는 현실을 상징적으로 보여준다고 할 수 있다.

폴니체고급국제학대학원(SAIS)

미국 존스홉킨스대학교는 메릴랜드 주 볼티모어에 위치하고 있다. 그러나 흔히 사이스(SAIS)라고 알려져 있는 폴니체고급국제학대학원(The Paul H. Nitze School of Advanced International Studies)은 워싱턴과 이탈리아 볼로냐, 중국 난징 등 세 곳에 있다. SAIS 워싱턴 캠퍼스는 듀퐁 서클 근처 매사추세츠 거리에 있는데, 국제관계에 특화되어 있는 명문 대학원으로 유명하다. SAIS는 한국의 유명 정치인이나 정부 관료, 학자들이 미국으로 6개월에서 1년 정도 연수를 하는 경우 조지타운대학교, 조지워싱턴대학교와 더불어 가장 선호하는 연구기관이라고 할 수 있다. SAIS는 '2개의 한국'이라는 역작을 남긴 〈워싱턴포스트〉 동아시아 특파원 출신 돈 오버도퍼 기자를 연구원으로 초빙하면서 한반도 관련 정책 연구기관의 위상과 명성을 크게 높였다. 최근에는 SAIS 산하 연구기관인 한·미연구소가 운영하는 북한 전문 웹사이트 '38노스'(38 North)가 지난 몇 년 사이에 존재감을 획기적으로 확장하면서 북한 문제 전문가 공동체에서 SAIS 명성이 또 다시 격상한 것으로 평가된다.

38노스는 2009년 북한 전문 웹사이트로 출범했다. SAIS 산하 한·미연구소 제니 타운 부소장이 운영 책임자라고 할 수 있지만, 실질적으로는 제1차 북핵위기 당시에 미국 국무부에서 북한 문제를 담당했던 조엘 위트 전 북한담당관이 지도적인 역할을 수행하는 것으로 알려져 있다. 위트 전 담당관은 1990년대부터 북한 문제와 관련해 실무적인 분석을 진행하고, 협상 준비와 진행을 담당했기 때문에 북한과의 협상이나 분석 경험 측면에서는 가장 경력이 오래된 전문가라고 할 수 있다. 북한에서 나오는 각종 성명이나 논평, 언론매체를 통한 동향 파악에서는 과거 국무부 동료였던 로버트 칼린 전 북한담당관과 더불어 지금도 미국에서 최고의 전문성을 갖고 있다. 다만 퇴직 이후에 북한 문제 전문가 사회에서 역량을 발휘할 기회를 자주 얻지 못했다. 38노스는

2011년 영변 핵시설과 풍계리 핵실험장에 대한 상업용 인공위성 사진을 분석하는 기사를 다루면서 한국 언론이 자주 인용하는 북한 정보 공급처로의 위상을 높였다.

38노스는 워싱턴의 북한 문제 담당 언론인을 대상으로 밀도 있는 소규모 세미나를 주최하면서 존재감을 높여가고 있다. 2013년 이후 매월 1회씩 매사추세츠 거리에 위치한 SAIS 건물에서 조찬 세미나를 연다. 한국과 일본 특파원은 물론 미국 주류 언론사 북한 담당 기자도 참석해 현장의 무게감은 적지 않다. 사회는 주로 위트 전 북한담당관이 나서고, 패널을 1~2명 정도 초청해 발제를 진행한다.

패널로 자주 초청되는 사람 중에 칼린 전 국무부 북한담당관이 있다. 칼린 전 북한담당관은 북한의 의사소통 방식이나 메시지 파악 측면으로 보면 미국 전문가 중에서는 단연 최고다. 그러나 위트 전 담당관과 마찬가지로 북한 문제 분석 역량을 발휘할 기회를 제대로 얻지 못했다. 국무부 재직 당시 고위직 경험이 없다는 것 등이 약점으로 작용했다는 평가가 있다.

군사 문제 전문가로 콜로라도 주 롱먼트에 소재한 올소스 어낼리시스(AllSource Analysis) 소속 조지프 버뮤데즈 최고분석관도 38노스 언론인 조찬 세미나에 자주 참여한다. 지리적으로 멀리 떨어져 있기 때문에 주로 화상 연결로 참여하지만, 버뮤데즈 분석관 논평은 워싱턴 북한 담당 기자들 사이에서 인기가 매우 높다. 버뮤데즈 분석관은 북한 군사 문제와 관련해 미국에서 최고권위자로 지난 수십 년 동안 북한 군사 역량과 편제 변화를 관찰하고 분석하는 일을 담당해 왔다.

38노스가 북한의 핵·미사일 역량에 대한 분석 보고서를 자주 발표하면서 한반도 군사적 긴장 상황을 의도적으로 높인다는 의혹과 비난도 일부 제기되고 있다. 그러나 38노스 언론인 조찬 세미나에 3년 동안 참가했던 필자가 관찰한 바로는 군사적 긴장을 높이기 위해 38노스가 음흉한 작업을 한다는 증거를 확인한 적이 없다. 38노스가 북한 문제에 대해 객관적이고 정확한 분석을 많이 제공하고, 그것이 기존 미국에서 알려진 상식과 맞지 않는 사례가 많기 때문에 엉뚱한 의심을 산다는 추측을 해본다.

38노스가 취급하는 북한 문제 분석기사는 핵이나 미사일은 물론 경제 및 사회, 지도부 동향 파악 등 대부분의 분야에서 신뢰도가 매우 높다. 그렇기 때문에 북한 문제를 담당하는 언론인들은 북한에 대한 지식을 넓히고, 관련 토론의 유형을 익히는 차원에서 38노스 기사를 자주 참고하는 것이 필요하다고 본다.

다만 38노스 기사에서도 명심할 요소가 있다. 그것은 38노스 분석기사 프로젝트에 참여하는 대부분의 미국 전문가들이 한반도 분단 문제에 대해 접근하는 방식이 한국인과 다르다는 것이다. 즉 그들은 한반도 분단과 통일 문제가 다른 모든 것에 우선하는 최상위 가치로 여기지 않는다. 한국인은 분단과 통일 문제에 대해 어떤 형식으로든 감정이 개입된 상태에서 인식하고, 대응하기 때문에 대북정책에 대하여 한국인 아닌 사람들과 의견 충돌을 겪는 경우가 있다. 이 점을 이해하지 않을 경우 또 다시 미국 전문가를 신격화하거나, 정반대로 무시하는 어리석음을 범하게 된다.

38노스 분석기사가 최고 수준이라는 것은 인정하지만 그것은 미국인의 시각에서 그리고 미국의 한반도 문제 전문가 집단 중에서 최고의 수준이라는 것이지, 그 자체로 시대와 장소를 초월한 불변의 진리로 간주할 필요는 없다는 것이다. 단지 38노스 분석기사의 질이 매우 높은 만큼 유용한 자료로 참고하는 것이 좋다.

헤리티지재단

헤리티지재단(The Heritage Foundation)은 워싱턴 싱크탱크에서 가장 영향력이 강한 보수적 연구기관이다. 북한 등 한반도 문제에 대해서도 상당한 영향력을 발휘한다. 헤리티지 재단은 1973년 에드윈 퓰너와 폴 웨이리치 등 공화당 의원 보좌관 출신 인사들이 쿠어스 맥주 사장인 조셉 쿠어스의 자금 지원으로 설립했다. 1980년 로널드 레이건 행정부 출범 시기에 퓰너 소장이 정권 인수위원회에 참여하고, 외교정책 방안을 건의하면서 연구소 영향력을 획기적으로 증폭시켰다. 2016년 11월 도널드 트럼프 대통령 당선 이후에도 가장 영향력이 강한 싱크탱크로 지목받았다. 1983년 아시아연구센터 창설 이후 한반도 문제에 대한 연구를 활발하게 진행하고 있다. 당시 재단에는 국방부 부차관보를 역임한 외교·안보 분야 전문가 피터 브룩스 소장이 대표적으로 한반도 문제를 다뤘는데, 북한에 대한 강경한 대응을 선호하는 인물이었다.

최근에는 브루스 클링너 연구원이 한반도 문제 전문가로 명성이 높은데, 역시 대북 강경책을 강조하고 있다. 클링너 연구원은 아시아연구센터 소속으로 동북아 담당 선임연구원이다. 미국 중앙정보국(CIA)과 국방정보국(DIA)에서 20년 동안 근무한 뒤 2007년 연구원으로 합류했다. 클링너 연구원은 CIA 한국지부에서 2년간 근무하면서 한반도의 지역적 특수성에 대해 경험을 쌓았다. 태권도 3단에 합기도 1단이고, 특공무술도 배우는 등 한국 문화에 대한 적극적인 관심을 보여 왔다. 미국 상원과 하원 청문회에서 동북아 전문가 자격으로 여러 차례 출석해 한반도 문제 등에 대한 자신의 분석을 밝히면서 한반도 문제 전문가로 위상을 높여왔다.

그렇지만 헤리티지재단 역시 미국 외교 전문가들의 특성을 전형적으로 보여준다는 점에서 각별한 주의가 필요하다. 클링너 연구원의 경우 북한에 대한 진단과 처방 역시 미국이 주도하는 국제질서에 저항하는 불량국가로 전제하는 특성을 보인다. 이러한 접근법에 따라 북한의 행동을 파악하고 진단한다면 실상 제재와 압박 외에는 다른 처방이 나올 수 없다. 제재와 압박 일변도 정책은 미국 입장에서는 하나의 정책적 대안이지만, 한국 입장에서는 국가 목표, 즉 북한과 통일을 달성해야 한다는 목표를 달성하는 데 결정적인 장애물이 된다는 점에서 고민스러운 대목이다.

북한의 경제 규모와 수준이 매우 작고 낮으며 중국이라는 배후의 지원국가가 존재하는 한, 북한에 대한 제재와 압박 일변도는 한계성을 가질 수밖에 없다. 제재와 압박을 가했는데도 북한이 국내적 또는 국제적 조건을 활용해 불량국가 행보를 교정하지 않는다면 어떻게 할 것인가?

미국의 접근법으로 본다면 더 강한 제재와 압박을 적용하면 될 것이다. 그래도 태도를 바꾸지 않는다면 더더욱 강한 제재와 압박을 적용하면 되고, 이를 수차례 반복하는 것도 가능한 일이 된다. 미국의 정책 목표는 북한을 굴복시키는 것만이 아니라 북한 핵과 미사일 위협을 북한 경계선 이내에서 봉쇄하는 수준으로 타협할 수 있다. 또 미국 주도의 국제질서에 저항하는 불량국가를 용납하지 않고, 징벌적인 조치를 취하고 있다는 사실을 국제사회에 보여준다면 정책 효과를 거둔 것으로 간주할 수도 있다.

그러나 문제는 한국이다. 분단 문제가 악화되고, 안보 위협은 커지며, 한·미동맹에 대한 의존도가 커지게 되는 만큼 통일 전망은 감소하는 악순환 현상이 고착화 될 수 있다. 이것은 우리의 국가이익과 정확하게 반대되는 방향이다. 북한을 불량국가로 전제하는 접근법을 수용하면서도 분단 해소와 통일 달성을 촉진하는 방법이 있을지, 쉽지 않지만 이를 찾아내고 만들어가는 것이 한국 외교정책 종사자의 임무다. 미국식 접근법의 특성을 이해하면서도 우리의 국가이익도 반영하는 절충점을 찾기 위해 끊임없이 노력해야 한다는 점을 잊지 말아야 한다. 물론 이것은 기본적으로 정부 관리나 학자 등 전문가의 책임이다. 그러나 언론도 크게 보면 이러한 책임의 경계선 안쪽에 위치하고 있다는 점에서 책임감을 갖고 업무에 임해야 한다.

한 가지 추가하면, 워싱턴에도 보수와 진보 진영이 구분되어 있고 서울에도 보수와 진보 진영이 존재하는 조건에 유의할 필요가 있다. 양측의 보수와 보수, 진보와 진보가 협력하는 상황에 대해 전문가 집단이나 언론인들이 초당적 태도를 견지할 필요가 있다. 클링너 연구원은 미국 보수 진영의 구심점인 헤리티지재단 소속의 전문가다. 따라서 그가 보수적 목소리를 내는 것은 매우 자연스러운 일이다. 한국 보수 진영의 대북정책 노선이나 한·미동맹 정책에 대해 지지하는 견해를 표출하고, 한국 진보 진영의 대북정책을 비판하며 폄훼하는 논평을 하는 것도 어쩔 도리가 없다.

문제는 클링너 연구원처럼 한국의 정치적 협력자를 돕는 처지에 있는 미국 전문가의 논평을 객관성이 담보된, 즉 미국 엘리트 사회의 다수 의견으로 착각하지 말아야 한다는 것이다. 예를 들어 2016년 말 클링너 연구원이 재단 홈페이지 웹사이트에 올린 글을 보면 문재인 당시 후보가 대통령에 당선된다면 한·미동맹이 위험해 질 것이라고 우려했다. 실제 클링너 연구원의 글은 미국의 분위기가 문재인 후보의 대통령 당선을 기피하고 있다는 식으로 와전되면서 문재인 후보의 선거 운동에 장애물로 작용하기도 했다. 클링너 연구원의 분석과 의견은 워싱턴에서 존중을 받고 있지만, 그의 의견을 한국 전문가보다 우월한 수준의 지침으로 간주하는 것은 치명적인 왜곡 사례가 될 수 있다는 것을 인식해야 한다. 더구나 그의 말을 금과옥조로 제시하면서 한국 국내정치의 변수로 사용하는 것도 형편없는 사대주의의 소산으로 지극히 잘못된 일이다. 클링너 연구원에 대해 잘잘못을 따질 일이 아니며 단지 한국의 전문가 집단과 언론인들이 스스로 알아서 판단할 문제일 것이다.

기타 주요 싱크탱크

미국의 싱크탱크 가운데 규모가 작고 영향력도 제한적이지만, 북한 문제를 밀도 있게 다루면서 존재감을 키워가는 사례도 있다. 워싱턴에 소재하지는 않지만 미국의 대외정책에 강한 영향력을 미치는 싱크탱크도 적지 않다. 과학국제안보연구소(ISIS)가 인상적인 활동을 하는 사례다. ISIS는 2010년대 초반 38노스와 더불어 위성사진 분석을 통해 북한에 대한 이해의 폭을 넓히는 데 한 축을 담당했다. 연구소 소장인 데이비드 올브라이트 박사는 핵무기 관련 전문적 지식과 경험을 바탕으로 의미 있는 분석을 자주 제공했다. 특히 올브라이트 소장이 2015년 2월 38노스에 기고한 글에서 북핵 문제에 대해 효율적인 대책을 세우지 않는다면 북한이 2020년에 핵탄두 100개를 보유할 수 있다고 경고한 것은 당시에 북한 문제 전문가 집단에서 큰 반향을 불러 일으켰다.

또 다른 싱크탱크로는 한미경제연구소(KEI)가 있다. 규모가 작고 영향력도 제한적이지만, 한국 정부가 운영 자금을 제공한다는 점에서 매우 독특한 위상을 갖고 있다. 1982년 한국 정부 방침에 따라 설립된 연구소는 대외경제정책연구원(KIEP)이 예산 대부분을 지원하는 방식으로 운영되고 있다. 한·미 경제교류와 관련한 정책 연구도 진행하지만, 자연스럽게 한·미 우호증진 활동도 병행하는 특성을 갖고 있다. 아직까지는 정책 연구 분야나 미국 여론 주도층 접근, 정부 정책 홍보 분야에서 뚜렷한 성과를 내지 못하고 있지만, 한반도와 관련한 정책 연구 논문을 꾸준히 발굴해 나가면서 미래의 잠재력을 키우고 있다.

랜드연구소(RAND Corporation)는 캘리포니아 주 산타모니카에 위치한 유서 깊은 싱크탱크로, 북한 뉴스 유통에서 지대한 역할을 수행하고 있다. 1946년 미국 공군에서 전쟁 수행을 위한 과학기술의 중요성을 인식하고, 더글러스 항공사와 더불어 연구팀을 발족한 것이 기원이다. 1948년에는 공군 승인과 포드 재단의 자금 지원으로 더글러스 항공사로부터 독립하고, 비영리 정책 연구기관으로 새롭게 출범했다. 북한 문제는 아태정책센터를 중심으로 이뤄지고 연구 과제는 군사·안보 차원에서 주요 관심사를 다루고 있다. 연구소 소속인 브루스 베넷 박사는 생화학전 역량 등 북한의 군사적 위협에 대한 분석과 경고, 북한 붕괴 가능성에 대한 연구로 명성을 얻었다. 2017년 12월 한국국제교류재단은 랜드연구소에 2018년 상반기 중 한국 석좌를 개설한다고 밝힌 바 있어 향후 한반도 문제와 관련한 활동에 주목할 필요가 있을 것이다.

케이토연구소(Cato Institute) 역시 워싱턴에서 잘 알려진 싱크탱크 가운데 하나다. 한반도 문제를 다루는 전문가는 더그 밴도우 박사다. 밴도우 연구원은 한반도의 특수성보다는 강대국 중심의 국제정치 구조를 강조하는 현실주의 접근법에 따라 현안을 다루는 경향이 두드러진다. 밴도우 연구원은 특히 한국에 미군이 주둔할 이유가 없다는 소신을 갖고 있고, 20여 년 전부터 지칠 줄 모르고 주한미군 철수를 촉구하는 글을 쓰고 있다. 밴도우 연구원은 냉전 종식 이후 미군이 한국을 군사적으로 보호할 만한 위협이 존재하지 않고, 북한의 무력 침공 가능성은 이미 부유한 국가가 된 남한이 책임질 문제인 만큼, 미군 장병들이 한국에 주둔하면서 목숨을 걸어야 할 필요가 없다는 주장을 계속한다. 밴도우 연구원의 주장은 한국 처지에서 본다면 매우 편협하고 불쾌한 것일 수 있지만, 미국식 사고방식에서는 충분히 가능한 것이고 동조하는 사람도 일부 있다.

문제는 밴도우 연구원의 주장이 한국에서 보수 또는 진보 진영의 논리에 끼워 맞추기 식으로 사용되면서 과도하게 의미를 부여하게 되고 이를 미국 학계의 주요 여론으로 확대 해석한다는 점이다. 밴도우 연구원의 주장을 활용해 한국 정부 정책에 실망한 미국이 주한미군을 철수하려는 움직임이 있다고 전하면서 공포에 질리거나, 혹은 미국도 주한미군 철수에 동의한다면서 미군철수를 관철하려는 주장 모두 상황을 과장하면서 호들갑을 떤다는 비판에서 자유로울 수 없다. 밴도우 연구원의 주장은 미국에서 제기되는 다양한 의견 가운데 하나로 이해해야 한다.

정부와 의회 '핵심적인 1차 취재원'

미국에서 북한 뉴스의 원천은 백악관이나 국무부 등 행정부와 의회라고 볼 수 있다. 미국 행정부 조직은 대부분 대변인 정례 브리핑을 비롯해 다양한 기자 접촉과 정책 설명회를 통해 정부 정책을 알리는 데 노력한다. 최근에는 공식 브리핑을 인터넷으로 생중계하고, 브리핑이 끝난 뒤 2~3시간 뒤에는 발언록까지 공개하기 때문에 예전보다 훨씬 취재가 쉬워졌다. 미국 의회도 북한 뉴스와 관련해 중요한 1차 취재원이다. 특히 미국 의회 청문회는 공개된 행사고, 자주 열린다는 점에서 주목할 대상이다. 또 미국 의회 기관인 조사국 보고서가 수시로 나오는데, 내용이 매우 충실해서 북한 뉴스 담당자들은 신뢰할 수 있는 자료로 사용할 수 있다.

백악관

북한 뉴스와 관련 가장 중요한 취재 대상 가운데 하나가 바로 백악관이다. 북한 문제의 중대 변수가 되는 인사가 미국 대통령이고, 미국 대통령이 근무하는 곳이 백악관이기 때문이다. 백악관을 취재하는 것은 결국 미국 대통령이 북한 문제와 관련해 정책 결정을 내린 결과나 정책 결정 방향을 시사하는 발언 또는 행동을 파악하는 것을 의미한다. 그렇지만 미국 대통령은 엄중한 경호를 받고 있고 매우 바쁘게 시간을 보내는 만큼 언론인의 접근이 쉽지 않다. 또 미국 대통령은 미국인의 대통령이기 때문에 국내정치에 더 많은 관심을 보이고, 외교정책에는 그 정도의 시간을 투입하지는 않는다. 거칠게 분류하자면 국내정치에 투입하는 에너지를 80%, 외교정책을 20% 정도로 보면 현실과 비슷하게 부합할 것이다. 외교정책 중에서도 미국 대통령의 관심사를 보면, 물론 전쟁이라는 예외적 상황이 존재하지만 오랫동안 중동이나 테러 대응, 중국 견제, 러시아 관리, 영국 등 유럽의 동맹국가 협력, 한국과 일본 등 아·태지역 동맹 관리, 무역과 투자질서 유지 등에 쏠려 있었다.

북한 문제는 주요 현안 다음 선상에 위치하거나 혹은 중국 견제 및 한·미·일 3국 협력 관리의 하위 요소로 보는 것이 적절하다. 이 와중에 미국 대통령이 북한 문제에 대해 무슨 생각을 하고 어떠한 결정을 내렸는지 확인하는 것은 쉬운 일이 아니다. 더구나 한국에서 미국 대통령의 정책 결정 및 발언에 대한 관심은 속칭 '메가톤급'이기 때문에 취재 환경과 보도의 비중 사이에 간극이 매우 크다는 점을 알 수 있다. 이러한 사정 때문에 백악관 취재와 보도에는 몇 가지 어려움이 있다는 것을 인지해야 한다.

첫째, 미국 대통령에게 한국이나 북한 문제는 극히 부분적인 요소라는 사실이다. 이에 따라 미국 대통령은 북한 문제에 대해 잘 알지 못하는 상황이 조성된다. 둘째, 미국 대통령이 선호하는 방안이 있다고 해도 의회 반응 등 제약이 존재하기 때문에 대통령 의향대로 상황이 전개되지 않을 수 있다는 사실이다. 미국 대통령이 결정한다고 해도 현실로 관철되지 않을 가능성이 있다는 것이다. 셋째, 미국 대통령은 북한 등 한반도 문제에 있어 한국과 동맹관계를 원만하게 관리한다는 차원으로 한국 정부의 의사를 최대한 존중한다는 점이다. 미국 대통령이 말을 했지만 실제로는 한국 대통령이 원하는 대로 발언했을 가능성도 충분히 있다.

미국 대통령의 결정 사항이나 발언 내용은 공개 행사가 아니라면 주로 백악관 대변인을 통해 전해진다. 백악관 대변인은 거의 매일 오후 1~2시쯤 정례 기자 브리핑을 진행한다. 브리핑이 시작되면 사전에 준비한 내용을 낭독하고, 기자 질문에 답변하는 방식으로 진행한다. 짧으면 30분 이내로 끝나기도 하고, 길면 1시간을 넘기는 경우도 있다. 브리핑은 인터넷 백악관 홈페이지를 통해 생중계된다. 브리핑 내용도 2~3시간이 지나면 녹취록을 홈페이지에 올리기 때문에 정확한 발언 확인이 필요한 경우 큰 도움이 된다.

백악관이 제공하는 공식 발언록 외에 FNS(Federal News Service)라는 녹취록 제공 서비스가 있다. 1985년 출범한 FNS는 워싱턴 행정부와 의회, 싱크탱크, TV 대담 프로그램 등에서 유명 인사들의 발언록을 만들어 유료로 판매하는 서비스다. 대체로 회원제로 운영하는데, 회비 규모에 따라 접근 범위를 달리하는 방법으로 관리한다. 장점은 영어가 익숙하지 않은 외국인 입장에서 정확한 발언 내용을 확인할 수 있다는 것이다. 또한 동시에 다른 장소에서 열리는 행사를 취재할 수 없다는 한계를 극복할 수 있다는 점에서 도움이 될 수 있다. 단점은 회비가 비싼 편이어서 개인적으로 이용하기에 부담이 있다. 예를 들어 2013년 당시

기준으로 기본형 서비스 회원의 경우 월 회비는 약 500달러, 약 60만 원 수준이었다. 기본형 가입자에게 제공하는 서비스는 백악관과 국무부, 국방부 브리핑에 대한 녹취록 웹사이트에 접근하는 정도다. 한 등급이 높으면 회비도 올라가면서 미국 의회 청문회 녹취록에 접근할 수 있고, 또 한 등급이 높아지면 다시 회비가 올라가고 싱크탱크 세미나 녹취록이나 텔레비전 대담 프로그램 녹취록 등을 제공하는 방식이다.

백악관 기자 브리핑 주제는 주로 국내정치 현안이다. 전쟁 발발이나 전쟁에 준하는 상황이 발생하면 일시적으로 외교 현안이 주요 관심사가 되기도 하지만, 백악관의 주요 관심사는 국내정치와 경제, 사회 문제다. 때로는 1시간 동안 백악관 브리핑이 이어져도 외교 현안에 대해서는 대변인이 한 마디도 언급하지 않는 경우도 있다. 백악관 브리핑에는 기자라면 누구라도 들어갈 수 있다. 다만 외국인 기자의 경우 처음으로 브리핑에 참석하는 경우 복잡한 신원보증 문서를 국무부 담당 부서에 제출하는 절차를 진행해야 하고, 건물에 들어갈 때마다 검색이 매우 까다롭고 복잡하다. 미국 주류 언론사 백악관 출입 기자들은 상시 출입증을 부여받는데, 출입증을 받으려면 일정한 기간 동안 꾸준히 백악관 출입을 해야 한다. 예를 들어 최소 두 달 동안 1주일에 3일 이상 브리핑에 참석한 뒤에 상시 출입증 발급을 신청할 수 있다.

어렵게 상시 출입증을 받아 브리핑에 참석한다고 해도 브리핑룸에 앉을 자리가 있는 것은 아니다. 백악관 브리핑룸에는 자리가 49석 있는데, 기존의 출석 실적 등을 감안해 기자단에서 각 언론사에 자리를 배정한다. 자리 가운데 대부분은 주인이 정해져 있고, 외국 언론사 기자나 지방 언론사 기자가 앉을 수 있는 자리는 1석 정도만 남아 있는 경우가 대부분이라 특별한 일이 아니라면 브리핑 시간 내내 서 있어야 한다. 브리핑이 시작되면 대체로 미국의 유명 언론사 기자들이 질문 경쟁에 나서고 백악관 대변인도 주로 유명 기자들에게 주목하기 때문에 처음 보는 기자가 질문 기회를 얻는 장면은 자주 발생하지 않는다. 이러한 배경 때문에 외국 특파원들은 별 일이 없다면 대부분 인터넷 생중계를 시청하고, 발언록을 확인해서 기사를 처리하고 있다.

인터넷 생중계로 백악관 취재를 대신하고, 미국 대통령의 대북정책 문제를 보도하는 것이 아쉬울 수 있다. 그렇지만 현실적으로 이조차도 쉬운 일은 아니다. 백악관 대변인이 브리핑을 하는 동안 북한 문제를 다룰 가능성은 일반적으로 크지 않다. 주의를 기울이면서 브리핑을 들어봐도 한참이 지나도록 북한이나 한반도 문제에 관해 한 마디도 나오지 않는 경우가 대부분이다. 물론 2017년 들어 상당히 바뀐 것은 사실이지만, 일시적인 현상인지 구조적인 현상인지 판단하기에 충분한 시간이 지나지 않았다. 기본적으로는 백악관 브리핑에서 중요한 주제는 국내정치와 경제, 사회 문제고 외교정책은 후순위로 밀린다. 어렵게 북한 관련 메시지가 나온다고 해도 내용을 보면 원칙론을 재확인하는 수준의 발언이라 실망스러운 경우가 많다. 그렇지만 새로운 단어가 사용되었거나 기존에 사용하던 단어가 제외된 것에 주목해서 의미를 부여하는 등의 노력으로 미국의 대북정책을 소개하는 경우가 적지 않다.

미국 대통령이나 백악관 대변인의 말이라고 해서 무조건 의미를 부여해 기사화해야 한다는 심리적 부담은 한국 기자라면 누구나 가질 수 있다. 그렇지만 미국 대통령이 북한이나 한반도에 대해 별다른 생각 없이 한 마디만 하면 갖가지 의미를 붙여서 대서특필하는 것은 그야말로 부질없는 것인데 우리 언론이 수십 년 동안 그러한 경향을 보여 왔다는 점에 자괴감을 느끼지 않을 수 없다. 미국 대통령을 중심으로 미국 행정부가 북한이나 한반도 문제에 대해 어떠한 정책을 전개하는지 기자의 입장에서 잘 챙기는 것은 당연하지만, 과도하게 의미를 부여하는 것은 언론의 자존심 차원에서 이제는 자제할 때가 되었다는 생각을 해본다.

한편 도널드 트럼프 대통령의 경우 트위터를 사용해 국민과 소통하는 방식을 택하고 있다. 이는 미국 대통령으로서 극히 이례적인 것이고 부작용도 상당히 많이 발생하고 있지만, 트럼프 대통령은 오히려 더욱 활발하게 트위터를 사용하는 특성을 보이고 있다. 대통령 결정과 발언을 취재해야 하는 기자 입장에서 특히 외국인 기자 처지에서 본다면 트럼프 대통령의 트위터는 반가운 의사소통 방식이라고 볼 수 있다. 외국인 기자와 자국 기자는 본질적으로 취재원에 대한 접근에서 엄청난 격차가 나기 마련인데, 트위터가 소통 수단이라면 자국인과 외국인 사이에 격차가 없어지게 된다.

트럼프 대통령이 트위터를 사용하는 이유는 미국 주류 언론이 항상 취재원 발언 왜곡을 일삼으면서 여론을 제대로 전달하지 않는다는 불만 때문인 것으로 알려져 있다. 그러나 트위터를 사용할 경우 대통령이 개인 판단으로 문장을 만들다 보니, 실언할 가능성이 높다. 대통령은 특정 개인이나 그룹을 상대하는 사람이 아니라 3억 명이 넘는 미국인은 물론 70억 명의 지구촌 사람들과 의사소통을 해야 하는 상황도 있다. 갖가지 이해관계가 복잡하게 얽힌 청중들을 상대로 발언하면서 자상하고 세밀한 배려를 하지 않을 경우 불필요하게 상처를 입는 개인이나 세력이 생겨날 수 있다.

대통령의 실언은 국내외적으로 잘못된 메시지를 전달하면서 불필요한 반응을 만들고 중대한 손실을 유발할 가능성이 높으며 손실이 발생해도 원상복구가 어렵다. 이에 반해 대통령 참모들이 대통령 발언을 대신 전달하는 것은 실수가 발생해도 대변한 사람을 문책하는 것으로 사태 수습 기회가 있다. 물론 대통령이 직접 메시지를 발신해야 할 상황도 있을 것이다. TV로 생중계되는 기자회견에서 즉흥적으로 답변을 해야 하는 경우인데 이러한 상황이라도 참모들이 사전에 메시지를 치밀하게 준비하여 실수가 나지 않도록 관리하는 것이 대부분이다.

앞서 지적했지만, 백악관에서 나오는 미국 대통령의 북한 관련 메시지는 전통적으로 매우 간략하게 처리되고, 철저하게 미국 국가이익에 기반한 접근법이었다. 트럼프 대통령은 취임 이후 북한에 대해 자주 발언했지만, 대체르 북한이나 한반도 상황의 특수성에 대한 이해가 매우 부족하고 왜곡된 인식을 반영하고 있다는 점에서 충격적일 정도로 실망스러운 것이 사실이다. 트럼프 대통령은 당선 이전에도 북한 문제에 대해 "중국이 결심하면 즉시 해결된다"면서 "자신이 대통령이 되면 중국을 압박해서 북핵 문제를 금방 풀 수 있다"고 장담한 바 있다. 그렇지만 취임 후 3개월 만에 시진핑 중국 국가주석과 회담한 뒤에는 10분 동안 시 주석의 설명을 들은 결과 "북한 문제를 풀기 어렵다는 점을 이해하게 됐다"면서 극적으로 인식이 전환됐음을 보여줬다.

그러나 이후에도 트럼프 대통령은 북한이 '화염과 분노'를 맞을 것이라거나, '완전히 파괴'라는 단어를 사용하는 등 북한에 대한 군사적 공격 가능성을 심각하게 시사하다가 다른 상황에서는 북한 김정은과 대화할 수 있다면 영광으로 생각하겠다면서 초강대국 미국의 대통령으로서 절대로 할 수 없는 굴욕적인 발언도 거침없이 이어갔다. 이러한 발언들은 북한 문제의 복잡성에 대해 전혀 이해하지 못하고 있음을 보여주는 것이다. 그만큼 미국 행정부가 북한에 대한 이해 수준이 심각하게 부족한 상태에서 정책을 전개한다는 것을 보여주는 것으로 2017년 12월 기준으로 지금의 대북정책 기조가 유지된다면, 실패할 것이라는 점을 강하게 시사하는 것이다.

국무부

미국에서 백악관이 국무부보다 상급 기관이지만, 북한 뉴스와 관련해서는 국무부가 더 중요하다고 볼 수 있다. 미국 행정부 차원에서 구체적으로 북한 문제에 대한 종합적인 정책 검토와 집행을 담당하는 곳이기 때문이다. 서울에서 흔히 미국을 주어로 토론을 진행할 경우 미국에 해당하는 구체적인 기관이 바로 미국 국무부다. 국무부는 초강대국 미국의 외교정책을 담당하는 조직으로 매우 거대한 규모를 가진다. 외국 근무 전담 외교관이 1만3천 명이고, 미국 국내 근무 직원이 1만1천 명이다. 외국 공관에서 채용한 현지 직원은 4만5천 명으로 모두 더하면

6만9천 명 수준이다. 직원 규모가 2,200명 정도인 우리나라 외교부를 생각하면 비교가 되지 않는다.

국무부는 미국에서 유서 깊은 정부 조직이다. 조지 워싱턴 초대 대통령 주도로 건국한 미국이 1789년 7월 최초로 구성한 내각 부서였다. 한동안 미국 행정부에는 국무부와 재무부 두 부서밖에 없었다. 국무부는 당초 외무부로 출범했지만, 재무부 담당 업무 외에 여러 국내 공무를 담당해야 할 필요성 때문에 출범 두 달 만인 1789년 9월 국무부로 개칭하고 임무와 기능도 확대, 변경했다. 출범 당시에는 총 직원 수가 5명으로 그야말로 미미한 조직이었지만, 연방정부가 커지고, 기능이 분화하는 현상이 나타나면서 주로 외교 업무에 집중하게 되었다. 일부에서는 미국이 외교부 명칭을 사용하지 않고, 국무부 명칭을 사용하는 것은 제국주의적 오만함의 결과로 보는 경우가 있는데, 이는 국무부 역사를 살펴보면 사실이 아니다. 단지 재무부가 담당하지 않는 연방정부 사무를 종합적으로 담당했기 때문에 국무부라는 이름을 사용한 것이다. 초기 국무부 기능은 대부분 다른 부처로 분리됐지만, 아직도 국무부는 여러 다른 국가 공무 가운데 일부를 담당하고 있다. 예를 들어서 연방정부 직인 관리는 여전히 국무부 소관이다.

미국 국무부에서 북한 문제를 구체적으로 다루는 관료는 전통적으로 동아시아태평양(동아태) 담당 차관보다. 장관이나 부장관, 차관 등 고위 간부들이 국무부를 대표해 자주 활동하지만, 고위 간부 중에서도 구체적인 정책 검토나 준비 과정 참가 등 실무 진행을 겸하는 당국자는 차관보라고 할 수 있다. 동아태 차관보는 2003년 8월 북핵 문제 해결을 위한 6자회담이 출범하면서 6자회담 미국 정부 수석대표를 겸하게 됐다. 2005년 초부터 동아태 차관보를 역임한 크리스토퍼 힐은 그 해에 6자회담 수석대표로 9·19공동성명을 채택하는 등 협상가로서 발군의 역량을 보이기도 했다.

2009년에는 당시 힐러리 클린턴 미국 국무장관이 대북정책 특별대표라는 자리를 새로 설치하고, 대북정책과 관련한 종합적인 대응을 담당하는 관료로 지정했다. 초대 대북정책 특별대표는 스티븐 보즈워스 전 주한 미국대사였다. 클린턴 전 장관이 대북정책 특별대표 자리를 설치한 것은 북한 문제와 관련해 불편한 처지에 놓인 조건을 무마하기 위한 방편이었다. 2009년 1월 출범한 버락 오바마 행정부가 북한에 대한 관여정책을 긍정적으로 검토했지만, 한국의 이명박 대통령이 북한에 대한 강경정책을 구사하고 있었기 때문에 한·미 간 대북정책의 엇박자를 우려해야 하는 상황이 발생했다. 이에 따라 오바마 행정부는 상황을 관망하는 태도를 취했지만, 한국과 미국에서 북한에 대한 관여정책이 필요하다는 주장이 지속적으로 제기되어 진퇴양난에 빠진 것이다.

이런 상황에서 클린턴 전 장관은 대북정책 특별대표를 설치해 북한에 대한 관여를 하는 것처럼 보이고, 실제로는 한국 정부와 보조를 맞추면서 '전략적 인내'로 알려진 방관자 정책을 채택한 것이다. 한편 대북정책 특별대표가 생기면서 6자회담 수석대표는 동아태 차관보가 겸하던 제도를 바꿔 별도의 인사를 임명하도록 했다. 그래서 북한 문제를 담당하는 미국 국무부 고위 당국자는 2009년 이후 3인으로 늘어난 상황이다.

국무부 취재도 백악관 취재와 기본적으로 비슷하다. 국무부 대변인이 매일 오후 12~1시 사이에 정례 브리핑을 하고, 이를 통해 미국 정부 입장을 확인하게 된다. 국무부 대변인 브리핑도 30분~1시간 정도 진행되는데, 당연히 외교정책 문제를 다루기 때문에 한국이나 북한 문제가 거론될 가능성이 있다. 그렇지만 2017년 초 이전까지도 북한 문제는 중동이나 러시아, 중국 등에 비하면 관심도가 매우 낮았다. 브리핑 자리에서 한국에 대한 질문이 나오는 경우는 거의 없다고 보면 된다. 물론 이것이 한국의 위상이 낮음을 의미하는 것은 아니다. 다른 나라의 경우도 마찬가지다. 영국이나 프랑스, 독일, 일본 등 다른 선진국의 경우도 국무부 대변인 정례 브리핑 시간에 거론되는 경우가 거의 없다. 기자들이 관심을 갖는 외교 현안은 갈등 상황이 많은데 선진국이면서 우방국인 경우 갈등 상황을 노출하는 경우가 거의 없기 때문이다.

국무부의 경우도 국무부 브리핑룸에 직접 가는 것이 쉽지 않다. 브리핑 시간이 정오 쯤이라 각종 오찬 약속과 겹치는 경우가 많다. 국무부 건물은 백악관 근처나 미국 연방정부나 워싱턴 시 정부 건물이 밀집한 구역인 '페더럴 트라이앵글'이 아니라, 조지워싱턴대학교 근처에 홀로 떨어져 있고 주변에 주차하는 것도 어려워 택시 등을 이용해야 한다. 이러한 조건에서 국무부도 인터넷을 통해 브리핑 생중계 서비스를 제공하기 때문에 기자들이나 외교정책 전문가 상당수는 생중계를 보면서 국무부 입장을 이해하는 경우가 많다. 국무부도 대변인 정례 브리핑 내용을 2~3시간 정도 지난 뒤 인터넷 홈페이지에 게재하기 때문에 영어에 익숙하지 않은 외국인에게 매우 유용한 자료가 된다.

이와 별도로 국무부 동아태국에는 언론인의 개별적 문의에 답변을 담당하는 직원도 있다. 주로 특파원이 이메일로 담당 직원에게 특정한 외교 현안에 대한 미국 정부 입장을 문의하면 때로는 즉시, 때로는 이틀이나 사흘 뒤 이메일 답변이 온다. 그러면 언론에서는 동아태국 아무개 대변인 발언이나 논평으로 보도하게 되는데, 실제로는 동아태국 대변인이라는 직제가 있는 것도 아니고, 담당 직원 또한 대변인이 아니다. 다만 미국 행정부 외교정책과 관련한 언론 질문에 대해 정부 입장을 대변하기 때문에 대변인이라는 용어를 일반명사 차원에서 사용하는 것이다.

국무부의 경우는 백악관과 달리 동아태 차관보나 대북정책 특별대표가 특별 브리핑을 주재하는 경우가 자주 있다. 동아태 차관보의 경우는 외신 기자들이 주로 상주하는 '내셔널 프레스 클럽' 건물에 위치한 국무부 외신기자 전용 브리핑룸을 방문하는 경우가 자주 있다. 미국 대통령이 아시아 지역을 방문하는 경우 대통령 방문과 관련한 준비 상황을 자세히 설명하는 것도 동아태 차관보의 몫이다. 이런 경우는 백악관 NSC, 즉 국가안전보장회의 부보좌관이나 해당 지역 담당 선임 국장들이 브리핑에 참석하기도 한다. 이러한 특별 브리핑은 공식적으로 진행하기도 하지만 전화 회의 형식을 이용하고 정책을 설명하는 당국자가 누구인지 밝히지 않는 상황에서 일종의 백그라운드 브리핑을 진행하기도 한다. 이러한 경우에도 동아태 차관보나 백악관 부보좌관, 또는 선임 국장이 나오지만, 이름을 밝히지 않고 전화로 대화를 주고 받기 때문에 익명의 당국자가 말했다는 식으로 기사가 처리된다.

동아태 차관보는 1년에 한 번 정도 외신기자들을 지역별로 나눠 국무부 초청 행사를 주재하기도 한다. 이러한 기회에 동아태 차관보와 격의 없이 대화를 나눌 수 있다. 대북정책 특별대표의 경우 한국이나 일본에서 온 특파원들을 국무부로 초청해 '오프 더 레코드'(off-the-record) 간담회, 즉 간담회에서 오간 내용을 보도하지 않는다는 조건으로 면담 행사를 주재하고는 한다. 회의실 자리가 비좁아서 특파원 모두를 초청하지 못하는 상황도 있다. 2014년까지 대북정책 특별대표를 지낸 글린 데이비스와 후임인 성 김 특별대표는 대체로 3개월에 1회 정도 한국과 일본 특파원 일부를 초청해 간담회를 했다. 간담회에서는 매우 솔직한 대화와 토론이 오갔기 때문에 미국 외교정책에 대한 이해를 크게 높이는 계기가 될 수 있다.

연방의회

워싱턴에서 북한 뉴스가 가장 활발하게 발생하는 장소는 싱크탱크가 산재한 '케이 스트리트'나 '듀퐁 서클' 근처가 아니라 미국 의회 청문회장이다. 미국 상원과 하원의 외교위원회나 군사위원회, 정보위원회는 쉴 새 없이 국무부와 국방부, 정보 당국 간부들을 불러서 북한 문제 관련 현황에 대한 질문을 쏟아낸다. 평균적으로 1주일에 1회 정도는 미국 의회에서 차관보 이상의 고위 당국자가 증언하는 북한 관련 청문회를 진행한다고 보면 된다. 다만 의원들의 질문이 한국 언론인 처지에서 보면 매우 조악한 수준이고, 그러다보니 답변도 허망한 경우가 많아 청문회를 지켜보는 것은 매우 지루하고, 고역스러운 경우가 많다. 그렇지만 장관이나 부장관, 차관, 차관보가 1시간 이상 연방의원들의 시시콜콜한 질문에 답변하는 과정에서 뉴스거리를 발견할 가능성이 적지 않고, 그렇지 않더라도 지식 축적의 기회라는 점에서 유용하다. 무엇보다 동일한 주제와 질문에 대한 행정부 고위 당국자들의 답변이 과거와 불일치하는 상황을 짚어내는 것이 흥미로운 과제가 될 수 있다.

북한 뉴스를 담당하는 언론인들이 미국 의회 청문회를 관찰하면서 유의할 것은 새로운 사실을 알아내는 것보다는 미국 행정부의 대북정책에 대한 큰 그림을 확인하는 기회가 된다는 것이다. 그리고 그들이 사용하는 용어에 익숙해질 수 있고, 전제 인식 등을 유추할 수 있다는 점에서 유용하다. 청문회장은 공개된 장소이기 때문에 가능하다면 현장에 가는 것이 좋을 것이다. 그러나 서울에서 북한 뉴스를 담당해야 할 조건이라면 미국 의회 인터넷 홈페이지를 활용하는 것이 편리하다. 미국 상원과 하원은 대부분의 청문회를 생중계하고 있고, 화질도 나쁘지 않다. 〈C-SPAN〉 역시 중요한 관심사를 다루는 청문회의 경우 생중계를 제공하기 때문에 청문회 일정을 파악한 뒤 〈C-SPAN〉 방송 일정을 체크하는 것도 도움이 될 것이다.

북한 문제와 관련해 미국 의회 청문회가 일종의 '장마당' 역할을 한다면, 미국 의회조사국이 발행하는 보고서(CRS Report)는 매우 유용한 참고서 역할을 한다. 의회조사국은 미국 의회 정책 보좌 기구로, 특정 정당에 소속되지 않으며 초당적 위상을 지닌다. 소속 직원은 600여 명으로 그 중 400명 이상이 특정 정책 분야에 전문성을 가진 연구원, 분석가, 변호사 등으로 구성된다. 이들은 연간 평균 700여 편의 다양한 정책 보고서를 생산해 상원과 하원 의원, 보좌진에 공급한다. 이들이 작성하는 보고서는 현안에 대한 기존의 주요 정보는 물론, 새로 주목을 받는 정보도 빼곡하게 제공하면서도 문장 사용이나 서술 형식은 매우 간결한 것이 특징이다. 의원들이나 보좌관들이 짧은 시간에 읽고 정확하게 상황을 파악해 정책 대안 결정을 쉽게 하도록 돕는 것을 지상 과제로 여긴다. 북한에 관한 보고서도 자주 나오는데, 평균적으로 보면 분기별로 한 번 정도, 연간 4번 이상 나오는 것으로 보면 된다. 핵과 미사일을 포함한 북한의 군사력 현황 보고서나, 북한 지도부 현황 보고, 남북관계 현황 보고 등 현안에 대한 신뢰할 만한 자료를 제공하기 때문에, 논의 흐름이나 정책 대안 파악 차원에서 매우 유용하다.

2

중국·일본과 북한 뉴스

북·중관계와 중국 내 북한 뉴스 유통

북한과 중국은 서로 불편한 우방국이다. 중국의 최고지도부를 위시한 당국 차원에서 보면, 북한의 새로운 지도자 김정은 노동당 위원장은 중국의 충고를 전혀 듣지 않는 막무가내다. 중국이 결연하게 반대하는 핵무기 개발을 거침없이 진행하는 골칫덩어리라 볼 수 있다. 특히 미국에서 도널드 트럼프 대통령이 들어서고, 북핵 문제 해결에 중국이 적극 나설 것을 요구하는 상황은 시진핑 중국 국가주석에게 매우 불편한 일이다. 북한이 핵과 미사일 도발을 할 때마다 트럼프 대통령은 중국을 압박하는 발언과 조치를 취하기 때문에 중국이 북한 대신 매를 맞는 꼴이 되고 있다.

그러나 북한 처지에서 본다면, 오히려 중국이 문제를 일으킨 장본인이다. 북한은 중국이 1992년 북한의 반대를 무시하고, 한국과 외교관계를 수립하면서 혈맹국을 국제사회에서 고립시키는 배신행위를 저질렀다고 본다. 2006년 7월 북한의 탄도미사일 발사와 10월 제1차 핵실험 이후, 중국은 유엔 안전보장이사회 대북제재 결의안에 찬성했고, 북한은 중국을 다시 상종하기 어려운 배신자로 낙인찍었다. 2011년 12월 김정은 위원장이 제3대 지도자로 들어선 이후에도 중국은 북핵 문제과 관련해 북한 편을 들기보다는 대북압박을 강화하는 미국과 추종국들의 주장에 동조했다. 북한이 중국의 도움을 받지 못하는 상황에서 강대국 미국과 군사적으로 맞서고 있는 구도 아래 핵무기 같은 자위력을 갖추는 것은 불가피한 일이라고 주장한다. 1992년 이후 북한과 중국의 불편한 관계는 구조적으로 달라지지 않았다.

중국에서 북한 뉴스도 불편한 소재다. 북한과 중국이 불편한 관계라는 요소와 함께 중국 언론에 여전히 사회주의체제 특성이 남아 있다는 점이 더해지면서 일어나는 현상이다. 중국이 개혁·개방 정책을 채택한 것은 1978년이 기점이지만, 정치적으로는 중국 특색의 사회주의제도를 고수하고 있고, 이에 따라 언론의 임무와 역할도 영향을 받는다. 사회주의국가에서 언론은 당과 국가의 정책을 성공적으로 달성할 수 있도록 협력하는 역할을 담당한다. 당과 국가의 정책을 비난하거나 문제를 제기하는 보도는 자해 행위가 된다. 사회주의국가에서 각종 언론매체는 통제를 받아야 하고, 당과 국가의 선전기관 역할에 충실해야 한다. 자유언론을 중시하는 한국이나 미국의 언론 개념과 매우 다른 접근법이다.

다만 중국이 개혁·개방을 채택한 이후 부분적으로 내부기관별 경쟁체제를 도입했고, 당과 국가의 통제 범위도 줄어들면서 색다른 보도 양상이 나타나는 경우가 많아지고 있다. 한국과 미국 언론과 유사한 특징, 즉 특종이나 단독 기사에 대한 집착, 또는 대규모 반향을 노린 선정적인 보도나 해설도 자주 나타난다. 당과 정부의 통제에서 비롯된 경직성과 언론매체 간 경쟁 과정에서 나타나는 선정성이 동시에 나타나고 있는 것이다.

중국 언론이 변화를 겪고 있지만, 북한 관련 뉴스는 여전히 강력한 통제 대상이다. 북한과 관련한 정보는 당과 국가에서 판단해 공개할 수 있는 것만 공개하고, 나머지는 비보도 원칙을 적용하는 것으로 판단된다. 특히 북한과 중국의 관계는 혈맹이면서도 상호존중이 필요한 관계라는 점에서 보도 통제 필요성이 더 큰 것으로 보인다. 과거 김정일 국방위원장의 중국 방문 일정을 사전에 중국 주재 한국대사관에 전달한 혐의를 받았던 중국 외교부 간부급 관리가 외교부에서 쫓겨나고 혹독한 처벌을 받은 사례가 있다. 이러한 이유로 중국 언론이 공식적으로 보도

하는 북한 뉴스의 질과 양은 자연스럽게 매우 제한적인 경향을 보인다. 다만 중국 언론은 북한 뉴스를 다루면서 나름대로 관행과 특징을 만들어왔고, 그 특징을 이해할 수 있다면 중국 언론 역시 북한을 보다 잘 이해할 수 있는 또 하나의 창으로 분류할 수 있을 것이다.

중국에서도 북한 뉴스는 중국의 국가이익 범위 내에서 움직이고, 정치구조의 영향을 받으면서, 언론 관행을 비롯한 사회적 특성을 반영한다. 가장 큰 특징은 보도 통제가 존재한다는 점이다. 보도 통제가 존재하는 배경 가운데 북한과 중국의 관계가 불편하다는 사실이 깔려 있다. 북한과 중국의 관계 자체가 불편하고, 북한 뉴스는 중국과 한국의 관계, 중국과 미국의 관계에 민감한 영향을 미치기 때문에 중국공산당과 국가 차원에서 보도 통제에 대한 유혹은 피할 수 없다. 특히 사회주의체제에서 언론의 역할이 서방과 다르기 때문에 중국공산당과 정부 지침에 의해 북한 뉴스는 효과적으로 통제되고 있다. 중국 당국이 판단해 적절한 시점과 방식 및 내용으로 보도자료를 배포한다. 외신을 통해 관련 사항이 이미 공개되었다고 해도 중국 언론은 추가 보도를 하지 않거나, 소극적으로 인용 보도를 하는 경우가 많다.

보도 통제 방법 중에서도 중국 내 여론 반응이나 한국 등 외국 정부의 여론 반응을 보고 대응 수위를 조절하는 방식은 알아차리기 어렵게 진행된다. 중국에서 보도 통제를 하는 경우에 포털사이트에서 특정 단어 검색을 차단하는 경우가 있다. 그런데 북한에서 핵실험을 하고 포털사이트에서 김정은 위원장에 대해 '뚱뚱보'라는 욕설이 포함된 댓글이 올라오는데도 며칠 동안 내버려두는 경우가 있다. 이러한 것은 중국 당국이 무조건 언론을 통제하는 것이 아니라 다양한 상황을 염두에 두고 유연하게 대응함을 의미한다. '뚱뚱보 김정은' 욕설과 관련해 일정 기간 내버려둔 것은 1차적으로 중국 당국이 김정은 위원장에 대해 불쾌감을 표현하는 것으로 해석할 수 있다. 그렇지만 이를 끝까지 내버려두지 않고 며칠 지난 뒤에 검색 차단을 적용한 것은 불쾌감 표명이 어느 정도 이뤄진 만큼 북·중 우호관계를 유지해야 할 요소가 더 중요해 진 시점이라는 판단에 따른 것이다.

북한 뉴스의 두 번째 특징은 외교 문제와 관련한 중국 당국의 지침 중 '평화발전' 목표와 부합하는 선에서 보도와 해설이 이뤄진다는 것이다. 평화발전 개념은 1978년 집권한 덩샤오핑이 내건 국가발전 전략의 일부로, 일정 기간 동안 미국 중심의 국제질서에 순응해 전쟁을 피하고 경제발전에 집중하면서 자연스럽게 국가역량을 키워가라는 지침이다. 평화발전 지침에 따라 판단하면 북한이 국제사회의 반대에도 핵·미사일 개발을 강행하는 것은 평화 분위기를 저해하는 것이다. 한국과 미국이 연합군사훈련을 벌이면서 북한을 자극하는 것도 마찬가지로 평화 분위기를 저해하는 것이다. 한국이 북한의 핵과 미사일 위협에 대응하기 위해 주한미군의 사드 미사일 배치를 지지하는 것도 역시 평화 분위기를 저해하는 것이다. 국가와 상황에 따라 다양한 현안이 나타나지만, 중국에서 북한 관련 뉴스는 평화발전 지침에 부합하는 방향으로 다뤄진다. 중국이 국제사회의 대북제재와 압박에 동참하면서도 미국에 대해 군사훈련을 중단하라고 요구하는 것은 평화발전 개념을 중심으로 보면 이중적인 태도가 아니라 일관성을 갖춘 것으로 분석된다.

세 번째 특징은 이른바 '가짜 정보'가 만연하다는 점이다. 강력하고 효과적인 당과 정부 당국의 보도 통제가 존재하는 가운데 공식적이며 공개적으로 사실관계를 확인하는 통로가 제한되면 엉터리 정보원이 활보하게 되고 결국 가짜 정보가 횡행하게 된다. 특히 베이징과 선양, 옌지, 단둥에는 북한을 드나드는 사람들이 집중적으로 모여드는 곳으로, 북한 정보를 원하는 사람들 사이에 '사냥터'가 되고 있다. 북한 관련 정보에 대한 과도한 수요가 발생하고 있고, 수요에 민감하게 반응하면서 돈이나 역정보 유포를 노린 불건전한 공급 현상이 만연하다는 것을 항상 유념해야 한다.

정부기관과 매체 '절제된 표현 이면에 주목'

중국에서 북한 뉴스를 따라잡기 위해서 기초적으로 할 일은 공개 자료를 추적하는 것이다. 북한 뉴스를 공개적으로 공급하는 곳은 외교부다. 매일 오후 4시쯤 대변인이 나서서 정례 브리핑을 제공한다. 외교부 대변인은 북한 문제를 포함한 갖가지 외교 현안에 대해 설명하고 기자들의 질문에 답변한다. 북한 관련 사안도 동일하게 처리한다. 다른 외교 현안과 유사하게 북한 관련 현안에 대해서도 외교부 대변인은 틀에 박힌 문장을 사용하고, 거의 동일한 답변을 반복한다. 하지만 공식으로 확인된 북한 관련 정보라는 차원에서 외교부 정례 브리핑은 북한 뉴스를 다루는 언론이 귀중하게 여겨야 할 기회다.

중국 외교부 대변인이 브리핑을 통해 매번 같은 문장을 반복하지만, 약간씩 다른 점이 있다는 것은 주목할 필요가 있다. 거의 동일한 의미를 가진 문장이지만, 특정한 단어가 들어갔는지 여부에 따라 중국 외교부 정책 변화를 감지할 수 있다. 중국이 단어 하나를 첨삭하는 방식으로 미세하게 메시지를 관리하는 이유는 우선 국가 규모가 크기 때문이다. 국가 규모가 크니 내부 목소리가 다양하고, 목소리가 다양하니 하나의 합의된 문장을 만들어내는 것이 어렵다. 따라서 합의가 가능한 것만 골라내다보니 문장이 건조해지고, 포괄적이며, 모호한 용어를 사용할 수밖에 없다. 일단 합의된 문장이 나오면 이를 바꾸는 것은 더 어렵다. 한 발 더 나아가 처음에 합의가 이뤄질 때까지 관계한 사람은 특정 단어가 포함된 이유와 배제된 이유를 알고 있지만, 일정한 기간이 지나고 나면 그 이유를 알지 못한다. 이러한 경우 특정 단어를 새로 포함하려고 할 때 특정한 이유를 알기 전까지는 유보하는 것이 안전하다고 생각하기 때문에 중국 외교부 대변인의 발언은 매우 보수적이다. 그렇지만 세부적으로는 미세한 차이가 있고, 그 미세한 차이가 바로 북한과 중국 관계의 진행 상황을 반영하는 것이다. 그리고 이를 알아내는 것은 전적으로 기자의 임무다.

다만 중국 외교부 직원들 역시 모든 문제를 정확하게 계산해 대응하지는 못한다. 직원의 개인적인 성향에 따라, 또는 단순한 의사소통 과정에서 발생한 오해에 따라 단어 사용이나, 문장 내용이 다소 달라지는 경우도 있다. 이러한 경우에 과도하게 의미를 부여하여 해석한다면 잘못된 결론을 내릴 수도 있다. 안타깝게도 중국 당국에서는 단어가 변경된 배경에 대해 정확한 계산에 의한 것인지 실수에 의한 것인지 구체적으로 설명하지 않기 때문에 이를 정확히 구분하여 제대로 상황을 파악하는 책임은 기자에게 있다. 중국의 국가이익을 반영해 정확하게 계산된 문장이 약 70%, 실수나 오해 등으로 발생한 예외적인 상황을 30% 정도로 가정한다면, 큰 실수 없이 중국 외교부 공식 발표 내용을 활용할 수 있을 것이다.

중국에서 국가주석이나 총리, 외교 담당 국무위원이나 외교부장 등 중국 주요 지도자 발언은 매우 정제된 것으로, 외교 문제에 대한 중국 정부의 중요한 원칙이 반영되어 있다는 점을 고려해야 한다. 반드시 외교

문제가 아니더라도 국가 운영에 대한 중요한 지침은 모든 문제에 적용되기 때문에 반드시 연관성을 점검해야 한다. 외교부 대변인이 제기한 발언이든 북핵 문제 해결을 위한 6자회담 중국 정부 수석대표 발언이든, 중국 고위 당국자 발언은 중국공산당의 핵심적 지침 범위 내에서 나오고, 구체적으로 보면 역대급 주요 국가 지도자의 지침을 반영하는 것이다. 중국에서 역대급 주요 국가 지도자는 마오쩌둥이나 덩샤오핑을 말하는 것이지만, 구체적인 행동 지침을 기준으로 본다면 덩샤오핑의 지침이 더 중요하다고 볼 수 있다.

덩샤오핑 지침은 1978년 개혁·개방 정책을 채택한 이후 제시한 것으로 외교 분야에서는 평화발전(平和發展), 도광양회(韜光養晦) 등이 핵심 개념이다. 덩샤오핑의 지침은 마오쩌둥 지도 방식의 한계와 문제점을 극복하는 과정에서 성립한 것이다. 1930년대 대장정 이후 1970년대 중반까지 중국과 공산당 역사는 마오쩌둥의 지도력을 중심으로 진행되었다. 마오쩌둥은 극도의 어려움 속에서 중국공산당을 강건하게 운영하면서 외세를 쫓아내고, 사회주의 이념을 바탕으로 한 민족국가 건설에 성공했으며, 분열에 직면한 다민족 국가의 통합성을 유지하는 공적을 세웠다. 그러나 1960년대 '대약진운동'이나 1970년대까지 진행한 '문화대혁명'은 심대한 인적·물적 피해를 국가와 민족에게 안겼다.

이러한 낭패를 겪는 과정에서 정책 실패의 책임자이면서 동시에 피해자인 덩샤오핑은 마오쩌둥 이후 최고지도자 위상을 확보한 이후 새로운 국가전략 방향을 제시했다. 마오쩌둥이 제시한 전략은 정신적 차원의 정치 운동이나 민중 동원을 활용한 비약적인 국가 발전을 통해 미국과 영국 등 강대국과 대적할 수 있다는 비전이었다. 덩샤오핑은 이러한 접근법을 비현실적인 것으로 판단하고, 사회주의를 고수하면서도 자본주의와 시장경제 요소를 병행하는 중국 특색의 사회주의 건설을 중국이 지향해야 할 과제로 제시했다. 중국 특색의 사회주의 건설에서 외교정책 분야 핵심 지침이 평화발전 전략이고, 구체적인 행동 지침이 바로 '28자 방침'이다.

'28자 방침'의 일부면서, 제목처럼 사용하는 용어가 도광양회다. 덩샤오핑이 제시한 28자는 냉정관찰, 온주진각, 침착응부, 도광양회, 선우장졸, 결부당두, 유소작위(冷靜觀察, 穩住陣脚, 沈着應付, 韜光養晦, 善于藏拙, 決不當頭, 有所作爲)다. '국제정세를 냉정하게 관찰하고, 중국 내부역량을 견고하게 관리하고, 침착하게 대처하고, 능력을 과시하기보다는 실력을 차분히 키우고, 능력이 부족한 듯 저자세를 유지하는데 능숙해야 하고, 결코 우두머리가 되려고 하지 말고, 다만 꼭 해야 하는 일이 생긴다면 물러서지 말고 처리하라'는 뜻이다. 요약해서 말한다면, 초강대국 미국의 지도력에 직접적으로 도전하지 않고, 미국 중심의 국제질서에 순응하면서 경제발전에 매진하는 환경을 조성하는 것이다. 시진핑 주석이 집권한 이후 주동작위(主動作爲) 용어가 주목을 받고 있지만 '28자 방침'의 마지막 부분인 유소작위에 해당하는 것으로 큰 틀에서 보면 평화발전이나 도광양회 개념에서 벗어나지 않는다.

북한 뉴스를 따라잡기 위해서는 중국 언론을 효과적으로 활용하는 것이 도움이 된다. 중국 언론은 사회주의체제 발전에 기여해야 한다는 차원에서 발생한 경직성과 자본주의와 시장경제 요소가 반영된 경쟁체제에서 나오는 선정성이 공존하고 있다. 중국의 주요 관영 언론매체의 경우 경직성이 두드러지고, 당과 국가의 통제가 당연히 반영된 보도와 해설을 제시하고 있다. 〈신화통신〉과 〈인민일보〉, 〈환구시보〉 등이 대표적이다. 이 가운데 〈신화통신〉이나 〈인민일보〉의 경우 북한 뉴스를 다루면서 매우 절제되고, 엄정한 태도를 보인다. 따라서 중국 외교부의 논평과 마찬가지로 원칙적 입장을 반복하는 경향이 강하고, 미세한 용어 차이나 문장의 추가 또는 배제를 통해 상황 변화를 반영한다.

그러나 〈환구시보〉의 경우 선정적 특성도 자주 작용하는 것으로 평가할 수 있다. 선정성이 강조되면 당과 국가의 보도 지침 범위를 지키는 선에서 선정적 제목이나 주장이 강하게 표출될 수 있다. 이러한 경우 당국의 통제 방향과 범위에 대해 의심을 사는 경우도 적지 않기 때문에 매우 면밀한 분석과 평가가 중요하다. 특히 객관적인 사실 보도 차원보다 의견이나 논평 형태로 북한 뉴스를 처리한다는 점을 중시할 필요가 있다. 논평 형태로 북한 뉴스를 다룰 경우 과장된 표현이 나올 수 있는 만큼, 〈신화통신〉이나 〈인민일보〉 보도와 해설에 적용하는 정밀한 분석 기준보다는 대체적인 분위기나 방향을 제시하는 것으로 해석하는 것이 실수 확률을 줄일 수 있을 것이다.

한편 홍콩을 포함해 중국 본토 외부에 본사를 두고 오랫동안 서방 언론의 특성을 발전시켜온 중국계 언론사들은 중국 당국의 통제 방향과 다른 보도와 해석을 하는 경우가 적지 않다. 〈사우스차이나모닝포스트〉(SCMP)는 중국 정부 정책과 관련해서도 비판적인 보도와 해설을 자주 하고, 북한 뉴스도 이러한 방향에서 다루고 있는 것으로 평가된다. 이와 유사한 언론매체로 〈봉황TV〉가 있다. 〈봉황TV〉는 중국 당국의 통제를 완전히 벗어났다고 볼 수는 없지만 서방 언론과 유사하게 비판적 보도와 해설을 제공한다. 〈사우스차이나모닝포스트〉나 〈봉황TV〉 보도와 해설을 베이징 중심의 관영 언론매체와 비교하면서 중국 당국의 보도 통제 방향과 수위를 추측할 수 있다는 것도 흥미로운 점이다.

한편 북한 뉴스와 관련해 베이징과 선양, 옌지, 단둥이 활발한 도시로 각광을 받는 이유는 북한 사람이나 북한을 다녀온 사람, 또는 북한 사람과 연락하는 사람이 많기 때문이다. 이 가운데 상당수는 기자들과 자주 접촉하면서 주요 정보를 제공하는 경우도 있다. 기자 입장에서는 주요 정보를 입수해서 단독 보도나 특종 보도를 할 기회를 마련한다는 점에서 필요한 작업에 해당한다. 반드시 단독 보도나 특종 보도가 아니라고 할지라도 북한 상황에 대한 이해를 높일 수 있다는 점에서 비공식 정보원을 대상으로 한 접촉 노력은 지속적으로 전개해야 할 것이다. 다만 어떠한 이유에서든 과장되거나 왜곡된 정보, 심지어 날조된 정보가 횡행하고 있다는 점에 대해서는 항상 유의할 필요가 있다. 북·중 접경지역에서 취재·보도와 관련한 내용은 4장에서 구체적으로 다뤄진다.

북·일관계와 일본 내 북한 뉴스 유통

일본과 북한의 관계는 적대적 공생의 특성이 강하다. 적대관계라는 것은 북한 처지에서 보면, 과거 일제 침략으로 발생한 주권침해와 재산손실 문제가 해결되지 않았고, 흉포한 제국주의 강대국의 표본으로 일본을 자주 거론하기 때문이다. 또한 북한이 현재 주적으로 규정하고 있는 미국과 일본이 군사적 동맹관계이고, 미국과 일본의 군대는 북한과의 전쟁을 상정한 대비를 하고 있기 때문에 적대관계라는 점은 분명하다. 일본 처지에서 본다고 해도 핵과 미사일을 개발하고, 수시로 일본을 위협하며, 일본의 군사적 동맹국가인 미국에 대해 극단적인 대결 의지를 밝히기 때문에 북한을 적대국으로 분류하고 있다.

그러나 두 나라는 일면 공생관계의 특징도 보인다. 북한은 오랫동안 일본에 체류 중인 재일동포를 외부 세계와 소통하는 하나의 수단으로 활용해왔다. 친북 성향의 재일동포들은 오랫동안 북한 경제를 뒷받침하는 협력 세력이기도 했다. 일본 내 사회주의 세력은 1980~1990년대 북한의 외교정책을 도와주는 우군으로 활동했다. 한편 북한과 일본이 수교를 추진할 경우, 북한은 과거 일제 만행의 피해국으로 일본에 대해 대규모 손해배상금, 또는 경제지원 자금을 받아낼 수 있다는 계산을 하고 있기 때문에 잠재적으로 활용가치가 높은 국가다.

일본 처지에서도 북한은 유용한 면이 있다. 일본이 전범국가에서 보통국가로의 회귀라는 국가목표를 추진하는 과정에서 북한은 유용한 명분과 환경을 제공하기 때문이다. 일본이 보통국가로 돌아간다는 것은 미국의 군사적 보호 상태에서 벗어나 스스로 국가방위를 위한 군대를 운용하고, 이를 위해 헌법을 개정함을 의미한다. 군대를 보유하는 보통국가로 체제를 전환하는 과정에서 북한의 명백한 군사적 위협은 일본의 군사력 증강 명분이 된다. 북한이 아니었다면 한국과 중국은 일본이 군사력을 증강하는 조치를 취할 때마다 반대했을 것이고, 일본의 군사력 증강은 상당히 지연되었을 것이다.

일본에서 북한 뉴스가 다뤄지는 방식과 특징은 이러한 적대적 공생관계라는 특성에 영향을 받는다. 북한 뉴스는 적대적인 관계 맥락에서 보면 안보 위협 차원으로 다뤄진다. 1998년 8월 북한이 처음으로 일본 열도를 지나는 로켓을 발사했을 때 일본 사회 전체에서 북한 미사일에 대한 불안감이 형성됐고, 이후 북한의 도발 수위가 높아지면서 불안감의 크기도 증대되는 경향을 보였다. 북한의 핵·미사일 프로그램은 일본 국민의 안보 불안을 자극하고, 나아가 일본이 군대를 보유할 수 없는 정상적이지 않은 국가라는 사실도 상기시키는 특성을 갖고 있다. 이에 따라 북한 뉴스는 궁극적으로 일본이 보통국가가 되어야 한다는 논리의 정당성을 뒷받침하는 근거로 작용한다는 점에서 특별한 의미를 가지고 있다.

일본에서 북한 뉴스는 과잉 수요와 과잉 공급 현상을 파생한다. 북한이 2017년 들어 홋카이도 등 일본 열도를 지나가는 탄도미사일을 발사하자, 일본에서는 유사 상황 발생 시 지진 경보에 준한 수준으로 주민들에 대한 대피 경고를 시작했다. 실제 북한 미사일 공격에 대비한 대피 훈련이 벌어지고 있고, 심지어 미사일 발사 방향과 거리가 먼 일본 남부 지방에서도 대피 훈련이 벌어지는 일이 발생하고 있다. 북한이 미사일을 발사하면 일본 TV에서는 긴급 특별 보도를 편성해 집중적인 보도와 해설을 하는 것은 물론, 종합 엔터테인먼트 성격의 토크쇼 프로그램에서도 북한 뉴스가 주요 화제로 자리매김하고 있다.

북한 뉴스가 일본에서 매우 민감한 소재라는 특성은 일본 국내정치에도 큰 영향을 미치고 있다. 아베 신조 일본 총리는 심각한 수준으로 악화되고 있는 북한의 핵·미사일 문제로 인해 가장 큰 이득을 본 정치인이다. 아베 총리는 국내적으로 다양한 스캔들에 시달렸지만, 북한의 핵·미사일 도발 뉴스가 확산하면서 이를 극복하는 양상을 보여 왔다. 2017년 10월 중의원 선거에서 아베 총리가 압도적인 승리를 거둔 것은 북한의 핵·미사일 도발로 조성된 비상시국 인식이 일본 사회에 확산되었기 때문이다.

아베 총리 내각이 북한의 핵·미사일 도발을 국내정치 차원에서 기민하게 활용하는 양상은 자주 발견된다. 북한의 화성-15형 탄도미사일 발사가 있었던 2017년 11월 29일 새벽 스가 요시히데 일본 관방장관은 오전 4시에 기자회견을 열어 북한의 미사일 발사 사실을 알렸다. 북한이 미사일을 오전 3시 17분에 발사했고, 4시 11분쯤 일본 아오모리현 앞바다에 낙탄한 것을 고려하면, 북한 미사일이 채 떨어지기도 전에 브리핑을 진행한 것이다. 뒤이어 오노데라 이쓰노리 방위상이 곧바로 북한 미사일의 비행 특성에 대해 브리핑 했다. 오노데라 방위상은 이날 4차례에 걸쳐 브리핑을 제공했다.

빈번한 정보유출 '유통경로 확인 필수'

일본 내 북한 뉴스는 국내정치와 만나는 접점에서 정보 유출이 이뤄진다. 일본에서는 북한 최고위층 내부의 은밀한 정보나 군사 정보 등이 자주 보도된다. 앞서 거론한 북한의 화성-15형 탄도미사일 발사와 관련한 보도에서도 정보 유출이 있었던 것으로 추정된다. 일본 언론사들이 전날 저녁부터 북한의 미사일 발사에 대비해 긴급대기 상태에 있었기 때문이다. 일본 언론은 북한의 미사일 발사 직후부터 특집 보도를 시작했고, 새벽 4시에 관방장관 기자회견을 소화하는 등 만반의 대비를 했음을 증명했다. 이외에도 일본 언론을 통해 나오는 북한 뉴스 중에는 북한군 병력과 장비 이동 및 동향이 자주 보도된다. 이것은 일본이 운용하고 있는 정찰 위성이나 동해에 배치된 이지스 구축함에 설치된 레이더 및 도·감청 장비에서 생산한 정보로, 일본 군사 당국이나 정부 당국에서 의도적으로 유출하지 않는다면 확보하기 어려운 정보라는 특성을 갖고 있다.

일본에서 북한 뉴스와 관련해 정보 유출 현상이 존재하는 배경에는 다양한 이유가 있다. 첫째, 정부 당국과 정치권이 안보 위협에 효과적으로 대응하는 모습을 보여야 한다는 인식이 가장 큰 요인으로 꼽힌다. 1998년 북한이 대포동 로켓을 발사한 이후 일본 정부 당국과 집권 세력은 북한의 핵·미사일 위협과 관련해 충분하게 군사 정보를 탐지하고 있고, 효과적으로 대응하고 있다는 이미지를 국민들에게 각인시키는 것을 중대 과제로 삼고 있다. 둘째, 북한 핵과 미사일이 국가적인 비상상황이라는 인식을 만들어 내면서 집권 세력이 국내정치적으로 국민적 지지를 확장하는 수단으로 인식하는 점도 그 이유다. 마지막으로 일본 정부의 정보 유출을 막을 세력이 없다는 것도 중요한 요인이다. 일본이 북한의 핵·미사일 동향과 관련해 사용하는 정보 탐지 자산은 인공위성과 이지스 구축함 등으로 일본 자위대가 운용하고 있는 만큼 일본 정부 당국이 결정하면 정보 유출을 막을 장치는 없다.

이에 반해 한국과 미국은 연합사령부 체제로, 서로 의존하고 있는 정보 분야가 다르기 때문에 군사정보를 국내정치적으로 활용할 경우 동맹국으로부터 심각한 항의를 받을 가능성이 있다. 이에 따라 한국과 미국에서 군사정보 공개는 매우 신중하게 다루는 것이 제도화되어 있다. 특히 한국 정부의 경우 군사정보가 북한을 불필요하게 자극하는 것은 남북관계 관리나 북한의 군사적 위협 관리 측면에서 악영향을 미칠 수 있기 때문에 매우 보수적인 태도를 취한다. 미국 역시 군사정보를 즉각적으로 언론에 공개할 경우 적대 세력에게 정보 탐지 자산의 능력과 특성을 알려주는 역효과나 부작용이 발생한다는 점을 중시하여 매우 신중하게 관리하고 발표하는 관행을 갖고 있다.

그러나 일본은 한국이나 미국 정부 당국이 갖고 있는 고민에서 상대적으로 자유롭고, 오히려 안보 불안에 시달리는 국민을 안심시킨다는 명분과 집권 세력의 정책 성과를 과시하는 차원에서 다양한 형태의 정보 유출이 이뤄지고 있는 것으로 분석된다.

정보 유출과 관련해 일본 언론이 이에 협력하고 있는 양상도 매우 특이하다. 정부의 정보 유출은 정책 성과 호도 가능성에서 문제가 있고, 정치권의 정보 유출은 특정 정파에게만 유리한 상황을 조성할 수 있다는 점에서 일반적으로 금기 사항이다. 그러나 언론사 입장에서는 특종 보도의 기회가 될 수 있기 때문에 정부 당국의 정보 유출 작업을 외면하기 어렵다. 언론사 중에서도 이념적 성향으로 봤을 때 현재 아베 총리 내각의 성향과 유사한 경우에는 더욱 정보 유출 작업에 협력할 개연성이 커질 것이다.

일본에서 북한 뉴스가 유통되는 특징 가운데 가장 두드러진 것은 정부 당국의 정보 유출 현상인 만큼, 정보 유출 구조에 접근하는 것이 일본에서 북한 뉴스를 따라잡는 가장 유용한 방법일 것이다. 정보를 유출하는 사람들은 정부 당국과 집권 세력인 만큼 방위성과 외무성, 총리실과 관방장관실의 고위 관계자와 소통 채널을 확보하는 것이 적절한 방법이다.

한편 일본의 경우 한국이나 중국과 내부적으로 협조해야 하는 경우가 있기 때문에 이를 토대로 상호 협력하는 방법을 활용해 일본 엘리트 사회의 내밀한 정보 유통을 관찰하는 방법도 가능하다. 직접적인 연락선을 확보하지는 못해도 특정 뉴스의 소식통이 누구인지 파악하고, 소식통의 출신에 따라 뉴스의 의미와 배경을 재검토하는 노력이 필요할 것이다.

일본에서 북한 뉴스는 정보 관리 당국의 유출 작업의 결과일 가능성이 있기 때문에 보도 내용에 따라서 뉴스의 생성 배경과 유통 경로를 충분하게 검토할 필요가 있다. 그렇지 않을 경우 뜻하지 않게 누군지도 모르는 사람이나 세력의 의도에 활용당하는 상황이 생길 수 있다. 대체로 정보 유출의 결과로 보이는 보도는 이른바 보통국가 만들기 차원에서 북한의 위협에 대비해 군대 운용이 필요하고 헌법 개정이 필요하다는 인식에 도움을 주는 기사가 많다. 또 일본 국내정치 차원에서 현재 집권 세력이 북한 위협에 대해 효과적이고 적절하게 대응하고 있다는 평가를 유도하기 위한 목적을 지닌 보도도 많다.

언론사마다 성향이 매우 다른 점도 유의할 필요가 있다. 〈마이니치신문〉의 경우 다소 진보적이고, 〈아사히신문〉은 오랫동안 진보적이라는 평가를 받아왔지만 최근 들어 북한 문제에 관해서는 중도적 성향을 지닌다는 평가를 받고 있다. 〈요미우리신문〉은 보수적이라는 평가가 유지되고 있고, 〈산케이신문〉이 극보수라는 평가도 크게 달라지지 않고 있다.

PART 4

비공식 취재원으로 북한을 보다

❶ 접경지역 취재가이드

❷ 북한이탈주민 취재가이드

공용철 〈KBS〉 프로듀서

전남대학교 불어불문학과를 졸업하고, 북한대학원대학교에서 '북한 노동시장 연구'로 석사학위, 동 대학원에서 박사과정을 수료했다. 1990년 1월 〈KBS〉 공채 17기로 입사하여 '추적60분', '역사스페셜' 등을 제작했다. 2002년부터 '〈KBS〉 일요스페셜', '〈KBS〉 스페셜' 등을 통해 북한과 통일 관련 시사다큐멘터리를 주로 제작해오고 있다. 2006년 '통일언론상' 대상, 2016년에 민간통일운동에 기여한 공로로 '국민포장'을 수상했다. 밑바닥으로부터 북한의 변화를 이해하고 주민들의 민심을 제대로 듣기 위해 접경지대에서 수많은 북한 주민들을 만나왔다.

1

접경지역 취재가이드

일본의 대표적인 북한학자인 와다 하루키 도쿄대학교 명예교수는 "1960년대 후반 이후 북한이 철저하게 내부 정보통제에 성공했다"고 평가했다. 북한을 연구해온 학자들은 1967년 여름 박금철을 비롯한 소위 갑산파 숙청 이후 북한 권력 내부가 김일성을 중심으로 항일빨치산파만 살아남았고, 김정일로의 후계구도가 명확해졌다고 지적한다. 권력 내부에 견제 세력이 사라지면서 내부 정보의 유출이 차단된 것이다. 한병진 계명대학교 교수는 북한을 '최소지배연합'이 지배하는 사회로 보고 있다. 수많은 숙청을 통해서 지배 집단을 균질화·최소화 했고, 극심한 경제적 빈곤이 소수의 지배집단을 당-국가에 더욱 의존하게 만들었다는 것이다. 최소화된 지배집단과 정보통제, 이것이 바로 북한 취재가 쉽지 않은 핵심적인 이유이고 남한이든 국제사회든 외부의 창(窓)으로 북한을 제대로 들여다보기 어려운 요인이 된다.

외부의 창으로 북한을 들여다보기 힘든 또 다른 이유는 북한 체제가 외부 세계와 매우 다르기 때문이다. 일본이나 서방 세계는 굳이 가보지 않더라도 각종 매체를 통해 접근 및 이해가 가능하다. 공산당 일당 체제를 유지하는 중국과 베트남도 당 핵심부의 권력 갈등이나 이동, 정책의 변화를 즉각 확인하기는 어렵더라도 시간이 지나면 상당 부분 드러난다. 당 내부의 권력이동 등 핵심적인 내용이 아닌 민생과 관련된 부분은 상당부분 공개되고 취재도 쉽다. SNS가 발달하면서 민심의 표출 수단도 많아졌고, 당-국가의 핵심부도 발 빠르게 민심 변화에 대응하고 있다. 하지만 북한은 다르다. 당-국가의 핵심 정보뿐만 아니라 민생 관련 정책도 대부분 베일에 쌓여있다. 정책의 변화나 내부 여론이 외부로 드러나는 것은 당이 국내외 여론을 설득할 필요가 있을 때다. 정작 외부에서 궁금한 것은 드러나지 않고 북한 당국이 알리고 싶어 하는 것만 공개되는 것이다.

주민들을 통한 북한 취재도 쉽지 않다. 외부 세계에서 북한을 취재하고 싶어도 쉽게 북한에 들어갈 수도 없다. 설사 북한에 들어간다고 해도 주민들을 개인적으로 만날 수 없다. 평양에도 〈AP〉 통신나 〈교도〉 통신,

〈신화사〉 등 소수의 해외매체들이 지국을 운영하고 있지만, 북한 당국이 허용하는 것 외에 독자적으로 주민들을 만나 취재하는 것은 불가능하다. 설사 개인적으로 주민들을 만난다고 해도 당국의 감시원이 동행하지 않는 취재에는 주민들이 응하지 않는다. 2년 동안 북한을 다니면서 영화 'Under the Sun'을 제작한 러시아의 비탈리만스키 감독의 이야기를 새겨들을 만한 가치가 있다. "북한이 극도로 통제된 병영국가라는 것은 어린이들을 보면 알 수 있다. 전 세계를 다니면서 영화 촬영을 해봤는데 거리에 카메라를 설치하고 촬영하면 어린이들이 모여들어 무엇을 찍는지 보고 싶어 한다. 하지만 북한에서는 어린이들이 촬영 내용에 대해 전혀 궁금해 하지 않았고, 카메라 주위에 모여들지도 않았다"

상황이 이러니 북한을 취재하기 위해서는 북한, 남한, 국제사회의 창으로도 사실 부족하다. 밖으로 드러나지 않는 북한 내부의 시선이 필요하다. 북한은 사회주의국가인 중국이나 베트남과도 작동 체계가 현저히 다르다. 훨씬 촘촘한 감시망이 주민들을 옥죄고 있고, 수령에 대한 충성심이 자신의 생명보다 중요하다고 강요받는 사회다. 겉으로 봤을 때 북한 주민들의 사고는 체제가 강요하는 가치 체계와 완벽히 일치되어 있다. 처음 만난 북한 주민들은 취재자의 질문에 대해 〈조선중앙방송〉이나 〈노동신문〉의 보도 내용을 반복한다. 개인적인 의견은 없다. 공개적인 자리에서는 훈련받은 대로 말하고 행동하지만, 보안이 지켜진다는 확신이 서면 체제와 수령에 대한 불만도 거침없이 털어 놓는다. 마음을 열고 속내를 이야기하는 것을 보면 '이 사람들의 삶 자체가 연기(演技)가 아닐까?'라는 생각이 들 때도 있다. 필자는 이를 '생존을 위해 단련된 의식의 이중구조'라고 생각한다. 북한학에서 '내재적 접근'을 시도하는 이유도 여기에 있다. 외부의 시선과 프레임만으로 연구하고 재단하기에는 북한은 굉장히 특수한 체제이기 때문이다.

그렇다면 내부자의 시선으로 어떻게 북한을 취재할 수 있을까? 해외에 체류 중인 북한 주민들이나 탈북민을 통한 취재로 가능하다. 1990년대 이른바 '고난의 행군' 시기 이후 자력갱생과 외화벌이가 강조되면서 여권을 받아 합법적으로 해외로 나오는 북한 주민들이 많아졌다. 친척 방문객을 비롯해 외교·대외무역 성원들, 노동자들, 소수의 유학생들에 이르기까지 많은 사람들이 국경을 오간다. 거주지도 다양하다. 중국, 러시아, 몽골을 비롯해 동남아시아의 대부분 지역, 쿠웨이트나 UAE 등 중동, 아프리카에 이르기까지 노동력을 팔 수 있고 돈을 벌 수 있는 지역이면 어디든 북한 주민들이 나가 있다. 아무래도 해외는 북한 내부보다 감시의 눈길이 적다. 주민들도 이를 잘 알기에 적당한 조건만 되면 속마음을 털어놓는다. 적당한 조건이란 철저하게 보안이 유지되는 공간이어야 하고, 이야기가 밖으로 새나가지 않을 것이라는 믿음이 있어야 하며, 경제적 보상도 뒤따라야 한다. 취재 방법이 제한된 상황에서 탈북민도 우리가 활용하기 좋은 취재원이다. 다만 탈북민 취재 시 팩트(fact)의 과장과 왜곡이 클 수 있기 때문에 교차검증이 아주 중요하다.

이 장에서는 비공식 취재원을 통한 북한 취재 가이드를 다룬다. 여기서 말하는 비공식 취재원이란 남한이든 북한이든 당국자도 아니고 공식매체도 아닌 해외를 방문한 북한 주민들과 화교, 북한에서 살다가 해외로 나온 탈북민, 북한 주민을 자주 접촉하는 재중동포(이하 조선족)를 포괄한다. 일종의 대북 휴민트(humint, 인간정보)를 통한 취재라고 할 수 있다. 북한 체제의 특성상 비공식 취재원을 통해 북한 권력 핵심부의 변화나 핵과 미사일 등 고급 군사정보를 취재하기는 어렵다. 하지만 북한은 당의 정책이 조직을 통해 말단까지 일률적으로 침투하는 사회다. 이는 곧 말단을 통해 당의 정책을 역으로 추적할 수 있다는 이야기다. 비공식 취재원으로 북한 당국이 시행하는 핵심 정책에 접근할 수 있을 뿐만 아니라 민생경제의 실상, 당과 수령에 대한 여론도 파악할 수 있다.

분야별로 북한 사회의 작동 원리도 파악할 수 있다. IT 분야에 근무하는 사람들을 통해 북한의 IT 기술이나 인프라 실상을 취재할 수도 있고, 대외무역에 종사하는 사람을 통해 북한의 대외무역 체계와 김정은의 통치자금 조달 체계를 취재할 수도 있다. 비공식 취재원으로 북한을 취재하는 것이 중요한 이유다. 특히 주민들의 삶과 민생경제를 취재하기에 좋다. 북한과 중국 및 러시아와의 무역이나 자원거래 실태를 파악하는 것도 용이하다. 북한 취재 과정에서 비공식 취재원을 활용하는 방법과 주요 취재 포인트, 취재된 팩트의 교차검증 요령 등을 필자의 경험과 그동안의 연구결과에 기초해 서술한다.

우선 북한 취재에서 접경지역은 매우 중요한 의미를 지닌다. 여기서 접경지역이라 함은 북한과 중국, 북한과 러시아와 접한 국경지역을 말한다. 압록강에서 두만강에 이르는 북한의 국경지역 가운데 1,300km 이상은 중국과 접하고 있고, 러시아와는 두만강 하구에서 동해까지 수십 km를 접하고 있다. 북한과 국경을 접한 두만강, 압록강 일대 중국에 속한 지역은 오랫동안 한국인들의 활동 무대였고 지금도 조선족이 많이 거주한다. 배후지역인 동북3성까지 확대하면 인구가 1억3천만 명이 넘는다.

인구가 많고 경제규모가 크다 보니 북한과 관련성도 깊다. 북한과 국경을 맞댄 러시아 지역은 하산에서 크라스키노, 자루비노, 블라디보스토크, 나홋카 등 연해주 일대로 면적이 넓은데 비해 인구는 적다. 산업도 발달하지 못해 대부분 중국산 소비재를 수입해서 사용한다. 연해주 일대는 청나라 때까지 중국 땅이었는데 1860년 베이징 조약 이후 관할권이 러시아로 넘어갔다. 중국 입장에서는 아픈 역사가 깃든 땅이다. 러시아는 연해주를 포함해 극동 시베리아의 인구가 줄어드는 반면, 국경 너머에서 중국의 상품과 인력이 밀려오기 때문에 이 지역의 중국화를 막는 것이 과제다. 러시아가 동방경제포럼을 만들고 극동 개발을 위해 북한 노동자들을 데려다 쓰는 이유다.

취재자의 관점에서 보면 북·중 국경지역과 북·러 국경지역은 취재 대상과 주제가 다르다. 북·러 접경지역에서는 그곳에 파견된 북한 노동자들의 생활 실태, 인권유린 여부가 국내 언론의 주요 관심사였다. 북·중 접경지역은 북·중관계 및 경제 거래, 북한 내부의 동향 변화, 탈북민 관련 아이템이 단골메뉴였다.

북한의 지형적인 특성상 육로를 통해 외부 세계로 열려있는 유일한 창은 북·중 및 북·러 접경지역이다. 북한은 자립경제를 주창해왔지만 경제위기 이후 시장화가 진척되면서 외부 세계에 대한 경제적 의존도가 더욱 높아졌다. 접경지역을 통해 물류가 움직이고 사람들이 이동한다. 접경지역을 잘 관찰하면 북한으로 들어가고 나오는 인력 및 물자를 파악할 수 있다. 한국은행은 매년 북한의 GDP 성장률을 추산해 발표하는데 이 때 활용되는 데이터 가운데 하나가 접경지역을 통한 수출입 물동량이다. 접경지역을 통해 북한의 지하자원이 나오고, 생활필수품이나 건설자재가 들어간다. 2000년대 이후 외화벌이 수단의 하나로 자리를 잡은 북한 노동자들이 나오고 중국 관광객들이 들어간다. 접경지역을 통해 무역일꾼, 보따리장사꾼, 계절노동자, 탈북민이 드나든다. 접경지역에 가면 비공식 취재원이 널려있는 셈이다. 그러나 해외에서도 비공식 취재원을 만나 취재하기는 쉽지 않다. 그 이유는 다음과 같다.

첫째, 여권과 비자를 받아 외국을 방문하는 북한 주민들은 출국 전에 엄격한 사전교육을 받는다. 핵심은 해외체류 중에 남한 사람들을 절대 만나지 말라는 것이다. 귀국해서도 해외체류 시의 동정을 세세하게 보고해야 하는데 남한 사람을 만났을 경우 정치범으로 처벌받는다. 그러다보니 북한 주민뿐만 아니라 화교 또는 업무상 북한 주민들을 자주 만나야 하는 조선족도 한국인 만나는 것을 꺼려한다. 미디어 종사자와는 만남 자체를 아예 거부한다. 만났다는 사실만으로 정치범으로 처벌받을 수 있는데 미디어 관계자를 만나 자신의 얼굴이나 신원이 드러났다고 상상해보자. 자신뿐만 아니라 가족, 친인척까지 혹독한 처벌을 받을 수 있다.

미디어와 접촉을 꺼려하는 것은 북한과 직접 관련된 사람들뿐만이 아니다. 국제기구인 UN의 세계식량계획(WFP)이나 식량농업기구(FAO) 소속인도 마찬가지다. WFP는 북한에 상주한 역사가 길고, 지역적으로도 북한 곳곳에 실사단을 보내 식량난 실태를 조사해왔다. 지원

물품이 제대로 가는지 모니터링하기 위해서도 북한의 취약지역을 자주 다닌다. 그들은 가는 곳마다 상황을 기록하고 촬영해 영상물을 남긴다. WFP의 로마 본부에는 날 것 그대로의 북한 촬영 영상이 많지만 공개되지 않는다. 제한적으로 편집해 홈페이지에 올릴 뿐이다. 그들에게는 미디어를 통한 홍보보다 북한과의 지속적인 사업이 더 중요하다. 북한이 공개를 꺼려하기 때문에 좋은 사진과 동영상이 있음에도 공개하지 않을 뿐만 아니라 관계자들도 취재에 응하지 않는다.

둘째, 전 세계 어느 지역이 되었든 해외에 파견된 북한 노동자들의 삶의 방식은 동일하다. 군대 막사처럼 생긴 기숙사에서 단체생활을 한다. 북한과 동일하게 조직생활을 하고 당의 지침을 교육받으며 생활총화를 한다. 당 비서가 존재하고 지배인이 있다. 개인생활이 허용되지 않는다. 사는 공간만 해외일 뿐 북한 내에서와 다를 바가 없다. 공간적으로도 북한 주민들을 만나기가 쉽지 않은 이유다.

셋째, 파견 주재국에서도 북한 주민들에 대한 취재를 강하게 통제한다. 북한은 다른 나라와 인력파견 계약을 맺을 때 자국 근로자들의 신변안전 보장을 강하게 요구한다. 북한으로서는 해외 노동력 파견이 외화벌이 차원이기는 하지만 정치적으로는 상당히 위험한 사업이다. 현지에서 이탈자나 탈북민이 생길 경우 체제유지에 부담이 될 뿐만 아니라, 파견된 근로자들이 '황색물'(자본주의의 좋지 않은 문화와 생활습관)에 젖는 것도 막아야 한다.

그래서 해외에 노동력을 파견하는 조직은 북한 안에서 정치적으로 영향력 있는 기관들이다. 예전에 장성택 북한 노동당 행정부장이 주관하는 수도건설단, 장성택의 부인이자 김정은 노동당 위원장의 고모인 김경희가 오랫동안 이끌어온 경공업성에서 해외에 근로자들을 많이 파견했다. 이탈자가 생겨도 국내정치적으로 감당할 수 있는 조직들이다. 이러한 정치적 민감성 때문에 북한은 해외에서 일하는 자국민들을 강하게 통제한다. 통제를 위해 합숙생활, 조직생활을 강요한다. 북한의 해외 노동력 파견은 북한과 주재국의 이해관계가 일치하는 사업이다. 값싼 노동력이 필요하기 때문에 주재국들은 북한 근로자들을 받아들인다. 주재국이 북한 근로자들에 대한 취재를 통제하는 이유다.

넷째, 그나마 자유롭게 활동하는 사람들은 당 간부들이다. 대외무역이나 현지 취업 등 외화벌이 목적으로 파견된 간부들은 가족들과 독립된 공간에서 생활한다. 하지만 이들은 스스로 몸조심을 한다. 더구나 외부의 감시도 촘촘하다. 정기적으로 모여 조직생활을 해야 하는 것도 같다. 겉으로 보면 개인생활이 보장된 자유인 것 같지만 보이지 않는 그물망이 이들을 얽어매고 있다. 기득권층이기에 굳이 위험을 무릅쓰고 남한 사람들을 만나려고도 하지 않는다. 업무관계가 아니면 접근하기 쉽지 않다. 그들을 취재하기 위해서는 신분을 위장하고 투자 관련 상담 등의 목적으로 접근하는 것이 용이하다. 돈이 되는 것이라면 투자자가 남한 사람이든 일본 사람이든 가리지 않기 때문이다. 간부들과 접촉에서 유의할 점은 자기보호에 철저해 신뢰가 형성되기 전에는 쉽게 입을 열지 않는다는 점이다.

접경지역의 취재는 해외 취재와 북한 취재가 맞물려 진행되는 특징이 있다. 중국과 러시아 취재가 기본이고 그 위에 북한 취재가 곁들여진다. 취재 포인트가 잡히면 해당 주제를 취재할 수 있는 지역을 선정한 후 지역에 대한 사전학습이 충분히 이루어져야 한다. 중국이나 러시아는 남한 언론이 접경지역을 취재하는 것을 엄격하게 제한한다. 국경을 맞댄 민감한 지역인데다 북한과의 관계를 고려하기 때문이다. 중국과 러시아의 접경지역을 취재할 경우 취재팀과 취재원의 신변보호와 안전에 각별히 신경을 써야 한다.

북·중 접경지역
'비공식 취재원의 용광로'

북·중 접경지역은 압록강 하구에서 두만강 하구에 이르는 지역을 말한다. 국경 길이로만 1,300km가 넘는다. 잉커우(营口), 다롄(大連), 둥항(东港), 단둥(丹东), 지안(集安), 퉁화(通化), 창바이(长白), 허룽(和龙), 룽징(龙井), 옌지(延吉), 투먼(图们), 훈춘(珲春), 창춘(长春), 선양(瀋阳)까지 북한과 인접한 중국의 국경 및 배후도시는 방대하다. 중국인들이 동북이라 하고 우리가 만주라 부르는 이곳은 사실 오랫동안 한민족의 활동 무대였다. 한때 고구려의 수도이기도 했던 지안에는 광개토대왕비와 장군총이 있고 고구려의 성도 곳곳에 남아있다. 1880년대에 조선과 청나라가 국경회담을 하고, 1962년에는 북한과 중국이 '조중변계조약'으로 국경을 획정했지만, 국경과 상관없이 많은 사람들이 넘나들었다. 5천년 우리 역사의 대부분이 중국과의 관계 속에서 형성되었다고 볼 때 북·중 접경지역은 중국과 한반도를 이어준 다리였다.

한반도 분단 이후 마오쩌둥이 동북지방을 공략할 때 김일성은 중국 공산군에게 전쟁물자와 작전루트를 제공했다. 1958~1962년 중국에서 대약진운동으로 기근사태가 발생했을 때, 동북3성에 거주하던 상당수의 중국인들이 국경을 건너와 북한에 정착했다. 1990년대 중반 대량 탈북사태가 발생해 정치적으로 민감해지기 전까지는 주민들의 삶의 공간으로써 닫힌 공간이 아니었다. 2000년대 중반 이후 탈북민 문제로 남·

북, 북·중, 한·중관계가 껄끄러워지고, 접경지역 치안이 불안해지면서, 중국이 북·중 국경선에 이례적으로 철조망을 쳤다. 따라서 주민들의 삶의 공간이라는 측면으로 보면 북한도 이제 대륙과 연결된 것이 아닌 섬으로 남았다. 북한과 중국을 차단하는 철조망은 북·중관계도 오랜 역사 속에서 맺어진 혈맹이 아니라 국가 간의 관계가 되었음을 알려주는 징표다.

비공식 취재원을 통한 북한 취재에서 북·중 접경지역은 대단히 중요하다. 북한 대외무역의 90%가 이뤄지기 때문이다. 여권을 받아 합법적으로 해외를 방문하는 대부분의 북한 주민들은 중국을 경유한다. 이곳을 출입하는 북한 주민들은 수적으로 많을 뿐만 아니라 일하는 지역도 다양하다. 밀수꾼, 계절노동자, 탈북민을 비롯해 여행자, 무역일꾼, 외교관, 보위부 요원, 운동선수에 이르기까지 많은 사람들이 중국을 드나든다. 취재 방법과 의지에 따라서 특종을 할 수 있는 여지가 많다.

북한과 중국의 인적교류나 경제협력 양상을 보면 두만강과 압록강 지역이 다르다. 두만강변으로 철광석, 동, 목재 등 북한의 자원이 많이 넘어온다면, 압록강 유역으로는 북한에서 석탄이 많이 나오고 대신 중국산 소비재나 식량 등이 주로 건네진다. 관광 및 무역일꾼, 친지방문객 등 인적교류가 활발하게 이뤄지는 지역도 압록강 유역이다. 인구가 밀집되어 있고 교통이 좋기 때문이다. 또한 탈북민은 대부분 두만강을 탈북루트로 활용한다. 강폭이 좁아 탈북이 쉽고, 중국 쪽에 조선족자치구가 있어서 은신하기 쉽기 때문이다.

북 · 중 접경지역은 '고난의 행군' 이후 북한 주민들이 생존을 도모한 생명선이었다. 접경지역을 통해 북한의 자원이 나오고 중국의 소비품이 들어갔다. 북·중 간의 변경무역을 통해 북한의 시장화가 촉진되었다. 한류를 비롯해 외부 문화가 들어갔고 이로 인해 북한 주민들의 의식이 바뀌었다. 1990년대 중반 '고난의 행군' 시기를 거치면서 탈북민이 생겨났고, 꽉 닫혔던 국경이 열리면서 우리는 비로소 북한의 실체를 보게 되었다. 새로운 제도의 도입, 빈곤과 굶주림, 인권유린, 시장화, 유교적 가족문화, 유행에 이르기까지 어떤 아이템이든 북한을 보기 위한 창으로써, 또한 한반도와 중국의 교류사 및 고대사를 보기 위해서, 한·중관계 및 남·북·중의 교류협력을 보기 위해서도 북·중 접경지역은 중요하다. 북한 취재에서 비공식 취재원으로 불리는 사람들의 대부분은 어떤 형태로든 북·중 접경지역과 관련이 있기 때문이다.

북·중 접경지역 취재는 내용에 따라 몇 가지로 분류할 수 있다. 연이은 북한의 핵실험과 장거리미사일 발사로 국제사회의 대북제재가 강화되는 상황에서 북·중 간의 경제관계나 중국의 대북제재가 취재 대상이 될 수 있다. 북·중 간의 무역이나 경제관계를 보려면 양국 국경의 해관과 해운 실태를 들여다봐야 한다. 그간 북·중관계를 통해 봤을 때 운송수단에 따른 무역량이 조사되거나 발표되지는 않지만 대부분의 무역량은 다롄, 잉커우, 단둥과 남포를 연결하는 해운이 차지한다.

육로 운송에서 비중이 큰 지역은 단둥과 신의주를 연결하는 구간과 훈춘과 나선특별시를 연결하는 취안허세관이다. 특히 단둥은 해운과 철도, 도로가 북한과 연결되어 북·중무역의 중심 도시다. 북·중 간의 경제관계를 취재할 때 국내 언론이 단둥과 신의주를 연결하는 조중우의교를 주로 주목한다. 접근이 용이하기 때문이다. 하지만 북·중무역에서 빼놓지 말아야 할 곳이 바로 단둥 역이다. 취재 경험에 의하면 북한에서 나오는 석탄이나 북한으로 들어가는 다량의 원자재가 단둥 역 창고에 적재되어 있다. 차량으로 운반하는 양과 비교할 수 없을 정도의 양이었다. 북·중 간의 무역에서 단둥 항도 중요한 취재 포인트다. 지구 전체 무역량의 97%가 해운이 차지하듯 북·중무역도 항만이 중요하다. 필자도 단둥 항에서 옥수수와 밀가루를 대량으로 북한 배에 선적하던 장면을 촬영한 적이 있다.

압록강 상류에 있는 창바이 현과 혜산, 두만강 상류에 있는 난핑(南坪)과 무산은 북한의 지하자원이 많이 오가는 구간이다. 혜산동광과 무산광산의 철광석 때문이다. 북·중무역이나 경제관계는 현장취재만으로 전체를 파악하기는 어렵고 중국 해관통계나 관계당국의 취재가 뒤따라야 한다. 하지만 중구 해관통계는 신뢰성에 문제가 있다. 당국도 한국 미디어의 취재 요청에 잘 응하지 않는다. 북·중무역과 경제관계의 실태를 정확히 취재하기 어렵다는 말이다. 북·중 경제관계에서 압록강 양안에서 이뤄지는 밀수도 상당량을 차지한다는 사실을 명심할 필요가 있다. 시기에 따라 밀수 물량에 차이가 있지만, 양안을 지키는 군부대 책임자의 승인 아래 다양한 상품과 자원이 거래되고 있는 상황이다.

북한과 중국의 노동협력도 접경지역에서 취재할 수 있다. 압록강 유역에서는 단둥, 두만강 지역에는 투먼이 북한 근로자들이 많이 파견되는 곳이다. 러시아처럼 건설인력을 찾아보기는 어렵고 대부분 섬유나 봉제, 제화 등 노동집약적인 제조업과 요식업소 등 서비스업에 파견되어 있다. 공장 안에 기숙사 시설까지 갖춰 생활과 노동이 한 곳에서 이뤄진다. 외출이 극도로 제한되어 있기 때문에 길거리에서 북한 노동자들을 보는 것은 어렵다. 북·중 간의 무역이나 경제관계를 취재할 경우 북한과 거래하는 한족을 접촉하라고 권하고 싶다. 북·중 간의 무역하는 사람들 중 다수는 중국의 조선족이나 북한의 화교들이지만, 큰 규모의 무역이나 투자는 대부분 한족들이 맡고 있다. 보안의 이유도 있겠지만, 중국 안에서 각종 자원을 동원할 수 있는 역량의 차이가 크기 때문이다. 동북3성에서 대외무역이나 개발 업무를 맡고 있는 공직자들도 대부분 한족들이다. 북한 입장에서는 이러한 인사들과 네트워크가 잘 구축되어 있는 한족 사업가들을 선호할 수밖에 없다.

북·중 접경지역에는 다양한 목적을 갖고 활동하는 북한 사람들이 많다. 무역일꾼, 노동자, 서비스업 종사자, 친척 방문 목적의 개인여행자, 화교, 그리고 이 모든 사람들을 감시하는 정보요원들까지 다양하다. 매일 상당수가 국경을 드나들기 때문에 북한의 내부동향을 취재하기에 좋다. 다만 남한 언론 종사자가 북한 주민들을 직접 만나 취재하기 위해서는 숙련된 노하우가 필요하다. 취재원과 팀을 보호하기 위해서도 그렇고, 원하는 주제를 충실하게 취재하기 위해서도 그렇다. 안전과 취재 요령에 대해서는 후술하겠지만, 결론만 요약하면 내실 있는 취재를 위해 북한 주민은 반드시 '1:1'로 만나라는 것이고, 취재자의 신분을 철저하게 감춰야 한다는 것이다. 경험상 가장 무난한 것은 무역회사 종사자나 경제를 연구하는 학자로 신분을 위장하는 것이 좋다.

탈북민 또한 취재 대상이 될 수도 있다. 탈북루트나 인권 문제를 포함해 탈북민을 취재할 경우에는 보안에 각별히 신경을 써야 한다. 2000년대 초반 기획탈북이 유행하던 시절에는 이를 알선하던 NGO가 탈북민 문제를 국제사회에 알리기 위해 일부러 언론사를 가담시킨 경우들이 종종 있었다. 붙잡히면 언론사 취재팀까지 함께 잡혀 자연스럽게 국제 문제가 되는 것을 노리는 경우가 있기도 했다. 탈북민은 북한 법률로 보면 불법월경자이고 중국 입장에서도 불법월경 및 불법체류자이기 때문에 보호받기 쉽지 않다. 탈북민을 취재팀에게 소개해주는 단체나 개인들도 불법활동이기 때문에 법적인 보호를 받을 수 없다. 이를 취재하는 취재팀도 불법행위에 가담하는 것이다. 따라서 탈북민 취재는 취재원과 중간연락책, 취재팀의 안전을 위해서도 2중, 3중의 안전장치가 필요하다.

북·중 접경지역에는 통상구라 불리는 11개의 세관이 있다. 압록강 권역에 4개, 두만강 유역에 7개의 통상구가 있다. 두만강 유역에 통상구가 많은 이유는 조선족이 많이 살고 있기 때문이다. 연변지역에 통상구가 집중된 이유이기도 하다. 두만강 하류에 있는 훈춘의 취안허(圈河) 지역은 북한 최초의 자유무역지대인 나진-선봉과 마주하고 있으며, 양 도시에 개설된 변경호시시장의 출입을 위해 가장 활발하게 인적교류가 이루어지는 지역이다. 이 곳을 통해 중국관광객들의 방북도 활발하게 이뤄진다.

특히 중국 남방지역 주민들에게는 백두산(장백산)과 옌지를 거쳐 나진·선봉까지 둘러보는 관광상품이 인기가 높다. 두만강 유역의 북한 지역에는 석탄, 철광석, 목재 등 지하자원이 풍부해 1990년대 상반기까지는 연변지역의 변경무역이 단둥을 크게 앞질렀으나, 지금은 단둥-신의주를 연결하는 구간이 북·중무역의 주요 통상구가 되었다. 인구 밀집지역인데다 '고난의 행군'을 거치면서 북한의 내수공업이 무너지고, 시장화로 중국산 소비재에 대한 수요가 증가했기 때문이었다.

북·중 접경지역의 통상구는 상품만 오갈 수 있는 곳과 친지방문객 등이 오갈 수 있는 지역으로 나뉜다. 무역을 위한 통상구와 국경출입구인 커우안(口岸)으로 나뉜다. 무역이 이뤄지고 친지방문객들이 드나들 수 있는 통상구는 압록강의 단둥-신의주, 지안-만포, 두만강의 투먼-남양, 싼허(三合)-회령, 난핑-무산 구간이다. 친지방문객 등의 출입은 불가능하지만 오가는 물동량이 제법 많고, 취재 포인트로 중요한 지역들이 있다. 취안허-은덕, 창바이-혜산, 린장(臨江)-중강 구간이다. 소규모의 보따리 무역과 친지 방문만 가능한 통상구도 있다. 샤투어즈(沙坨子)-새별, 카이산툰(開山屯), 구청리(古城里)가 그런 곳이다.

접경지역 취재 시 취재 포인트를 사전에 조사하고 결정하는 것이 중요하다. 대규모 자원거래 현장을 취재하려면 무산광산의 철광석이 나오는 난핑-무산 구간이 중요하다. 하지만 난핑은 외부인의 출입이 많지 않은 곳이라 한국 취재팀은 금방 눈에 띈다. 이곳에서 단속에 걸려 추방당하고 그 이후에도 몇 년씩 중국 입국이 금지당한 사례들이 많다. 난핑을 취재할 경우에는 오전 이른 시간에 잠깐 취재하고 점심시간 이전에 현장을 떠나는 것이 안전하다. 화교들이 주도하는 보따리 무역을 취재하려면 단둥-신의주, 싼허-회령이 중요하다. 어떤 상품들이 북한으로 들어가는지 잘 볼 수 있다. 북한에서 막 나오는 주민들을 취재하기에는 단둥, 지안, 투먼, 싼허가 좋다. 이처럼 취재 목적에 맞게 포인트를 잘 잡는 것이 중요하다. 보다 구체적으로 북·중 접경지역에서 적절한 취재 포인트와 사례를 살펴보자.

두만강 지역

두만강 최남단에 있는 취안허세관은 북한 원정리를 거쳐 나선특별시로 들어가는 창구다. 과거에는 이곳을 통해 북한의 원목이 나오고, 중국의 소비재가 많이 들어갔다. 2000년대 중반 이후 나선특별시에 중국인들의 직접투자가 늘어나고, 2016년 말 신두만강대교가 개통되면서 이곳을 통과하는 화물과 인원이 부쩍 늘었다. 북한에서 필요로 하는 소비재나 건축자재뿐만 아니라 석탄이나 곡물 등 벌크선 화물도 들어간다. 중국에서 들어가는 벌크선 화물은 나진항을 거쳐 중국 남방지역으로 수송하기 위한 것이다.

중국인들은 나선특별시에 유통, 물류, 위탁가공, 각종 건설에 이르기까지 투자를 확대하고 있다. 특히 아파트 단지 건설과 분양에도 중국자본이 참여하고 있다. 지하자원을 채굴하고 저임금 노동력을 활용하던 차원을 넘어 북한 내수시장을 겨냥한 다양한 분야까지 투자가 확대되고 있는 것이다. 그러다보니 현지인들은 2015년 말 기준으로 나선특별시에 상주하는 중국인이 5천 명을 상회할 것이라 이야기한다.

취안허세관은 훈춘과 나선특별시를 연결하는 두만강 권역 최대의 통상구가 되었다. 오전 8~11시에 가면 각종 자동차와 들고나는 사람들이 얽혀 장사진을 이룬다. 두만강 하류 지역의 북·중무역을 취재하거나 오가는 중국인들을 통해 나선특별시의 현황을 취재하기에 무난한 곳이다. 많은 인원과 차량이 세관 주변을 드나들기 때문에 보안과 안전에 대한 긴장감도 상대적으로 덜하다.

취안허세관에서 두만강을 따라 올라오면 샤투어즈세관과 투먼세관이 있다. 북한과 중국을 잇는 세관의 규모는 배후도시의 크기에 따라 규모가 달라진다. 샤투어즈세관은 북한의 새별군과 연결되기 때문에 친지방문 차 오가는 사람들과 그들이 휴대하는 보따리 상품 등 소규모 교역이 이뤄진다. 인원이나 물자 규모를 볼 때 특별한 내용을 건지기는 어려운 곳이다. 투먼세관은 북한의 남양과 마주하고 있다. 투먼의 인구는 13만 명으로 이 중 57%인 7만8천 명이 조선족이다. 도로와 철도를 통해 북한과 연결되고 함경북도 온성, 청진을 잇는 구간이어서 사람들의 왕래가 잦다.

북·중 국경을 잇는 통상구 가운데 철도가 지나가는 곳은 5개다. 압록강 하구의 단둥-신의주, 중류의 토하구-청수, 지안-만포가 있고 두만강 유역에서는 훈춘-두만강역, 투먼-남양이 있다. 두만강 하구의 나선특별시와 하산을 잇는 철도는 북한과 러시아를 연결한다. 북한과 대륙이 연결되는 철도는 모두 4곳인 셈이다. 북·중관계가 좋아지고 고위급 교류가 활발해지면 기차가 지나는 단둥, 지안, 투먼과 항공편이 연결되는 선양, 베이징 공항이 기착지로 주목을 받게 될 것이다.

투먼은 관광지이기 때문에 외지인들의 발길이 잦고, 북한의 남양과 보따리 무역을 하는 화교 및 소규모 조선족 무역상들도 자주 드나든다. 두만강 유역에서 친지방문 차 중국을 찾는 북한 주민들을 만나고 접촉하기 좋은 포인트다. 2004년 필자가 탈북민을 통해 북한 내부정보를 취재하다가 최초로 북한 주민과 직접 접촉하고 취재하기 시작한 곳도 투먼이다. 오전 9~11시에 세관 앞에서 기다리면 북한에서 나오는 사람들을 볼 수 있다. 그들 가운데 한 명을 따라가다가 대화가 이어져 취재로 연결되었다. 이 때 유의할 것은 중국에 처음 나오는 북한 주민들은 매우 긴장하고 경직되어 있기 때문에 가능한 한국인 티를 내지 말아야 한다. 현지인처럼 허름한 복장에 가능한 조선족 말투로 접근하는 것이 유리하다. 투먼에는 탈북민 임시수용소도 있다. 탈북민이 중국에서 공안에 체포되면 투먼의 임시수용소에 수감되어 있다가 트럭을 타고 남양으로 끌려간다. 투먼과 남양을 잇는 다리에서 가끔 목격할 수 있다.

두만강 유역에서 중국산 소비재와 보따리 상인들이 가장 많이 이용하는 곳은 싼허세관이다. 북한의 회령이라는 큰 배후도시가 있기 때문이다. 따라서 북·중 간에 어떠한 상품이 오가는지, 북한 주민들의 살림살이에 필요한 물품이 무엇인지 살펴볼 수 있는 좋은 지점이다. 세관 뒷산에 올라가면 회령 시내가 선명하게 보인다. 망원렌즈가 있으면 싼허세관 뒷산에 있는 망강각(望江阁)에서 회령 시내 촬영을 시도하는 것도 좋다. 싼허-회령 구간은 지형이 평탄해 주요 탈북루트 가운데 하나다. 그만큼 중국 공안과 변방수비대의 감시도 삼엄하다. 특히 룽징에서 싼허세관에 이르는 진입로는 경찰의 검문검색이 잦다. 싼허에 갈 경우 오후 4시 이전에 검문소를 빠져 나오기를 권한다. 밤이 가까워질수록 탈북민에 대한 단속이 심하고 이곳을 드나드는 외지인들에 대한 검색도 심하기 때문이다.

카메라가 있는 취재팀은 보안에 특히 신경을 써야 하고 촬영장비 관리에도 특히 만전을 기해야 한다. 한국 여권을 가진 사람들이 북·중 접경지역을 다니다가 검문에 걸리면 가장 세심하게 보는 것이 촬영장비의 소지 여부다. 카메라가 있을 경우 촬영한 내용까지 검색하는 경우가 많다. 이 지역은 변방수비대라고 불리는 국경경비대 군인들이 지키는데 카메라와 함께 촬영 테이프 역시 차량에 감춰야 한다.

중국의 허룽시에서 난핑진을 거쳐 북한의 무산으로 이어지는 곳은 대표적인 자원루트다. 무산광산의 철광석이 중국으로 나오는 길이기 때문에 하루에도 수백 대씩 철광석을 실은 차량이 드나든다. 한 마디로 '그림 찍기'에 좋은 지점이다. 난핑세관에서 두만강을 따라 2~3km 가량 올라가면 강 건너편으로 무산 시내와 철광석광산이 선명하게 보인다. 동양 최대의 노천광산인 무산광산에서 작업하는 차량, 채굴된 철광석을 싣고 강을 따라 중국 쪽으로 나오는 트럭 등을 화면에 담을 수 있다. 하모니카 주택이 길게 늘어선 무산 시내를 내려다보는 것도 좋다. 늦은 오후면 집 사이사이로 굴뚝에서 밥 짓는 연기가 나는 모습이 장관이다.

그런데 난핑에서 취재를 할 경우에는 취재팀의 안전에 각별히 주의해야 한다. 난핑은 한적한 시골마을이고 외지인들이 자주 드나들지 않는 곳이다. 인구는 1만 명 정도로 이중 75%가 한족이다. 한국인들은 금방 눈에 띄고 공안의 주목을 받는다. 이곳에서 걸린 국내 취재진이 적지 않다. 촬영이 쉬운 지점에는 보는 눈도 많고 단속도 심하다는 사실을 꼭 명심하자.

국경 지방을 취재할 때 특히 제복을 입은 공안뿐만 아니라 현지 주민들도 조심해야 한다. 지금까지 취재 중 단속에 걸린 팀은 대부분 주민들의 신고로 체포된 경우였다. 중국 법에는 외국 언론이 허가받지 않고 중국의 국경지역에서 자국민들을 취재할 경우 불법이고, 이를 신고하는 주민에게는 포상금을 줄 수 있도록 되어 있다. 촬영을 잘 도와주었다가 취재팀이 현장을 벗어나면 신고하는 경우도 많다. 현장에서도 주의해야 하지만 룽징이나 허룽, 옌지, 훈춘 등 배후도시에서 숙박할 때도 각별한 주의가 필요하다. 한곳에 너무 오래 머무르지 말고, 카메라를 절대 노출하지 말아야 하는 것이 이 지역 취재에서 명심해야 할 안전수칙 1호다.

두만강 최상류이자 백두산 아래 첫 동네로 불리는 총샨(崇善)은 경치가 아름다운 변경 오지 마을이다. 해발 800~1300m의 고지대에 위치해 있다. 백두원시림에 접해 있어 귀중한 특산품과 약초가 많이 나오는 곳이다. 3,500여 명의 인구 가운데 조선족이 2,400여 명으로 총 인구의 73%를 차지한다. 특산품과 약초가 많다보니 봄이면 국경을 넘어와 약초와 특산품을 채취해 중국에 팔고 가는 북한 주민들이 많다. 농번기에 중국 농촌에 와서 일손을 도와주고 돈을 벌어가는 계절노동자들도 이 구간을 자주 이용한다. 총샨에는 북한으로 통하는 구청리 국가도로통상구가 자리하고 있다. 두만강을 경계로 북한의 양강도 대홍단군과 마주보고 있으며, 무역을 위한 통상구와 국경출입구인 커우안이 설치되어 있다.

구청리 커우안은 두만강 상류 지역에서 가장 먼저 세워진 통상구일 뿐만 아니라 연변조선족자치주와 북한의 양강도를 직접 잇는 유일한 통로다. 구청리는 북한 양강도 대홍단군의 삼장리와 두만강 제1교로 연결되어 있다. 구청리에는 1929년 통상구가 개설되었으며, 1933년 세관분소가 설치된 뒤 1953년부터는 변경검사소에서 통상을 담당하고 있다.

이 곳에서는 목재와 철광, 시멘트 등의 화물수송이 활발히 이루어지고 있으며, 중국과 북한의 통상에서 중요한 비중을 차지한다. 또한 두만강의 최상류로 백두산 관광의 중요한 경유지로 떠오르고 있고, 두만강을 사이에 두고 북한을 가장 가까이 관찰할 수 있다는 지리적 특성 때문에 한국인 관광객도 많이 찾는다. 특히 2003년 허룽시와 북한의 양강도 삼지연군을 잇는 관광이 시작되면서 관광지 개발이 더욱 활발해지고 있다.

압록강 지역

단둥은 압록강 유역에서 취재팀이 자주 찾는 지역이다. 화물과 인원이 가장 많이 드나들기 때문이다. 양국 간의 무역이든 인적교류든 취재원을 확보하기에 따라 북·중관계의 대부분을 단둥에서 취재할 수 있다. 일본이나 서방 언론들이 자주 찾는 곳이기도 하다. 동시에 남북한, 중국, 일본, 미국 등 북한과 관련해 정보활동을 하는 사람들이 가장 많이 분포되어 있는 지역이기도 하다. 우리나라 선교사들도 100여 명이 이 지역에서 비밀리에 활동하고 있다. 겉으로는 평온해 보이지만 수면 아래에서는 각국 정보요원들과 선교팀, 중국 공안 사이의 신경전이 치열한 곳이다.

북·중 접경지역을 취재할 때는 어느 곳을 가든 취재팀이라는 신분을 드러내지 말고 잠행할 것을 권한다. 좋은 방법은 아니지만 필자는 취재팀의 신분을 위장하기 위해 젊은 학생들이나 여성과 동행해 관광객으로 가장하여 국경 일대를 촬영했던 기억이 많다. 북한으로 들어가는 트럭들이 싣고 가는 내용물이 궁금하면 강가에 있는 통상구가 아니라 도시 안쪽에 있는 세관창고를 가야 한다. 세관창고에서 하루 전에 북한으로 들어갈 물품에 대한 검사가 이뤄진다. 특히 저녁 무렵에는 수많은 트럭이 대기한 가운데 각 창고에서 물건을 싣고, 세관원들이 와서 적재품을 일일이 검사해 봉인 도장을 찍는다. 여기서 검사가 끝나고 차량에 봉인이 찍혀야 그 트럭이 다음 날 단둥세관을 통과해 북한으로 들어갈 수 있다.

취재를 위해 몇 차례 세관창고를 간 적이 있었는데 북한으로 들어가는 소비재와 건축자재, 공장설비까지 구체적인 물품을 볼 수 있었다. 세관창고에 들어가기 위해서는 도움이 필요하다. 검문검색을 하는 곳은 아니지만 북한과 무역을 하는 사람들이나 세관 직원들의 도움을 받으면 들어가서 이곳저곳을 자세히 둘러보고 취재할 수 있다. 단둥 역이나 항구도 마찬가지다. 누군가 현장을 잘 알고 현지 직원들과 선이 닿는 사람의 안내 및 소개로 들어가야 취재가 쉽다.

단둥에서 동북쪽으로 60㎞쯤 떨어진 콴뎬(寬甸)만족자치현 창뎬허커우에는 한국전쟁 당시 북한 쪽 절반이 미군의 폭격으로 파괴된 창성교가 압록강을 굽어보며 서 있다. 이 다리 입구에는 말을 탄 펑더화이의 동상과 더불어 한국전쟁 때 참전했다가 전사한 마오쩌둥의 맏아들 마오안잉 등 8명의 흉상이 줄지어 서 있다. 창뎬허커우에서 북한의 수풍댐까지는 배를 타고 북상하면서 평안북도 삭주군, 벽동군 등을 가까이 촬영할 수 있는 지점이다.

여기서 인상적인 도시가 평안북도 청수다. 2006년 필자가 배를 타고 청수를 가까이 보았을 때는 도시 전체가 흉가였고 공장들은 천장과 창문이 모두 뜯겨나가 없었다. 무너진 담벼락 사이로 잡초가 무성했다. 높고 큰 공장의 굴뚝에는 연기 한 올 나지 않았다. 도시 뒤편에는 나무 한 그루 볼 수 없는 민둥산에 옥수수가 심어져 있었다. 청수는 압록강변에 자리하고 있어 풍광이 아름다운 도시다. 예전에는 김일성 별장도 있었다. 1943년 청수화학공장이 세워지면서 주변의 석회석을 이용해 석회질소비료와 인비료 등을 생산하며 화학공업 도시로 유명해졌다. 1966년 생산설비를 크게 늘려 화학비료 등을 주로 생산했다. '고난의 행군' 시기를 거치면서 모든 공장이 문을 닫았고 기계설비가 뜯겨나갔으며 폐허가 되었다.

20년 이상 방치되었던 청수화학공장이 재건되면서 2016년 말 재가동했다. 군용 배터리, 화학무기 원료 등을 생산한다는 설이 유력하지만 공식적으로 확인된 것은 없다. 북한의 농촌 마을과 공단을 근접 촬영하기에는 매우 좋은 포인트이기 때문에 필자는 여러 차례 이 지역을 다녔다. 강가에 북한 군부대 초소도 여러 곳이 있어서 군인들의 생활상도 엿볼 수 있다.

북한과 중국은 국경을 이루는 물길을 공동으로 이용하기로 합의되어 있다. 압록강이나 두만강은 북한이든 중국이든 편하게 이용할 수 있다. 다만 상대방 영토의 육지에 배를 대고 사람이 내리는 것은 불법이다. 중국 배를 타고 북한 땅 가까이서 촬영하는 것은 불법이 아니다. 따라서 북한의 국경 마을을 가까이 촬영하고 싶을 경우에는 중국 배를 빌리면 된다. 중국인들이 가까이서 촬영하는 것은 불쾌하더라도 어쩔 수 없겠지만, 한국 취재팀이라는 것이 알려지면 북한의 변방수비대는 중국 쪽에 항의한다. 국경지역에서 취재하다가 북한이 중국에 항의해 붙잡힌 국내 취재팀도 더러 있었다.

압록강에는 본류 말고도 북한과 중국 사이를 흐르는 지류와 섬이 많다. 배를 타고 북한 가까이서 촬영을 할 경우에는 취재팀이 남쪽 출신이라는 사실을 드러나지 않도록 하는 것이 좋다. 한국말 사용을 자제하고 가능한 관광객으로 위장하는 것이 좋다. 필자의 경우에는 사전에 중국 여성들을 섭외해 관광객을 가장하여 촬영했다. 강가에는 곳곳에 북한 초소들이 있고, 북한 군인들의 생활상을 지척에서 볼 수 있는데 젊은 여성들이 배에 타고 있으면 병사들의 관심을 돌리기에 좋았다.

지안은 북한의 자강도 만포와 마주 보고 있는 도시다. 고구려의 옛 수도로 광개토대왕비와 장군총, 환도산성 등 우리 민족의 역사 유적이 많다. 중국 지린 성은 2016년 지안 시에 북·중경제합작구를 조성하기로 했다고 발표했다. 향후 5년간 약 1조8천억 원을 투입해 수출품 통관

시설과 국제운송 및 물류창고 등을 건설할 계획이라는 것이다. 이곳에는 북한 노동자들이 일하게 될 공장과 농산물 처리 시설도 들어선다. 지안에서 만포를 거쳐 평양까지 연결되는 고속철도도 건설하겠다고 했다. 북한도 만포에서 강계 구간에 고속도로를 공사 중이며 강계와 희천 사이에도 터널공사를 하고 있는 것으로 알려지고 있다.

과거 김정일 국방위원장은 중국이나 러시아를 방문할 때 항상 기차를 이용했다. 중국을 방문할 때는 주로 신의주-단둥 구간을 이용했는데 2010년에는 만포-지안 구간을 이용한 적이 있다. 만포는 조선시대부터 압록강 물류의 중심지였다. 현재는 타이어를 비롯한 여러 가지 고무 제품들을 생산하는 압록강다이야(타이어)공장이 있다. 지안 일대에 조선족이 많이 살기 때문에 지안-만포 구간의 인적교류도 활발하다.

2015년 말 필자가 지안을 방문했을 당시 만포에서는 아파트 건설이 한창이었다. 2010년 이후 북한에서 주택 및 아파트 건설이 가장 활발한데 만포도 마찬가지였다. 나선특별시나 만포, 신의주 등 국경도시에서 특히 아파트 건설이 활발한데 건설비 가운데 일부가 중국 자본이다. 조선족 및 화교 자본이 북한에 투자하는 것이다. 단둥과 함께 북한 경제의 중국 의존도 심화나 중국 화교 자본의 북한 경제 장악 여부를 취재하기에 좋은 포인트다.

린장은 백두산 주봉 서쪽 기슭에 위치한다. 북한의 중강과 마주보고 있는 곳으로 약 7만 명이 거주하는 도시다. 도시의 동·서·북쪽은 산으로 둘러싸여 있고, 압록강이 시 남쪽에서 흐른다. 삼림 자원과 철광·동·금·은 등의 광물자원이 풍부하여 채광·기계·제지 등의 공업이 발달하였다.

부근 농촌에서는 쌀·옥수수·콩·잡곡·수수 등의 농산물이 생산된다. 북한과 통하는 린장압록강교·린장해관이 있다. 하지만 통행하는 사람과 물동량이 매우 적다. 봄이면 북한에서 국경을 넘어와 중국에서 돈이 될 만한 약초와 특산품을 채취하는 사람들이 있다. 심마니나 약초채취꾼, 계절 노동자 등을 취재하기에 적합한 지역이다.

창바이-혜산 구간은 압록강 지역에서 단둥 다음으로 사람과 물자 교류가 활발하다. 평균 고도 700m에 위치한 창바이 현은 중국에서 유일한 조선족자치현이다. 백두산 남쪽이자 압록강 상류에 위치하며 인구 8만5천 명 가운데 조선족이 약 1만4천여 명이다. 압록강을 경계로 북한 양강도 혜산시, 삼지연군, 보천군, 삼수군, 김정숙군, 김형직군과 접하고 있다. 백두산의 중국 이름을 따 '창바이산자연보호구'가 지정되어 여름철이면 많은 관광객이 찾는다.

창바이 현과 압록강 철교를 통해 연결된 혜산은 양강도 도청 소재지다. 인구는 약 20만 명 정도다. 김정숙사범대학을 비롯하여 여러 연구소가 있어 북부 내륙지방의 행정·교육·산업 중심도시다. 혜산은 개마고원 북부의 교통요지로서 압록강·두만강 남안의 국경도시들과 연결되는 국도가 지난다. 제지, 방직·견직물·마직물, 시멘트 및 주류공장이 있고, 지하자원으로 구리·철이 매장되어 있으며 혜산청년동광이 있다. 혜산은 특히 목재가 풍부해 '고난의 행군' 시기에도 나무를 중국에 팔아 연명했을 정도로 임업에 대한 의존도가 높다.

창바이-혜산 구간은 일찍부터 밀무역이 성행했다. 1990년대 중반부터 2000년대 초까지 북·중 간 무역이 정착되기 전에는 창바이-혜산을 통한 밀무역의 규모가 컸고 북한의 시장화를 견인했다. 압록강 폭이 좁아 가장 많이 이용되는 탈북루트이기도 하다. 북·중 접경지역에서 중국 공안의 감시가 집중되는 곳은 탈북민이 모여드는 곳이다. 창바이, 허룽, 룽징, 옌지 등이 대표적이다. 취재 내용이 무엇이든 이 지역을 취재할 경우에는 안전에 각별히 신경을 써야 한다.

배후 지역

옌지는 중국 옌볜조선족자치주의 주도로 정치·경제·문화의 중심지다. 1952년 옌볜조선족자치주가 만들어지면서 주도가 되었다. 인구는 43만6천여 명으로 조선족이 24만2천여 명이다. 옌지를 둘러싸고 있는 둔화(敦化), 왕칭(汪清), 투먼(图们), 룽징(龙井), 안투(安图)에도 조선족이 많이 거주하고 있다. 옌지는 북·중, 한·중을 연결하면서 남북을 잇는 독특한 역할을 하고 있다. 옌지가 북·중을 연결하는 힘은 지리적 인접성과 인적연결망 때문이다. 옌지에 거주하는 조선족의 70% 이상이 북한에 친인척을 두고 있다. 1960년대 초 대약진운동과 기근으로 중국이 어려웠을 때 만주를 떠나 북한에 정착한 사람들이다. 이후 오랜 세월 옌지 주민들과 북한으로 간 친척들은 서로 연락하고 왕래하며 우의를 다져왔다. 북한 주민들이 3년에 한 번씩 중국에 나오는 것도 친지방문이 목적이다. 그것도 중국 친지의 초청장이 있어야 가능하다.

1990년대 이후 북한이 경제적으로 어려워지면서, 북한 주민들은 중국 친지의 도움을 받아야 할 필요성이 더욱 커졌다. 친지방문을 마치고 돌아가는 사람들이 북한에서 돈이 될 만한 물건들을 가지고 들어갔고, 보따리 무역의 형태로 북한의 시장화 확대에 기여했다. 또한 옌볜조선족자치주의 조선족을 통해 북한에 새로운 상품과 문화, 유행이 들어갔다. 개혁·개방을 먼저 실시한 중국의 조선족이 북한에 자본주의를 가르친 셈이다. 북한과 무역 및 투자를 통해 조선족 사업가들도 성장했다.

1992년 한국과 중국이 수교했고 이는 옌볜조선족자치주를 비롯해 동북3성에 거주하던 조선족에게 기회가 되었다. 수많은 사람들이 돈을 벌기 위해 한국에 왔고 그들을 통해 발달된 한국의 자본주의와 소비문화, 한류가 전해졌으며 다시 친지방문객들을 통해 북한에 전해졌다. 옌지가 한국과 북한을 이어준 다리가 된 것이다. 한국의 문화와 유행이 옌지를 거치면서 중화되고 변용되어 북한으로 전해졌다.

취재의 관점에서 보면 옌지는 모든 요소를 다 담고 있다. 북·중무역이나 중국 자본의 북한 투자는 물론 민간차원이든 고위 당국자 채널이든 북·중 간 인간교류의 폭과 깊이도 취재 가능하다. 탈북과 관련된 모든 요소도 취재 가능하다. 북한산 마약이나 문화재 거래, 탈북 브로커나 인신매매조직의 활동 등 각종 불법행위의 온산지도 옌지다. 친지방문객들이 많이 나오고 머무르기 때문에 북한 내부의 변화를 취재하기도 좋다. 한반도의 고대사나 한민족의 유·이민사, 독립운동사를 취재하기도 좋다. 상당수가 한국으로 돈을 벌기 위해 떠나는 과정에서 해체되어 가는 조선족 커뮤니티도 취재할 수 있다. 북·중관계 때문에 한·중관계가 영향을 받아 미묘해진 양자관계도 취재할 수 있다. 북·중, 한·중, 남북관계의 여러 층위를 옌지에서 볼 수 있는 것이다.

선양은 랴오닝 성의 성도로 중국 동북지방 최대의 도시다. 동북지역의 정치·경제·문화·교통의 중심지로 옛 이름은 봉천이다. 전국시대부터 개발되어 한대에는 요동에 속했고, 뒤에 고구려의 영토에 속해 있다가 다시 당의 지배를 받았다. 초기 청나라의 수도이기도 했고 러·일전쟁의 주요무대이기도 했다. 선양 일대는 중국 최대의 중화학공업지대이기도 하다. 선양 서탑에는 중국 내에서 가장 규모가 큰 코리아타운이 있다. 조선족이 많이 살던 곳인데 한·중수교 이후 중국에 진출한 한국인들이 이곳에 자리를 잡으면서 '중국 속 한국'이 되었다. 서탑 일대가 코리아타운이 되면서 북한 사람들도 모여들었다. 언어와 음식, 문화 등이 비슷해 거주하기 편한데다 한국인들을 대상으로 장사하기도 좋기 때문이다.

선양이나 다롄 등 배후도시들이 접경지역과 다른 점은 규모가 큰 북·중무역이나 투자, 북한 고위 인사들의 활동무대가 되고 있다는 점 때문이다. 선양에는 북한 총영사관이 있고, 무역대표부도 나와 있다. 선양에는 칠보산호텔을 비롯해 각종 식당 등 합작기업 형태로 진출한 북한 회사들이 많다. 중국 기업에서 일하는 북한 IT전문가들도 선양이 주요 활동무대다. 선양의 우아이시장은 동북 최대의 시장으로 각종 생활용품, 건설자재, 공장설비 등이 이 곳을 통해 북한으로 들어간다. 북한과 큰 규모로 무역하는 한족, 조선족도 선양이 활동무대인 경우가 많다. 접경지역 취재가 현장르포 성격이 강하다면 선양은 큰 그림을 보기에 좋은 곳이다.

다롄은 랴오둥 반도 남단에 위치하며 인구는 약 670만 명이다. 중국 동북지방의 경제 중심 도시이고, 선박수리 및 제조업 등이 발달해 있다. 중국 최대의 다롄조선소도 있다. 청·일전쟁 후 러시아가 다롄의 해안가를 조차하여, 작은 어촌이었던 곳에 항만을 건설하였다. 러·일전쟁 후에는 일본이 50여 년 동안 조차하여 남만주철도 본사를 두고 만주 침략의 거점으로 삼았던 곳이다. 항만이 발달해 북한과의 대규모 무역은 상당 부분 다롄을 통해 이뤄진다. 다롄 시내에서는 사우나나 안마 등 유흥시설을 출입하는 북한 무역 상인들도 심심찮게 볼 수 있다. 다롄을 근거지로 활동하는 북한 무역 상인들은 사업 규모도 크고, 씀씀이도 한국인들보다 큰 경우가 많다. 다롄 항에 접근할 수 있으면 북·중 간 오가는 수출입 품목들도 현장감 있게 담을 수 있다.

북·러 접경지역 '북한 해외노동자 돋보기'

비공식 취재원을 통한 북한 취재에서 유의미한 북·러 접경지역은 북한의 나선특별시 두만강동과 철교로 연결된 하산을 기점으로 크라스키노, 포쉬에트, 자루비노, 슬라비얀카, 블라디보스토크, 우수리스크에 이르는 연해주 쪽이다. 연해주는 면적이 우리나라의 1.67배인데 비해 인구는 약 195만 명에 불과하다. 블라디보스토크가 주도(州都)이고 전체 면적의 80% 가량이 삼림지대다. 구소련 시대에는 블라디보스토크를 중심으로 핵잠수함과 수리 조선업을 운영했으나 소비에트 붕괴 이후 별다른 거점 제조업이 없어 러시아의 타 지역에 비해 발달이 더디다. 영토가 방대한 것에 비해 인구가 희박해 소비시장도 작고 대외무역도 활발하지 않다.

중국과는 훈춘통상구를 통해 육로와 철도로 연결되어 있고, 북한의 두만강역과도 철도로 연결되어 있으나 거래가 활발하지 않다. 동해로 진출을 꿈꾸는 중국의 욕망을 차단하고 연해주의 중국화를 막기 위해 러시아는 이 지역에서 중국과 큰 규모의 협력 확대를 원하지 않는다. 북한과는 상호 거래할 품목이 많지 않다. 러시아가 가스관 사업을 통해 한국이나 일본 자본을 끌어들이려는 것도 낙후된 극동지역을 개발하기 위해서다. 한국이나 일본의 자본과 북한의 노동력을 이용해 극동지역을 개발하려는 것이다.

또한 동시베리아는 자원의 보고다. 석유와 천연가스, 수력, 목재 등이 풍부하다. 유엔개발계획(UNDP)이 두만강 유역 건설 사업을 추진할 때도 물류와 에너지, 건설 분야가 그 중심에 있었다. 박근혜 정부에서 나진-하산 프로젝트를 추진한 배경도 에너지였다. 이 지역의 개발은 남북한과 중·러·일 등 인접 국가들의 이해관계와 국제정치에 달려있다.

국경을 인접하고 있음에도 북한과 러시아의 무역은 활발하지 않다. 다만 임업, 농업, 수산업 등 1차 산업과 건설업을 중심으로 북·러 간 노동협력이 이루어지고 있다. 연해주에는 주로 북한의 노동인력이 파견되어 있다. 2000년대 이전에는 주로 벌목공, 이후에는 벌목공을 비롯해 건설인력, 농림수산업에 종사하는 인력까지 다양하다. 북한과 러시아의 공식적인 비자협정에 따라 고용허가를 받아 러시아에 파견된다. 수산물 가공업 등의 분야에 여성인력도 있지만 러시아에 파견되는 북한 노동력의 중심은 남성이다. 연간 2만여 명의 북한 노동인력이 러시아에 파견되는 것으로 알려져 있다.

2015년 러시아 정부에서 외국인 고용허가증을 발급해준 내역을 보면 중국인이 8만622명으로 가장 많았고 터키인이 5만4,730명, 북한인이 4만7,364명이라고 정부의 통계를 인용해 러시아 언론이 보도한 바 있다. 이 인원이 러시아 전역에서 일하는 외국인 노동자들인지 시베리아 지역 노동자들인지는 정확하지 않다. 다만 자루비노나 블라디보스토크, 나홋카 등 임해 도시에는 수산물 가공업과 건설 등 2차 산업에 종사하는 노동자들이 많고, 우수리스크 등 내륙지역에는 농업과 임업에 종사하는 노동자들이 많이 파견되어 있다.

두만강을 사이에 두고 북한과 마주보고 있는 러시아 하산(Khasan)은 고려인들이 첫 번째로 이주한 마을이다. 지금은 퇴락한 조그만 시골 마을로 러시아 국경경비대원들이 출입을 통제하고 있다. 하산은 북한과 기차로 연결된다. 극동 러시아에 일하는 북한 근로자들도 여객 열차를 이용해 이곳을 통과한다. 하산 역에 가면 온통 북한말로 뒤덮여 있다. 외국에 처음 도착한 북한 주민들이 출입국과 세관을 통과하는 데 필요한 안내용어들이다. '소속 단위(직장)별로 줄서서 기다리라'라는 용어도 곳곳에서 눈에 띈다. 하산은 블라디보스토크에서 5시간 이상 차를 타고 가야 하는데 현장 접근이 쉽지 않다. 러시아의 국경도시이기 때문에 당국의 허가 없이는 하산 역이나 두만강 국경초소에 접근할 수 없다. 따라서 하산을 취재하기 위해 블라디보스토크 한국 총영사관과 긴밀한 협의가 필요하다.

러시아 자루비노(Zarubino)는 항구 도시로 한때 속초에서 자루비노를 경유하여 중국 훈춘을 잇는 카페리호가 정박하기도 했다. 동해 북방항로는 2000년 4월부터 2010년 10월까지 모두 1,163차례 운항하면서 승객 52만5천여 명, 화물 컨테이너 5만4천여 개를 실어 날랐으나 경영 악화로 운항을 중단했다.

필자는 2010년 자루비노에서 북한 노동자들의 숙소를 취재한 적이 있다. 바닷가에 인접한 곳이었는데 공장과 숙소가 나란히 연결되어 있었다. 숙소 입구에는 "김일성 수령은 영원히 우리와 함께 하신다"는 영생구호가 걸려있었다. 수산물을 가공해 통조림을 만드는 공장이었는데 남녀 노동자 약 50여 명이 일하고 생활하는 곳이었다. 군대 막사처럼 긴

건물 내부에 간부로 짐작되는 두 명이 사무실을 지키고 있었다. 명함을 교환하고(물론 필자는 가짜 명함) 용건을 말했다. 지배인이 준 빨간색 명함엔 러시아어가 선명하게 새겨져 있었다. 극동 러시아에 거주하는 한국인들은 대부분 집수리를 할 경우 북한 근로자들을 고용한다. 필자도 4~5층짜리 건물을 짓고 싶다고 했다. 지배인으로 짐작되는 인사와 30여 분 대화를 나눴다. 북한 노동자를 쓸 경우 인건비나 공사감리 등이 대화의 소재였다. 약속도 없이 불쑥 남한 사람이 찾아왔기에 상당히 긴장한 표정이었지만 찾아온 고객을 놓치지 않기 위해 적극적이었다. "손재주가 좋아 북한 노동자들이 집을 지으면 멋들어지게 잘 짓는다"며 "건설현장에 많은 노동자들을 보내 돈을 벌면 좋겠는데 자신이 관리하는 노동자들은 수산물 가공업에 종사하는 조건으로 비자를 받아 나왔기 때문에 다른 일을 하다가 러시아 당국에 걸리면 추방당한다"고 전했다. 외화벌이 실적은 올려야 하고 상황은 녹록지 않은 현실을 느낄 수 있었다. 지배인 책상에는 노트북이 있었는데 바탕화면에 북한에서 찍은 가족사진이 올라 있었다.

자루비노의 북한 노동자 숙소를 취재하면서 느낀 점은 취재자는 항상 사전조사를 철저하게 하여 현지정보를 꿰뚫고 있어야 한다는 것이었다. 준비되지 않은 상태에서 엉겁결에 들어가게 되었지만 당황하지 않고 상당시간 대화를 나누며 좋은 정보를 얻을 수 있었던 것은 러시아에 파견된 북한 근로자들이 본업 외에 아르바이트를 한다는 사실, 현지에 거주하는 한인들도 북한 노동자들을 통해서 집수리를 한다는 사실을 알고 있었기에 가능한 것이었다.

연해주의 주도인 블라디보스토크는 '동방을 지배하라'는 뜻을 가진 인구 60만 명의 도시다. 시베리아 횡단철도의 동쪽 기점이기도 하다. 군항이 있기 때문에 스탈린 시대였던 1952년부터 외국인들의 접근이 금지되었다가 1992년에야 개방되었다. 블라디보스토크에는 꽤 많은 북한의 노동인력이 일하고 있다. 필자가 방문했던 도시 외곽에 북한 근로자들의 집단 숙소가 있는데 400~500명이 생활할 수 있도록 막사시설이 잘 갖춰져 있었다. 작업시간이 종료되면 막사에서 단체생활을 하며 지낸다. 주로 건설노동자로 건설업의 특성상 아침이면 4~7명의 소그룹으로 나뉘어 뿔뿔이 흩어진다. 대규모 사회간접자본(SOC) 공사의 한 부분을 맡아 하는 사람들도 있고, 가정집을 지어주는 사람들도 있다. 2012년 루스키 섬에서 개최된 아시아태평양경제협력체(APEC) 총회를 위해 건설된 블라디보스토크와 루스키 섬의 연륙교도 대부분 북한 노동자들에 의해 건설되었다.

취재진의 접근과 인터뷰도 어렵지 않다. 블라디보스토크에는 중국인 시장이 있다. 조선족이 식당이나 수퍼마켓을 운영하는데 이곳을 북한 근로자들이 자주 찾는다. 언어가 통하기 때문이다. 조선족들이 운영하는 식당에서는 된장찌개나 김치찌개 등 한국 음식을 싼값에 먹을 수 있다. 북한의 건설노동자들이 한두 명씩 혹은 떼를 지어 식사하거나 술을 마시러 온다. 남북한 사람들이 함께 어울려 술을 마시기도 한다.

시장 한 편에 조선족이 운영하는 수퍼마켓에 가보면 진열된 상품들을 통해 북한 근로자들이 무엇을 소비하는지 알 수 있다. '가요무대'나 '한류드라마' 등 남한의 영상물, 무협영화 등 CD가 수백 장 진열되어 있다.

1장 당 일정 금액씩 받고 북한 근로자들에게 대여해 주기 위한 것들이다. 중국인 시장을 취재할 때 주의할 것은 상인들 전체가 카메라에 대해 적대적이라는 점이다. 불법체류자들이 러시아로 스며들어 장사하는 것도 한 이유이고, 주 고객인 북한 근로자들이 남쪽 언론의 접근을 싫어하기 때문이기도 하다. 이곳에서는 몰래카메라 사용을 권한다.

우수리스크는 블라디보스토크 북쪽 약 112㎞ 지점, 우수리 강 지류에 있다. 시베리아 철도와 하얼빈·무단장(牡丹江)·둥닝(东寧)을 연결하는 철도 분기점으로, 극동지역의 경제적 중심지다. 인구는 약 16만 명으로 일제 강점기에 한인들이 독립운동을 했던 중심도시다. 우수리스크는 주택이나 소형 건물 공사장에서 일하는 북한 노동자들을 만나고 취재하기 좋다. 국경에서 다소 떨어져 있어 정치적으로 민감하지 않아 북한 근로자들도 상대적으로 자유롭다. 동시베리아에서 일하는 북한 노동자들을 취재하기 위해서는 우선 우수리스크를 선택해보라고 권한다.

취재 목적으로 북·러 접경지역을 방문할 경우 하산에서 크라스키노 구간은 조심해야 한다. 러시아의 국경수비대가 검문검색을 자주 하는 곳이다. 이 지역을 대상으로 하는 취재는 취재비자를 내주지 않을 뿐만 아니라 취재비자를 받지 않은 상태에서 러시아의 검문에 걸릴 경우 상당히 피곤하다. 큰 규모의 벌금이나 뒷돈을 지불해야 할 경우가 생길 수 있다.

북한은 자력갱생을 강조하면서 각 단위별로 인원을 배정 받아 해외에 근로자들을 파견한다. 경공업성, 무역성, 평양시 등 각 기관 및 기업소 단위에서 근로자들을 파견한다. 외화벌이를 위해서다. 기관·기업소의 장이 당·정·군에 영향력이 셀수록 많은 인원을 배정 받아 파견한다. 많은 인원을 파견해야 더 많은 돈을 벌 수 있다. 그렇게 번 돈으로 수령에게 충성자금을 내고 기관의 운영자금으로도 사용한다. 해당 기관·기업소의 고위 간부들도 이것으로 먹고 산다. 근로자 입장에서 보면 해외근무가 돈벌이고 장사밑천을 모으는 과정이다. 북한의 시장화가 진전되면서 장사자금이 필요하지만 북한 안에서 돈을 마련하는 것은 쉽지 않다. 그래서 상당수의 노동자들은 돈을 쓰고라도 해외근무를 원한다.

주재국과 업무에 따라 다르지만 러시아나 중국에서 일하는 북한 근로자들은 평균 월 300~500달러를 받는다. 이 가운데 당비와 숙식비 등 기본경비를 제하고 나면 개인한테 약 100달러 안팎이 주어진다. 연장도 가능하지만 한번 나오면 3년 근무가 기본이다. 노동자 입장에서 보면 같은 기간 근무하면서 가능한 많은 돈을 벌어가는 것이 중요하다. 여건이 허락되면 아르바이트를 할 수밖에 없는 이유다. 쿠웨이트 등 중동국가도 그렇지만 극동 러시아에 파견된 북한 노동자들도 대부분 아르바이트를 한다. 3~7명씩 1개조를 이뤄 도급제로 건축 공사를 하거나 집안 인테리어 공사를 한다. 건설 현장의 특성상 한곳에서 수백 명이 일하는 것이 아니라 여러 현장에 분산되어 일을 한다. 몇 명씩 소그룹으로 일하다보니 접근하기 쉽다. 질문에 대해 비교적 솔직하게 이야기해주기도 한다.

극동 러시아에서 북한 주민을 취재하는 요령을 정리하면 첫째, 북한 노동자들을 만나려면 건설 현장이나 공사장을 찾아야 한다. 동양계 3~4명이 1개 팀으로 일하고 있으면 북한 노동자로 봐도 크게 틀리지 않는다. 둘째, 극동 러시아에서의 취재는 대부분 작업장에서 이뤄지기 때문에 취재 내용이 근무여건이나 돈벌이 상황, 현지 생활실태가 될 수밖에 없다. 다시 말해 북한 내부의 내밀한 이야기를 듣기는 어렵다. 지금까지 러시아에서의 북한 취재가 노동자들의 인권유린 실태나 외화벌이 현황에 머무르는 것도 이 때문이다. 북한 내부의 동향을 취재하려면 북한 주민을 '1:1'로 만나야 한다. 셋째, 극동 러시아에서 일하는 북한 노동자들은 낮 시간에 상대적으로 자유롭기에 '1:1' 취재도 시도해 볼만하고 이것이 실속 있는 길이다. 단 둘이 마주 앉아야 내부 동향에 대한 깊은 정보와 속마음을 들을 수 있다. 블라디보스토크에서 북한 노동자를 '1:1'로 만나 취재하려면 현지에 사는 조선족의 도움을 받는 것이 좋다. 북한 주민들이 한국인에 대해서는 경계심이 강하지만, 중국 국적을 가진 조선족을 러시아에서 만나는 것은 전혀 문제되지 않는다. 따라서 북한 노동자들과 접촉 빈도가 높은 조선족을 찾아 북한 사람을 소개받는 것이 유리하다.

취재 목적이 해외체류 북한 노동자들의 근무형태나 생활, 인권실태인지 북한 내부 동향인지에 따라 접근법을 달리 해야 할 것이다. 다만 러시아에 체류하는 북한 노동자들은 단기 방문자들이 아니기에 중국에서처럼 핵심 정보를 취재하기는 어렵다. 취재 목적과 주제를 명확하게 한 후에 러시아 취재를 시도하는 것이 좋다.

북한주민 직접취재 '1:1로 속내 듣다'

접경지역에서 북한 주민들을 만나는 것은 쉽지 않다. 지난 2002년 '추적60분'을 제작할 당시 기획탈북을 취재한 적이 있다. 당시 베이징 주재 외국 대사관에 탈북민이 집단으로 들어가면서 탈북민의 강제북송과 인권 문제가 국제사회로부터 주목을 받았을 때였다. 당시 탈북민을 취재하면서 필자가 절실하게 느낀 점은 탈북민을 통해 북한 사회의 일부를 볼 수는 있을지 모르지만, 객관성을 담보하는 것은 어렵다는 것이었다. 우선 탈북민의 출신지가 대부분 함경북도에 치우쳐 있었다. 농업에 종사했거나 농촌 거주자들이 압도적으로 많았다. 고학력자도 드물었다. 지금은 성격이 달라졌지만 당시만 해도 경제적 난민 성격의 탈북이 많았다. 탈북민의 지역 및 사회·경제적 배경이 북한 사회를 대변하는 것에는 일정한 한계가 있었다. 더욱 중요한 것은 탈북민이 북한을 스스로 이탈한 사람들이라는 점이었다. 체제를 이탈한 사람들이기 때문에 북한의 실상을 과장하는 경우가 많았다.

탈북민이 본격적으로 늘어나기 시작한 것은 1997년 이후였다. 이들 가운데 상당수는 수 년 동안 중국에서 체류한 경험이 있다. 중국 체류기간이 수 년씩 된 사람들, 북한을 부정기적으로 왕복하는 탈북민이 많았다. 그들이 남한 취재팀을 만나기까지 인도지원단체나 국제 NGO, 종교단체 관계자 등을 수차례 접촉한 경우도 많았다. 쉽게 말해 어떤 이야기를 해야 취재팀이 좋아하는지 너무나 잘 알고 있었고, 취재팀이 흥미를 가질만한 이야기만 골라서 해주는 경향도 있었다. 북한의 경제적 어려움을 과장해서 말하는 것이 다반사였다. 어려움과 불쌍함을 과장해야 사람들이 돈을 많이 주기 때문이었다. 재중 탈북민의 실상을 알게 되면서 필자는 북한의 실상을 제대로 취재하기 위해서는 탈북민이 아닌 북한의 현지 주민들을 만나야 한다고 생각하게 되었다.

이에 2004년부터 북한 주민들과 직접 접촉을 시도했다. 처음에는 중국의 세관으로 나오는 북한 주민들에게 접근했다. 세관으로 나오는 사람들은 합법적으로 여권과 비자를 받은 사람들이다. 취재팀이 남한 사람이라는 인상을 주면 만남 자체를 기피했다. 처음에는 탈북민 취재 경험이 많고 현지 정보에 익숙한 조선족을 고용했다. 인터뷰 내용이 괜찮은 사람들은 약속을 잡아 따로 만났다. 물론 '1:1' 방식이었고, 필자는 철저하게 숨어 녹취와 촬영에 집중했다. 그렇게 해서 만들어진 프로그램이 2004년에 방송된 '〈KBS〉 일요스페셜, 북한에 자본주의 바람이 불고 있다' 편이었다. 방송 이후 반향이 아주 컸다. 사내 평가도 아주 좋았다. 북한 주민 취재에 대해 나름 자신감도 생겼다.

이후부터는 북한 주민들과 자주 접촉하는 조선족, 화교 등을 통해서 북한 주민들을 소개 받았다. 북한과 무역하는 한족들을 알게 되면서 중국에 상주하는 북한 무역회사 간부들도 알게 되었다. 중국에 거주하는 북한 무역회사 임직원들은 조선족보다 한족을 거래 파트너로 선호한다. 조선족은 남북한 양쪽으로 연결될 수 있는데다 중국 내에서 관계망이 약하다. 중국에 파견되는 북한 무역회사 임직원들은 중국어에 능통하다.

한족을 상대로 영업하면 보안도 유지되고 영업도 쉽다. 북한 무역 상인들이 한족을 선호하는 이유다. 북한과 거래하는 한족들을 알게 되자 북한 간부들을 만나기가 쉬워졌다. 만남의 장소는 한국인이나 북한인들이 찾지 않는 한적한 중국 음식점을 택했다.

북한 사람들이 한국인들을 만날 때 제일 두려워하는 것은 자신이 한국인을 만난다는 사실을 북한 주민들에게 들키는 것이다. 무역회사 임직원이든 친지방문 차 중국을 찾는 사민이든, 한국인을 만나서는 안 된다는 교육을 철저하게 받고 나오는데다 발각되면 강한 처벌을 받기 때문이다. 중국이나 러시아 등 북한 주민들이 많이 활동하는 곳에는 북한 보위부원들의 활동도 활발하다. 주민들이 남한 사람 만나는 것을 두려워할 수밖에 없는 구조인 것이다.

해외 취재를 할 때 현지의 한국인 네트워크를 활용하는 경우가 많다. 코디네이터도 그 중의 일부다. 분명히 말할 수 있는 것은 해외에서 북한 주민들을 취재할 경우 현지의 한인 네트워크는 도움이 안 된다는 점이다. 오히려 가능한 한인 네트워크를 피하라고 권하고 싶다. 이유는 두 가지다. 첫 번째는 앞에서 언급한 것처럼 북한 주민들이 한국인 만나기를 기피하기 때문에 접촉해봐야 네트워크가 없다. 오히려 방해만 될 가능성이 크다. 두 번째는 현지에 상주하는 북한 무역 상인이나 간부들과 네트워크를 가진 한인들도 있다. 그런데 이러한 사람들 중 대부분은 사업상 관련된 경우이기 때문에 아는 사람이 있다 해도 취재팀에게는 소개를 해주지 않는다. 공들여 본들 얻을 것이 별로 없다.

북한 주민을 만나기 위해서는 현지인 즉 중국의 한족이나 북한의 화교를 통하는 것이 가장 확실하다. 러시아의 경우도 마찬가지다. 러시아인이나 러시아에 거주하는 조선족을 통하면 북한 주민 만나기가 한결 수월하다. 북한 주민들과 거래하거나 그들을 고용하는 사람들이 현지인들이기 때문이다. 북한 주민들이 현지인들을 만나는 것에 대해서는 거부감도 없고, 정치적 부담도 느끼지 않는다. 북한 주민들을 만나고 취재하기 위해서는 비용이 많이 든다. 인터뷰에 응해준 주민뿐만 아니라 소개해 준 사람에게도 사례를 해야 한다. 경우에 따라서는 2~3단계로 브로커를 통해 소개받은 경우도 있다. 그만큼 비용이 많이 든다.

그럼에도 북한 주민을 직접 취재하는 것은 여러 가지로 유리하다. 북한의 실상과 민심을 제대로 읽을 수 있기 때문이다. 뉴스 등 시사 제작물의 경우 취재가 어렵고 위험성이 크다고 해도 가능한 현지 주민들을 직접 취재하기를 권한다. 아무리 어렵고 힘들더라도 살아있는 뉴스를 생산하기 위해서라면 시도해 볼만하다.

북한 주민들이 해외에 나오는 동기는 두 가지다. 첫째는 공무로 나온다. 외교 업무를 하는 대사관 성원들, 대외무역을 하는 무역일꾼들, 해외에 파견되는 노동자들이다. 해외에 일정기간 체류하기 때문에 정해진 공간에서 합숙 생활을 한다. 서로가 서로를 감시해야 하는 그물망 감시 구조가 해외에서도 북한 내부에서처럼 작동된다. 고위 당국자도 마찬가지다. 북한의 고위 당국자들이 해외 출장을 가는 경우 수행원들이 동행하는데 수행원의 역할은 당국자의 수행과 업무 지원에 그치지 않는다. 당국자의 동태를 감시하고 탈북을 차단하는 역할도 맡는다. 때문에 어떤 사람일지라도 혼자서 해외를 여행하고 돌아다니는 것은 쉽지 않다.

해외에서 활동하는 북한 주민이든 당국자든 항상 감시자가 있는 것이다. 해외에서 북한 주민들을 만나 취재하기 힘든 이유다.

북한 주민들이 해외로 나오는 두 번째 동기는 해외에 거주하는 친척을 방문하기 위해서다. 방문국은 중국이다. 한국전쟁이 끝나고 중국공산당 인민해방군의 일원으로 참전했던 조선족 가운데 일부가 북한에 눌러 앉았다. 1960년대 초 중국의 대약진 운동에 따른 기아 사태를 겪으면서 동북3성에 거주하던 조선족 가운데 일부가 살기 좋은 북한으로 건너갔다. 그 때 북한으로 간 사람들과 후손들이 옌벤조선족자치주 등 동북3성에 친척이 있는 것이다. 옌지 기준으로 조선족 가운데 70% 이상이 북한에 친척이 있는 것으로 알려져 있다. 대부분 대약진운동 시기에 가난을 피해 중국을 떠난 사람들이다. 이제 경제상황이 역전되어 북한이 가난해졌고 중국은 부유해졌다. 가난 때문에 중국을 떠난 사람들이 이제는 중국에 거주하는 형제자매들의 도움을 받기 위해 친척을 방문한다. 북한 말로 "사사려행"이다. 중국에 친척이 있는 북한 주민들은 중국의 친척으로부터 초청장이 오면 3년에 한 번씩 친척을 방문할 수 있다.

경험에 의하면 취재팀이 접근하기 쉬운 부류가 친지방문객들이다. 공무로 나오는 사람들은 해외에서 일할 노동자 또는 외교 및 무역성원들이다. 중국에서 일하는 북한 노동자들은 러시아와 달리 감시가 심하고 개인활동을 허용하지 않아 개별적으로 만나는 것이 불가능하다. 외교나 무역성원들은 고급정보를 가지고 있지만 취재팀이 만나기 어렵다. 반면 친지방문객들은 자유롭다. 3개월이라는 체류기간이 정해져 있지만, 이를 넘겨 체류하는 사람들도 많다. 돈 때문이다. 북한 주민들은 중국으로 나오는 과정에서 여권 발급과 비자 비용으로 빚을 진다. 방문 목적도 명분은 친지방문이지만 실제로는 중국에 사는 친척으로부터 경제적인 도움을 받기 위한 것이다. 중국에 사는 친척, 즉 조선족이 부유하면 도움을 줄 수 있지만 대부분은 그렇지 못하다. 중국에 사는 친척들도 대부분 돈을 벌기위해 한국으로 가 버린 경우가 많다. 그러다보니 중국에 체류하면서 스스로 돈을 벌어야 하는 상황이 많이 발생한다. 여성들의 경우 보모를 한다거나 식당일을 해서 돈을 벌고, 체류기간을 넘겨서라도 목표한 돈을 모으려는 경향이 강하다.

돈이 필요하기 때문에 취재팀과의 만남도 가능하다. 신변보호가 이뤄진다는 믿음만 줄 수 있다면 말이다. 필자도 중국에서 수많은 북한 주민들을 만났지만, 대부분은 친지방문객들이었고 대외무역을 하는 간부들은 소수였다. 친지방문객들은 북한 내에서의 거주지와 학력, 직업도 다양하다. 연령대는 대부분 45세 이상이 많다. 운이 좋으면 상당한 직급에 있는 사람들도 만날 수 있다. 필자도 그렇게 해서 남포시 인민위원회 부위원장 부인, 옥류관의 주방장 부인도 만난 적이 있다.

북한 주민들을 만나는 세 가지 방법을 추천한다. 첫째는 북한과 중국을 잇는 세관을 지키다가 나오는 사람을 추적하는 것이다. 따라가면서 자연스럽게 말을 붙여 대화를 트고, 다음 만남을 약속하는 방식이다. 최신 정보를 얻기에는 좋지만, 북한 주민을 만나고 대화를 통해 신뢰를 얻기까지 상당한 노하우가 필요하다. 북한 주민들과 접촉 빈도가 높은 조선족을 매개자로 활용하면 성공 가능성이 높아진다. 두 번째는 조선족 네트워크를 이용해서 친지방문 차 나온 북한 주민을 소개받는 것이다. 가장 확실한 방법이지만 조선족들이 친지를 보호한다는 차원에서 선뜻 응하지 않는다. 특히 취재 목적으로는 소개 받기 더욱 어렵다. 북한에 있는 옛 친지를 찾는다거나 투자 관련 문의 등 다른 목적으로 설득에 나서야 한다.

접경지역에 단기간 머무를 수밖에 없는 취재팀이 가장 무난하게 북한 주민들을 만날 수 있는 세 번째 방법은 브로커의 도움을 받는 것이다. 단둥이나 옌지, 투먼 등 접경도시에는 여행자들이 자주 묵는 숙소가 있다. 북한에서 막 나왔다거나 지역 간 이동할 때, 북한으로의 입국을 앞두고 국경도시에서 묵는 것이다. 대개 허름하고 값싼 여인숙들인데 이곳 주인들을 통하면 한꺼번에 많은 북한 주민을 소개받을 수 있다. 이럴 경우 물론 숙소 주인을 소개해 준 사람, 숙소 주인 등에게 브로커 비용을 지불해야 하고, 북한 주민에게도 사례해야 한다. 필자도 세 번째 방법으로 북한 주민들을 가장 많이 만났다. 비용은 한 사람을 만나는데 브로커 비용까지 합쳐 100달러 안팎이 들었다. 브로커는 현지사정을 잘 알고 숙박업을 하는 한족 친구들과 유대가 두터운 조선족을 활용했다.

진솔한 취재를 위해서는 북한 주민을 만나는 방식도 달라야 한다. 공개된 장소에서 만나면 그들이 입을 열지 않기 때문이다. 필자는 대부분 보안이 유지된 호텔방에서 만나거나 조용한 카페를 활용했다. 북한 주민을 만나 솔직한 속내를 듣기 위해서는 무엇이 필요할까? 첫 번째 노하우는 '1:1'로 만나야 한다는 것이다. 북한에서도 그렇듯 해외에 나와서도 여럿이 모인 자리에서는 주민들이 마음을 열지 않는다. 북한 내부에 들어가서 민족화해협력위원회 참사나 통일전선부 사람들, 〈조성중앙방송〉 관계자들을 만날 때도 마찬가지다. 단 둘이 있는 경우를 제외하고는 북한 주민들의 진심을 들을 수 없다. 북한 내에서 취재를 할 경우에도 궁금한 내용이 있으면 잠깐이라도 단 둘이 있는 시간에 물어봐야 한다. 북한에 취재를 갈 경우 안내원을 2~3명 동시에 붙이는 것도 언로를 통제하고 안내원들끼리 상호 감시하기 위해서다. 따라서 북한 내부든 밖이든 주민들을 취재하거나 진심으로 궁금한 것이 있으면 단 둘이 있을 때 물어봐야 한다. 참고로 중국의 경우에도 당·정·군의 간부들을 만나 정책 방향을 취재할 경우, 또는 중국의 속마음이 궁금할 경우에는 단 둘이 있는 자리가 아니면 진심을 말하지 않는다. 공개적인 자리나 여럿이 있는 자리에서 하는 이야기들은 거의 대부분 당의 지침이지 개인적인 의견이 아니다. 사회주의국가에서는 정책에 대해 개인적 의견이 존재하지 않는 사회다. 고위 간부 역시 허가받은 특정인을 제외하고 언론 앞에 나서지 않는 이유도 이 때문이다.

북한 주민 취재의 노하우 두 번째는 상대방에게 신뢰감을 줘야 한다는 것이다. 신뢰감을 준다는 것은 모든 인간관계에서 중요한 요소다. 그러나 북한 주민을 취재하기 위한 과정에서 신뢰감은 조금 다르다. 인간적인 신뢰보다 말한 것을 다른 곳에 옮기지 않는다는 신뢰감을 주는 것이 중요하다. 몰래 촬영하거나 녹음하지 않을 것이라는 신뢰감, 이야기를 메모해서 기사화하거나 글을 쓰지 않을 것이라는 믿음을 줘야 한다. 특히 주의할 것은 단 둘이 대화하더라도 메모하게 되면 북한 주민들은 민감하게 반응한다는 점이다. 따라서 보이지 않는 녹음장비와 몰래카메라를 주로 활용하기도 했다.

북한 밖에서 북한 주민들을 취재하는 세 번째 노하우는 신분위장이다. 앞서 말한 것처럼 북한 주민들은 상대방이 취재자임을 알게 될 경우 만남 자체를 기피한다. 북한 주민들을 만나기 위해서는 신분위장이 필수적인데 필자는 무역회사 직원이나 경제연구소 연구원, 북한에 사는 친척을 찾으려는 이산가족으로 위장한 경우가 많았다. 범죄현장도 아닌데 취재자의 신분을 감추고 몰래카메라로 촬영하는 부분에 대해 도덕적으로 논란이 될 수 있다. 필자도 이러한 문제 때문에 상당기간 양심의 가책을 느끼기도 했고, 북한 취재를 중지할 것에 대해 진지하게 고민한 적도 많았다. 하지만 분명한 것은 북한을 취재하기로 한 이상 다른 방법은 없다. 정직하게 자신을 드러내 놓고 북한 주민들을 만날 수 없기 때문이다.

북한과 중국, 러시아 접경지역에서 북한 주민들을 취재하거나 중국과 러시아의 지방 간부들을 취재할 경우 신분위장이 서로에게 도움이 된다. 경험을 예로 들면 취재팀이 무역회사 직원으로 위장하면 중국의 랴오닝 성이나 지린 성의 대외무역국장 등 주요 간부들을 만나기 쉽다. 투자자로 간주하기 때문이다. 하지만 취재팀이란 것을 알고서 만남에 응해줄 간부는 한 명도 없다. 북한과 중국 사이의 경제협력을 취재할 경우 대부분 소문이나 중국 신문의 보도에 의존하는 경우가 많다. 취재팀이 사실의 진위를 파악하기가 쉽지 않다. 그렇다고 우리나라처럼 지방정부나 시, 군 간부들을 만나거나 통화해 팩트 여부를 확인할 방법도 없다. 북·중경협 현장을 취재하기 위해서는 중국 고위 간부들을 만나야 한다. 그들을 만나기 위해서도 신분위장이 필요하다.

재밌는 것은 중국이나 러시아의 지방정부 간부들도 우리의 정체를 잘 모르지만 무역회사 임직원 자격으로 명함을 교환하면 그들 역시 편하다는 것이다. 후일 당국에 적발되거나 고위층에서 지적을 받는다고 하더라도 상대방이 무역회사 임직원이라고 해서 만났다고 하면 일정정도 면피된다. 해외에서 북한과 관련된 취재의 경우 여론의 다양성이 보장되는 서방 국가가 아닌 경우 신분위장과 위장명함을 사용하는 것은 불가피해 보인다.

신분위장과 관련해 강조하고 싶은 것이 있다. 몰래 취재했기 때문에 취재에 응해준 취재원의 신분을 철저하게 감춰야 한다는 점이다. 취재원이 북한 주민이든 중국이나 러시아의 지방정부 간부든 얼굴이나 음성 변조는 물론 발언 내용으로 취재원을 추정할 수 있는 특정한 사실도 피해갈 수 있도록 처리해야 한다. 이것만이라도 잘 처리해야 위장 취재에 대한 심리적인 부담을 약간이라도 덜 수 있지 않을까 생각한다.

북한 주민들은 만나는 것도 쉽지 않지만 만나서 진심어린 속마음을 듣기는 훨씬 어렵다. 예를 들어 특정 사건이나 현안이 발생할 경우 우리는 민심을 듣기 위해 곧잘 거리 인터뷰를 한다. 거리 인터뷰를 통해 우리는 상당 부분 민심에 접근할 수도 있다. 그러나 북한은 전혀 다르다. 예를 들어 북한의 특정 사안에 대해 주민들을 공개적으로 인터뷰한다면 1명이든 100명이든 모두 같은 대답이 돌아올 것이다. 여론의 다양성이 존재하지 않는 것이다. 〈조선중앙TV〉나 〈노동신문〉을 통해서 알 수 있는 단 하나의 의견만이 공식적으로 존재한다. 북한 주민들을 북한 밖에서 은밀하게 만나 인터뷰를 할 경우에도 마찬가지다. 취재 요령을 모르고 질문을 던지면 천편일률적인 대답이 돌아올 것이다. 일반 주민들의 다양한 여론을 취재하기 힘든 곳은 북한뿐만이 아니다. 민감한 사안일 경우 중국과 베트남 등 구사회주의국가도 마찬가지다. 여론의 다양성이 존재하지 않고, 개인의 의견을 섣불리 말했다가 화를 당할 가능성이 크기 때문이다. 형제나 가족, 친한 친척을 제외하고 주민들은 자신의 속내를 쉽게 드러내지 않는다. 친구의 경우 친한 사람 1~2명 정도, 그것도 '1:1'로 소통하면서 지낸다. 감시와 통제 사회에서 오랫동안 살아오면서 주민들이 몸에 익힌 생존의 노하우다. 북한 주민 누구를 인터뷰하던 앵무새처럼 천편일률적인 대답이 돌아오는 이유다. 어떤 사안에 대해서든 교육 받은 대로 당의 입장만을 말하는 것이다.

그렇다고 북한 주민들의 개인적인 의견이 없는 것은 아니다. 모든 주민들이 감춰둔 개인의견을 가지고 있다. 남한에 대한 생각, 김일성·김정일·김정은 등 최고지도자에 대한 평가, 통일관, 개혁·개방에 대한 기대, 선군정치에 대한 평가, 핵·미사일 개발에 대한 의견, 사랑과 결혼, 미래에 대한 꿈 등 삶의 모든 영역에 있어서 우리처럼 개인의견을 가지고 있다. 문제는 이를 어떠한 방식으로 이끌어 내는지에 따라 취재의 성패가 달려있다.

힘든 과정을 거쳐 북한 주민과 '1:1'로 만났을 경우, 어떻게 인터뷰를 진행하여 상대방의 진심을 끌어낼 것인지가 숙제다. 필자의 경험을 근거로 북한 주민 인터뷰 요령을 소개한다. 첫째, 취재원을 최대한 편하게 해줘야 한다. 만나자마자 취재하듯 이것저것 직접적으로 물으면 안된다. 상대방이 안심할 수 있도록 차도 한 잔 마시면서 여유를 가지고 자신을 밝혀야 한다. 무역회사 임직원이면 북한에 투자할 대상을 찾고 있다든지, 친척을 찾는 사람이라면 자신의 가정사를 잠깐 이야기한다든지, 학자라면 자신이 무엇을 연구하고 조사하는지에 대해 설명해야 한다. 물론 꾸며낸 말이지만 상대방의 마음을 열기 위해서는 이러한 절차가 꼭 필요하다.

둘째, 궁금한 것은 나중에 질문해야 한다. 예를 들어 김정은에 대한 북한 주민들의 생각을 취재하고자 만나자마자 김정은에 대한 이야기부터 물어보면 완전히 실패한다. 북한 주민들은 최고지도자를 정치적으로 평가하는 것을 가장 두려워한다. 북한에 있을 때도 경배하고 충성을 맹세하는 경우를 제외하고 최고지도자를 입에 올려본 경험이 거의 없는 사람들이다. 성역이기 때문이다. 그런 사람들에게 더구나 한국인이 대뜸 최고지도자에 대해 어떻게 생각하느냐고 물으면 바짝 긴장하고 취재자의 신분을 의심하게 된다.

필자는 주민들이 가장 관심을 많이 가지고 있는 쌀, 옥수수, 식용유, 돼지고기 등 시장 물가부터 물어본다. 환율의 변동추이도 중요하다. 외국에 나오는 주민들은 환율에 민감하기 때문이다. 참고로 거의 모든 북한 주민들은 어떤 형태로든 시장과 관련되어 있다. 교사나 노동당 간부라 할지라도 공식적인 직업 외에 별도로 장사를 하거나 본인이 아니더라도 가족 중 누군가는 시장 활동에 참여하고 있다. 그렇지 않고서는 가족들의 생계를 꾸려갈 수 없는 것이 현재 북한의 경제 상황이다. 따라서 무슨 장사를 하는지, 어떤 품목을 거래하는 사람들이 돈을 잘 버는지 등 생활 주변의 이야기부터 풀어가면서 상대방을 안심시키는 것이 중요하다. 그렇게 대화가 30분 이상 진행되고 상대방이 긴장을 풀었다고 생각할 때 그때 상황에 맞춰 궁금한 것을 물어보면 된다.

셋째, 개인의 사생활과 관련한 질문은 가능한 삼가는 것이 좋다. 지속적으로 말하지만 북한 주민들은 자신이 남한 사람을 만났다는 사실이 드러나는 것을 극도로 꺼려한다. 마찬가지로 자신의 신상이 누군가에게 알려지는 것도 두려워한다. 개인정보는 그가 사는 동네와 하는 일을 물어보는 정도에 그쳐야 한다. 자기보호 차원에서 사는 동네를 거짓말로 대답하는 경우도 많다. 하는 일과 관련해서는 지역과 장소를 특정하지 않으면 비교적 좋은 정보를 얻을 수 있다. 예를 들어 교사에게 학교 현장에서 일어난 일들을 물어보면 좋은 답변을 들을 수 있는데, 이러한 것들은 지역이나 학교별 차이가 크지 않기 때문에 일반론으로 접근하면 되기 때문이다.

넷째, 북한은 정보가 철저히 통제된 사회라는 것을 명심해야 한다. 지금까지 취재 과정에서 수십 명의 평양 시민들을 만났지만, 평양시 인구를 대충이나마 아는 사람은 없었다. 자신이 사는 지역도 이러한데 다른 지역은 말할 것도 없다. 이동이 자유로운 것도 아니고 우리처럼 미디어가 발달해 사회적 소통과 정보교류가 활발한 것도 아니다. 자신이 사는 동네와 하는 일, 시장동향, 조직활동과 관련된 것만 물어보면 된다. 신의주에 사는 주민에게 평양 소식이나 당·정·군의 움직임을 물어본들 의미 있는 대답을 듣기 어렵다. 보따리 장사나 무역을 업으로 하는 사람이라면 관련된 내용이나 신의주의 이모저모, 시장동향, 소득이나 생활물가 등을 물어보면 된다.

최근 탈북민이 종편채널에 출연하여 북한 사회의 이모저모를 마치 다 알고 경험한 듯이 말하는데, 이러한 이야기들은 대부분 중국에 있을 때 또는 한국에 와서 들었을 가능성이 크다. 중국에 처음 나온 북한 주민을 만났을 경우 그가 아는 것은 북한 사회 전반이 아니라 자신이 살아오면서 경험한 내용, 그 가운데서도 사는 동네와 다녔던 학교, 시장, 직업과 관련된 것이 전부라는 사실을 꼭 명심해야 한다.

다섯째, 가능한 상대방의 입장을 고려한 용어를 구사해야 한다. 김정일을 호칭할 일이 있으면 '장군님'이라고 불러주고, 김정은에 대해서는 '김정은 동지'나 '원수님'처럼 북한에서 불리는 호칭을 사용하는 것이 좋다. 나라 이름도 북한이라고 하는 것보다는 '조선', '조국', '공화국'이라고 불러주는 것이 좋다. 필자는 북한 주민과 인터뷰 할 때는 남한이라는 호칭 대신 '남조선'이라는 용어를 사용했다.

여섯째, 취재자의 감정을 드러내거나 상대방을 설득하려고 해서는 안 된다. 북한 주민들 가운데는 자신이 사회주의자인 것에 대해 자부심을 갖고 철학을 강요하려는 사람들도 있다. 간부들일수록 그러한 경향이 많은데 그들은 취재 가치가 높다. 대화 중에 남한을 '미제의 식민지'라고 한다거나 북한을 살기 좋은 사회로 주장하더라도, 흥분하거나 반론을 제기하지 말고 동의를 표해주는 것이 중요하다. 3대 세습을 비판한다거나 인권 문제 제기도 피하는 것이 좋다. 천안함 사건을 남조선이 조작했다고 주장하더라도 반박하지 않는 것이 좋다. 논쟁하거나 설득하기 위함이 아닌 취재를 위해 만났기 때문이다.

일곱째, 인터뷰 도중 수첩이나 종이를 꺼내놓고 적거나 준비해 간 인터뷰 요지를 보고 질문하지 않는 것이 좋다. 북한 주민들은 자신이 한 말이 기록으로 남겨지거나 문자로 정리되는 것을 극도로 두려워한다. 카페에서 친구와 대화하듯 편한 마음으로 묻고 답하는 것이 좋다. 물론 모든 과정을 녹음하거나 몰래 촬영하는 것은 필수적이다. 필자의 경우 촬영과 녹음을 항상 동시에 진행했다. 녹음이나 촬영 과정은 장비들이 제대로 작동하는지 중간에 확인하는 것이 불가능하다. 인터뷰 대상자가 약속 장소에 들어오기 전에 설치하기 때문에 두 가지를 동시에 진행하는 것이 좋다. 실제로 카메라가 배터리나 기계 결함으로 정지된 경우도 수차례 있었다. 음성을 따로 녹취하지 않으면 낭패를 보게 된다.

여덟째, 모든 취재는 취재팀이 아는 정도에 따라 취재의 질과 내용이 달라진다. 실제로 북한 주민들을 만나 인터뷰를 하다보면 못 알아듣는 이야기들이 많다. 언어의 차이도 있지만 생활문화나 직업의 차이가 크기 때문이다. 필자가 북한 주민들을 취재하던 초기에는 '8·3벌이'라는 말을 듣고 무심코 흘려버린 적이 많았다. 무슨 뜻인지 몰랐기 때문이었다.

'8·3'의 의미는 1984년 김정일이 후계자 시절 제시한 '인민소비품 증산운동'에 근거한 것이다. 중공업우선 정책으로 주민들의 소비품이 부족해지자 공장에서 유휴자재나 폐품을 활용해 소비품을 생산하여 주민들에게 공급하도록 했다. 김정일이 증산운동의 지시를 내린 날을 따서 '8·3운동'이라고도 하며, 공정에서 나오는 폐기물과 부산물, 유휴자재를 이용해 만든 생활용품을 '8·3인민소비품'이라고 한다. '고난의 행군' 이후 배치 받은 직장에 출근하는 대신, 부업을 해서 회사에 일정 금액을 납부하고, 생계를 유지하는 것을 '8·3벌이', 혹은 '8·3노동'이라고 부른다. 북한의 공장이나 기업소는 근로자 가운데 장사 수완이 좋은 사람들을 선발해 '8·3노동'을 시킨다. 그들이 벌어 온 돈으로 회사를 운영하기 때문이다. 북한의 공장이나 기업소에서는 전체 근로자의 5% 범위 내에서 '8·3제도'를 활용한다. 취재팀이 '8·3'의 의미를 모른다면 상대방이 무슨 말을 하는지 이해하지 못하고, 후속 질문도 할 수 없게 된다. 꼬리에 꼬리를 문 심층 인터뷰가 가능하기 위해서는 북한 사회에 대한 전반적인 이해가 필요하다.

아홉째, 교차확인과 검증이 필요하다. 북한은 극도로 통제된 폐쇄사회다. 정보가 자유롭게 소통되지 못하니 사는 지역과 하는 일, 지위에 따라서 세상을 보는 눈이 다르다. 식량 문제만 하더라도 함경도, 강원도, 황해도, 평안도 등 어느 지역에 사는지에 따라 위기의 감도가 다르다. 한 사람의 말만 믿고 그것이 전부인 것처럼 확대 해석하는 것은 곤란하다. 필자는 특정 사안을 취재하기 위해 최소한 10여 명 이상을 인터뷰했다. 지역과 나이, 성별, 직업, 출신성분을 안배하여 동일한 질문을 반복한다. 그렇게 하다보면 서로의 의견이 모아지는 지점이 있다. 주민 생활과 관련해서는 교차검증이 특히 중요하다. 현재 북한에서는 빈부차가 상당하기 때문이다. 자신이 속한 계층에 따라 식량 문제나 경제 현안을 보는 시각이 다르다. 교차검증과 확인은 북한 주민들을 취재하는 데 있어서 대단히 중요하다.

조선족·한족·화교 '정보획득의 핵심 네트워크'

접경지역 취재가 중국에서 이뤄지다 보니 취재원으로서 중국인도 매우 중요하다. 조선족, 한족, 북한에 거주하는 화교가 주요 대상이다. 한족과 조선족은 접경지역에 거주하면서 북한과 무역을 하거나 북한 주민들을 자주 만나는 사람들이다. 업무상 북한 정보를 자주 접하기도 하고 북한 내부의 사소한 변화에도 민감하다. 북한 권력 내부의 핵심정보는 몰라도 주민들의 생활, 시장의 변화, 북·중 간 무역 및 투자, 교류현황에 대해서는 유용한 정보를 얻을 수 있다. 특히 중국의 대북제재 실태나 인적교류를 취재하기에 좋은 정보원들이다. 북한에 거주하는 화교는 국적은 중국이지만 북한에서 태어나고 자란 사람들이다. 국적이 중국이기에 횟수에 제한받지 않고 언제든 중국을 드나들 수 있다. 중국에 친인척, 지인들도 많다. 그렇지만 북한에서 자랐고 살고 있기에 사고방식과 생활은 중국인이 아닌 북한 주민들과 같다. 경제위기 이후 북한의 시장화 초기에는 화교들의 역할이 컸다. 중국을 자주 드나들 수 있는 이점을 활용해 보따리 무역을 주도했기 때문이다. 지금도 북·중무역과 소통에 중요한 역할을 하고 있다.

조선족은 한민족 혈통을 지니고 중국에 거주하는 중국 국적 보유자들이다. 약 200만 명 정도로 추산되고 있으며, 대부분이 랴오닝, 지린, 헤이룽장 등 동북3성에 근거지를 두고 있다. 조선족은 19세기 중후반 경제적으로 어려움을 겪던 조선인들이 생계를 위해 만주로 이주하면서 형성되기 시작했다. 1910년 조선이 일본에 의해 국권을 빼앗기며 이주자가 더욱 늘어났다. 이들은 1945년 8월 15일 일본이 패망하면서 귀환하려고 했으나, 남북이 분단되고 중국이 공산화되면서 눌러앉게 되었다. 현재는 소수민족으로 중국 국적을 보유하고 있다. 개혁·개방 이후 산업화·도시화가 진전되면서 젊은이들이 도시로 떠나고, 한·중수교 이후에는 한국으로 돈을 벌기 위해 가는 사람들이 늘어나면서 동북3성의 조선족 공동체는 많은 변화를 겪었다. 조선족 학교 및 가족 해체도 심화되었다. 압록강과 두만강 등 국경을 따라 형성되었던 조선족 공동체도 노인들만 남아 명맥을 잇고 있다. 옌벤조선족자치주의 인구 구성도 한족 중심으로 재편되고 있다.

압록강과 두만강을 따라 형성된 중국의 농촌 마을에는 조선족이 많이 거주한다. 그들은 합법이든 불법이든 중국에 나오는 북한 주민들을 중국 사회와 연결해준다. '고난의 행군' 시기에 북한 주민들이 대규모로 국경을 넘었을 때 그들을 도와주고 보호해 준 사람들도 조선족이었다. 탈북 브로커로 활동하고 탈북민을 이용해 인신매매를 한 사람들도 조선족이었다. 북한과 중국의 무역, 투자, 인적교류를 직접 진행하거나 중개한 이들도, 북한산 마약이나 골동품 등을 중국, 한국, 일본에 중개한 사람들도, 한국에 일하러 와서 한국의 문화와 유행, 상품을 중국과 북한에 소개한 이들도 모두 조선족이었다.

북·중 접경지역을 취재한다는 것은 아이템이 무엇이든 조선족과의 협업을 전제로 이뤄진다. 북·중 간의 무역, 투자, 인적교류를 비롯해 밀

수, 마약 등 불법거래에 이르기까지 조선족을 통하지 않고서는 취재가 불가능하다. 북한 주민들을 소개받고 북한 내부의 변화를 취재하기 위해서도, 탈북민이나 탈북 과정의 인권유린, 인신매매를 취재하기 위해서도 조선족이 필요하다. 따라서 접경지역 취재의 핵심은 취재 내용에 맞는 적합한 조선족을 만나는 것부터 시작된다.

다음으로 중국은 한족의 나라다. 중국에는 조선족을 포함해 55개의 소수민족이 있지만, 전체 인구 가운데 92%가 한족이다. 한족은 총인구 13억 명에 이르는 세계 최대의 민족 집단이기도 하다. 한족은 중국뿐만 아니라 타이완, 동남아시아, 미국과 유럽 등 전 세계에 진출해 있다. 중국이 한족의 나라인 만큼 북·중관계도 한족이 주도한다. 정치, 군사, 외교뿐만 아니라 경제관계도 핵심은 한족이 결정한다. 무역이나 투자도 규모가 큰 것은 한족이 담당하고 있다. 북·중 간의 무역이나 투자, 경제정책을 취재하기 위해 한족이 중요하다는 말이다.

그동안 단둥·훈춘 시, 랴오닝·지린 성의 무역정책 및 대외투자를 담당하는 고위 공무원들을 수차례 만나고 취재하며 북·중무역과 투자현황을 알 수 있었다. 중국의 창지투개발계획이나 임해지역개발계획도 들을 수 있었다. 그런데 이들 대부분이 한족이거니와 그들을 만나기 위해서도 한족을 통해야 한다. 중국도 공산당이 통치하는 당-국가 체제이기에 당의 영향력이 절대적이다. 북한과 대규모로 무역을 하거나 북한에 투자하는 사람들은 당과 긴밀한 관계 속에서 진행한다. 따라서 규모가 큰 사업가들을 통하면 지자체나 성정부의 고위 인사들을 만날 수 있다. 전제 조건은 취재팀의 신분이 드러나서는 안 된다. 경제인이든 고위 관료든 중국인들은 한국의 미디어 관계자들을 만나는 걸 회피한다. 내용이 북한과 관련될 경우에는 더욱 그렇다. 북한과 관련된 내용으로는 중국이 취재 비자를 내주지도 않지만, 관광 비자로 간다고 해도 취재팀이라는 사실이 드러나면 원하는 취재는 불가능하다.

북한과 거래하거나 북한에 투자한 한족 경제인들을 만나면 얻을 것이 많다. 그들은 돈을 버는 것이 목적이기 때문에 남북한의 정치 상황에는 큰 관심이 없다. 한족 경제인으로부터 들은 일화를 하나 소개한다. 단둥 시내에서 단독건물을 가지고 있는 제법 규모가 큰 사업가를 만났는데 평양의 시장 건설과 평안북도의 석탄광산 개발에 투자를 했다. 그런데 제일 큰 불만은 아무 때나 자신이 투자한 사업장을 방문할 수 없다는 점이었다. 방북 신청을 해도 북한에서 비자를 내줘야 갈 수 있고, 평양에 가서도 안내원의 허락과 동행이 없는 상황에서는 사업장에 갈 수 없다고 했다. 통신도 자유롭지 못해 평양에 있을 때는 환율이나 원자재의 국제시세도 때맞춰 알 수 없다고 했다. 환율과 국제시세를 제때에 알지 못한다면 어떻게 무역을 할 수 있겠는가? 북한에 투자하고 북한과 사업한다는 것이 얼마나 어려운 일인지를 상세하게 들을 수 있었다.

마지막으로 화교는 '해외에 정착하여 문화·사회·법률·정치적 측면에서 본국과 유기적으로 연결되어 있는 중국인 또는 그 자손'을 말한다. 북한에 사는 화교는 대략 6천여 명 안팎으로 알려져 있다. 평양과 신의주에 제일 많이 살고 북·중 접경지역에도 많이 거주한다. 중국과 무역을 하고, 북한 시장에서 경제 활동도 주도한다. 중국을 자유롭게 드나들 수 있다는 이점 때문에 일찍부터 경제활동에 참여했고 북한의 시장화를 주도했다. 일찍 장사를 시작해 대부분 돈주가 되었다. 화교가 북한의 시장 활동을 주도할 수 있었던 힘은 국적이다.

화교가 북한 주민들에 비해 돈을 벌기 쉬운 이유는 다음과 같다. 북한에 사는 화교는 가족 중 한 사람을 중국에 보낸다. 그는 단둥이나 선양에 거주하면서 북한에 사는 가족들과 수시로 연락한다. 북한의 시장에서 부족한 것이 무엇인지, 중국과 북한의 시장에서 가격차이가 큰 상품이 무엇인지 조사해 서로 정보를 교환한다. 그래서 이윤이 큰 상품을 중국 시장에서 도매로 구입해 북한에 있는 가족들에게 보낸다. 북한에 사는 화교는 북한 내에서 도매상이기 때문에 중국에서 받은 상품을 소매상들에게 넘긴다. 이런 방식으로 화교들은 북한의 시장을 장악했다. 양국에 가족들이 분산하여 거주할 수 있고, 언제든 오갈 수 있으며, 신뢰가 두터울 수밖에 없는 가족관계망을 이용하기 때문에 북한 주민들에 비해 유리할 수밖에 없다. 자본이 있고 중국어를 잘하며 중국에 주거지가 있어 북한의 간부들 특히 보위부원들과 관계망을 구축하기도 쉽다.

북·중무역의 중심도시인 단둥을 예로 들면, 북한에서 트럭이 나올 때 운수지도원이라는 명목으로 보위부원들이 따라 나온다. 보통 트럭 7~8대 당 1명씩 보위부원들이 따라 나와 운전기사들의 동태를 감시한다. 달리 말하면 운수지도원은 트럭 운전사 7~8명의 책임자다. 운수지도원은 북한에서 나온 트럭이 돌아갈 때 적재할 물건과 세관통과 여부까지 좌우할 수 있다. 시시각각 북한에 상품을 들여보내야 하는 화교 입장에서는 운수지도원이 중요할 수밖에 없다. 운수지도원 입장에서는 강 하나 건너는 것이지만, 중국에 나오는 것이 해외출장이라 기대치가 높다. 단둥에 사는 화교들은 때를 놓치지 않고 운수지도원들에게 식사 및 유흥을 제공한다. 필요한 선물도 제공한다. 운수지도원들이 화교들에게 신경을 써줄 수밖에 없는 환경을 만들어 놓는 것이다.

단둥의 구시가지에는 '고려인 거리'가 있다. 단둥세관 앞 골목에 형성된 상가다. 의류나 신발부터 각종 잡화, 생필품, 건설자재, 공장설비에 이르기까지 북한에서 필요로 하는 상품을 거래하는 상점들이 쭉 늘어서 있다. 이곳은 오래전부터 북한과 무역하는 화교들이 장악했다. 북한에서 나오는 무역일꾼들이 자주 찾다보니 카페, 식당, 호텔 등이 들어섰다. 한국인들도 모여들었다. 한류가 유행하면서 한국 문화상품, 기념품, 건강식품을 파는 상점과 사우나, 호텔 등이 생겼다. 남북한 주민들이 함께 모여들기 시작하면서 단둥 시에서 '고려인 거리' 입간판도 세웠다. 그러나 터줏대감은 화교들이고 북한과 무역하는 도매상인들이다. 북한에서 나오는 무역일꾼, 보위부원들도 대부분 이곳이 주요 활동무대다.

한국에 온 3만여 명의 탈북민이 북한에 두고 온 가족, 친인척들과 전화통화를 하고 송금하기 위해서도 화교들을 거쳐야 한다. 화교들은 북한 내에서 중국전화기를 보유하고 있다. 송금 수수료로 30% 가량을 떼고, 북한 내에서 전화를 연결해 줄때도 돈을 받는다. 한국에 탈북민 가족을 둔 북한 주민이 통화하기 위해서는 화교에게 비용을 지불하고 중국전화기를 빌려 한국에 국제전화를 걸어야 한다. 그렇기 때문에 한국에 거주하는 탈북민은 주로 북한에서 걸려오는 전화를 받고 본인이 직접 거는 것은 어렵다. 특정 시간에 중국 전화기가 있는 화교 집에 가족이 와 있어야 하기 때문이다. 화교라고 해서 북한에서 자유롭게 전화기를 소지하고 한국과 통화할 수 있는 것은 아니다. 그들은 중국 국적자이고 중국과의 소규모 무역을 통해서 생계를 유지하기에 중국과 소통할 일이 많다. 불법이지만 그들이 중국전화기를 보유하는 이유다. 따라서 탈북민과 가족을 연결해 줄 때에도 깊은 산속이나 사람들의 눈에 띄지 않는 곳에서 은밀하게 통화가 이뤄진다. 접경지역에서 활동하는 북한 화교는 취재원으로서 정보가치가 상당히 높다. 화교 네트워크를 통해서도 북한 주민, 무역상인, 보위부원 등 다양한 집단에 접근이 가능하다.

안전대책
'장비와 취재원을 보호하라'

중국과 러시아에서 제대로 취재를 진행하려면 취재비자를 받는 것이 여러모로 좋다. 그러나 두 나라 모두 접경지역 취재 건으로는 비자를 주지 않는다. 관광비자로 취재를 해야 한다. 그러다보니 여러 안전대책이 필요하다. 중국에 관광비자로 온 사람들이 취재하다 붙잡히면 조사를 거쳐 추방되지만 그렇게 쫓겨날 경우 상당기간 중국에 들어갈 수 없다. 관광비자도 발급해 주지 않기 때문이다. 따라서 일단 들어가면 걸리지 않는 것이 중요하다. 접경지역 취재를 위해서는 우선 중국이나 러시아의 관광비자를 받아야 한다.

취재장비도 챙겨야 하는데 이때 유의할 점이 있다. 만일의 경우에 대비해서 언론사 소속이라는 증표가 나오지 않도록 짐을 정리해야 한다. 예를 들면 위장명함을 만들어야 하고, 촬영이나 녹음장비에 붙은 회사로고를 떼어야 하며, 녹음 및 녹화 테이프도 내용물을 지워야 한다. 특히 중요한 것은 노트북이나 모바일 폰에 취재진임을 드러낼 수 있는 사진, 동영상, 자료 등이 없어야 한다. 취재 도중 중국 공안에 걸리면 카메라, 노트북, 모바일 폰에 저장된 사진, 동영상 자료부터 뒤진다. 그러다가 언론사 소속이라는 물증이 드러나면 조사가 길어지고 추방당하며 상당기간 중국 입국이 제한된다.

필자도 접경지역에 취재 갈 때는 노트북과 휴대폰을 빌려 내용물을 모두 지우고 백지상태로 만들어 가지고 다녔다. 국내 모 언론사에서 접경지역을 취재하다가 걸린 적이 있었는데 그때 빠져나올 수 없었던 것이 취재기자의 노트북 때문이었던 적도 있었다. 취재 중 노트북에 저장한 각종 사진과 자료들 때문에 취재팀임이 드러났던 것이다. 접경지역 취재 시 촬영장비와 노트북, 휴대폰을 백지상태로 설정해야 한다는 사실을 꼭 명심해야 한다.

취재하다가 중국 공안의 단속에 걸리게 되면 일단 여권을 빼앗기고, 일정한 장소에 구금되며, 조사를 받게 된다. 사안이 가볍다고 판단되면 여권을 빼앗고 호텔에서 숙식하게 하면서 조사를 진행하지만, 엄중할 경우 중국 사법시설에 감금하고 조사를 한다. 어느 경우든 조사의 초점은 어떤 내용을 취재했는지와 취재자의 신분이다. 감출 수만 있다면 끝까지 취재팀이 언론사 소속이라는 사실을 감추는 것이 좋다. 언론사 소속이 드러날 경우 일정기간 중국 입국을 제한 당할 가능성이 크기 때문이다. 취재 내용도 가능한 축소하는 것이 중요하다. 그러기 위해서는 취재물을 잘 감춰야 하고 취재원을 분산해 관리하는 것이 중요하다.

취재원을 분산하여 관리한다는 것은 코디네이터를 여러 명 쓴다는 말이다. 일종의 프로젝트별 코디네이터다. 필자는 북한 주민들을 소개해 줄 코디네이터와 북한에 투자한 조선족 사업가들을 소개해 줄 코디네이터, 국경 현장을 안내해 줄 코디네이터를 각각 분리해서 활용한 경우가 많았다. 코디네이터 상호 간에는 서로를 모르도록 점조직 형태로 운영했다. 비용은 정해진 수준 안에서 프로젝트별로 나눠 지급했다. 코디네이터 가운데 취재팀이 언론사 소속원임을 아는 사람도 있었고, 무역회사 직원이나 연구원으로 아는 사람도 있다. 어떤 경우든 몰래카메라를 사용할 경우에는 코디네이터들 모르게 했다. 즉 한국에서 간 사람들끼리만 비밀리에 몰래카메라 정보를 공유했다. 방송제작팀의 경우 중국이나 러시아 취재 시 몰래카메라 정보를 코디네이터와 공유하지 않는 것이 상당히 중요하다. 취재팀이 몰래카메라를 운영한다고 알려지면 뉴스 가치가 높은 사람이나 현장을 소개받지 못할 가능성이 크기 때문이다. 코디네이터도 현지인이기 때문에 업무 이전에 보호해야 할 사람들이 있기 때문이다.

당국에 적발될 경우 취재팀을 실어 나른 운전사도 수사대상이다. 필자도 위험지역에서는 날마다 차를 바꿔 타는 경우가 많았다. 만일 걸리게 되면 그날 일만 실토하고 조사를 받으면 되기 때문이었다. 코디네이터든 운전기사든 모두 중국인이기 때문에 그들이 전체 취재 내용과 동선을 파악하지 못하도록 하기 위해서였다. 필자가 이처럼 엄격한 취재방식을 선택한 이유는 1990년대 말부터 2000년대 초반까지 취재 도중 적발되어 오랜 기간 고생한 사람들을 많이 보았고, 그럴 경우 조사 기간의 고생이나 추방보다 중국 재입국과 취재가 제한을 받기 때문이었다.

북한 밖에서 북한 주민들을 취재하고, 중국의 국경지역에서 북한을 취재하기 위해서는 소형 몰래카메라, 오디오 녹음기, 파일을 저장할 수 있는 노트북, 한국과 중국의 휴대전화 등 여러 장비를 복수로 가져가는 것이 좋다. 어떤 장비를 가지고 가든 소속사의 자산임을 알 수 있는 표지는 모두 떼어야 한다. 촬영한 테이프나 칩, 노트북 관리도 중요하다. 단속에 걸릴 경우 소지품을 모두 조사하고 위반사항이 있을 경우 압수하기 때문이다. 필자는 촬영보다 촬영한 영상물을 관리하는 데 훨씬 더 많은 정성을 기울였다. 촬영한 테이프는 여유 분량이 남아있어도 매일 탈착하여 침대 시트 밑에 보관하기도 했고, 믿을 만한 사람에게 맡기기도 했다. 중국의 웬만한 호텔에는 공안 외사팀이 상주하고 있고, 공안 당국은 프론트의 입실자 명단을 통해 어떤 사람들이 숙박하는지 체크한다. 낮 시간에 방이 빈틈을 이용하여 누군가 노트북을 열어본 것 같다고 증언하는 사람들도 필자 주위에는 많다. 시간이 많이 소요되고 인터넷 상황이 고르지 못한 곳이 있다는 단점이 있지만 현지에서 촬영한 내용을 매일 웹하드에 올리는 방법도 고려해 볼만하다. 모든 취재가 끝나고 귀국하기 위해 통관할 때도 긴장의 끈을 놓지 말아야 한다. 촬영한 테이프나 영상물은 가능한 수하물편에 보내는 것이 좋다. 지니고 가는 짐에 비해 검색이 덜하기 때문이다.

방송제작팀은 접경지역 취재 시 대부분 몰래카메라를 사용한다. 몰래카메라를 사용하지 않는 인쇄매체도 취재자의 신분을 감추고 취재하기는 마찬가지다. 몰래 취재하기 때문에 취재원 보호가 무엇보다도 중요하다. 북한 주민들은 자신이 중국에 체류할 때 남한 언론의 취재에 응했다는 사실이 드러날 경우 정치범으로 간주되어 온 가족이 처벌을 받는다. 중국 국적이지만 화교들도 마찬가지다. 북한에서 추방되거나 간첩죄로 처벌 받는다. 북한과 무역을 하거나 북한에 투자한 조선족, 한족 등 중국인들도 자신들의 신상이 남한 언론에 공개될 경우 북한과의 모든 거래가 끊길 수 있다. 중국의 고위 간부들도 마찬가지다. 접경지역 취재에서 만난 모든 사람들에게 엄격한 신변보호가 필요하다.

취재원의 신변보호를 위해서는 몇 가지 조치가 필요하다. 첫째는 취재원의 얼굴과 목소리, 개인정보가 일체 노출되어서는 안 된다. 취재원이 북한 주민인 경우 사는 도시, 직업, 나이, 출입국 날짜 등도 드러나서는 안 된다. 역추적이 가능하기 때문이다. 둘째, 중국에 처음 나오는 북한 주민들은 자기보호 역량이 부족한 경우가 많아 취재진이 감춰줘야 한다. 필자는 이름뿐만 아니라 사는 지역, 직업 등을 가짜로 표기하기도 했다. 셋째, 최근에는 대부분의 영상이 파일로 저장되기 때문에 사용 후 뒤처리도 아주 중요하다. 편집 과정에서도 해당 파일은 취재자만 접근 가능해야 하고, 사용 후에는 완전하게 삭제하는 것이 좋다. 취재팀에게는 하나의 프로그램과 기사를 만드는 일이지만, 취재를 도와준 대상자들에게는 생명이 걸린 문제라는 것을 꼭 명심해야 한다.

2

북한이탈주민 취재가이드

천차만별 탈북사례
'정보가치 따져 접근해야'

뉴스 가치가 높다고 해도 접경지역과 북한 주민들 취재가 어렵다 보니 차선책으로 선택하는 것이 남한에 정착한 탈북민을 취재하는 것이다. 탈북민은 북한에서 살다가 목숨을 걸고 국경을 넘은 사람들이다. 대부분은 지금도 북한에 가족이나 친지가 있어 정기적으로 연락을 하고 돈도 보낸다. 북한 사회를 잘 아는 사람들인 것이다. 하지만 탈북민 역시 취재가 쉽지 않다. 특히 정보가치가 높은 사람들이거나 북한에서 온 지 얼마 안 된 사람일수록 접근이 쉽지 않다. 탈북민은 기본적으로 실향민이자 이산가족이다. 가족이 함께 탈북해 남한에 정착한 경우라도 형제자매나 부모, 처가 식구들이 북한에 살고 있다. 북한에 두고 온 친척들을 보호해야 할 책임이 있는 사람들이다.

필자가 보기에 남북의 가장 큰 차이 가운데 하나는 가족에 대한 책임의식이다. 예를 들어 형제들이 모두 출가해 일가를 이뤘을 경우 남한은 서로에 대한 경제적 책임의식이 희박하다. 형이 사업하다가 잘못되었다 하더라도 동생이 경제적으로 책임을 져야 할 의무가 없다. 북한은 다르다. 형이 시장에서 장사를 하다가 사업을 접을 경우 형의 가족들이 두 달이든 세 달이든 동생 집에 얹혀사는 경우가 다반사다. 동생 가족이 방 한 칸에서 산다 하더라도 형 가족들도 그 방에 얹혀살면서 재기할 때까지 신세를 진다. 그렇게 해야 한다는 것에 대해 동생네든 형네든 이상하게 생각하지 않고 당연하게 받아들이는 경우가 많다. 가족애가 남한보다 강하고 두터운 것이다.

북한의 정치범 수용 방식에 대해 비난을 많이 하는 국제사회도 의아하게 보는 대목이 바로 이 부분이다. 누군가 잘못을 하면 그 사람만 형사처벌하는 것이 국제사회의 관례인데, 유독 북한만 가족을 수용소에 수감한다. 그것이 영구적인 격리 수용소가 되었든 잠정적인 형태가 되었든 대부분 가족을 함께 수용한다. 평생 바깥세상을 구경할 수 없는 영구격리 수용소에서도 북한 주민들이 생을 마감하거나 집단적으로 저항하지 않고 순응하는 것은 함께 살아가는 가족이 있기 때문이라고 필자는 생각한다. 이처럼 가족애가 강한 사회에서 살다가 온 사람들이기에 탈북민은 북한에 남은 가족이나 친지들에게 평생 죄의식을 느끼며 산다. 자신 때문에 남겨진 가족들이 불이익을 받을지도 모른다는 불안감, 남한에서 배불리 먹을 때 맛있는 음식을 혼자 먹는다는 죄책감 등으로 괴로워한다. 하물며 남은 가족들에게 피해가 갈 줄 뻔히 알면서 자신의 신분을 드러내고 솔직하게 이야기한다는 것은 쉬운 일이 아니다. 탈북민을 취재할 때에는 이 사실을 유념해야 한다.

탈북민 가족에 대한 북한의 대응은 다양하다. 탈북하기 전 북한에서의 지위나 신분, 탈북 사유와 경로, 탈북민의 남한 내에서의 활동 여부에 따라 가족에 대한 처벌수위가 다르다. 경제적 어려움으로 탈북해 남한에서 정치 활동을 하지 않고 조용히 지낼 경우, 북한에 남은 가족들에게 특별한 처벌을 가하지는 않는다. 북한 주민들은 가족 가운데 일부가 탈북해 남한으로 가면 그 사실을 감춘다. 경제적으로 능력이 있거나 지위가 높은 사람들은 남한으로 간 가족을 사망처리 한다. 행정기관에 돈을 써 서류를 조작하는 것이다. 사라진 가족을 사망처리 함으로써 남은 가족들이 입게 될지도 모를 피해를 최소화한다.

사망처리를 할 정도로 돈이나 힘이 없는 경우에는 남쪽으로 간 탈북자를 행방불명으로 처리한다. 중국에 돈을 벌기 위해 가다가 어떻게 됐는지 모르겠다고 신고하는 것이다. 가끔씩 탈북자들이 다시 북한으로 들어가 가족을 데리고 나오거나 남한행과 북한행을 반복하는 것에 대해 의아해하는 사람들이 있는데 그들이 북한 내에서 행방불명 처리가 되어 있기 때문에 가능하다. 중국에 돈을 벌기 위해 갔다고 말하면 가벼운 처벌이나 훈방 조치로 풀려난다. 사망이든 행방불명이든 중요한 것은 사라진 가족이 남한에 가지 않았다는 사실이다. 남한에 정착한 탈북민이 자신의 얼굴과 신분을 드러내지 않고 미디어와의 접촉을 꺼리는 이유다. 따라서 탈북민 역시 북한 주민들처럼 취재 후 신변보호에 철저해야 한다. 또한 탈북민 취재는 섭외도 쉽지 않지만, 취재된 내용을 검증하는 것도 만만치 않다. 국내 언론이 북한 관련 대형 오보를 낸 적이 많은데 그 가운데 상당수는 취재원이 탈북민이었다. 따라서 탈북민 취재 시 가장 중요한 것이 팩트의 교차검증이다.

우선 탈북민에 대한 기초적인 정보를 파악해보자. 탈북민의 출신지역은 대부분 함경도와 양강도다. 북한에서는 지역 간 자유로운 이동이 거의 불가능하다. 단순 여행에도 인민반, 보안서, 보위부를 통해 통행증을 발급받아야 한다. 국경지역이나 평양은 별도 승인번호 등 복잡한 절차를 거쳐 통행증을 발급 받는다. 지역 간 교류나 이동이 거의 없으므로 탈북민 몇 명을 통해 북한 전역의 실태를 파악하려는 것은 무리다. 최근 휴대폰 사용이 늘어나면서 지역 간 소통이 이전에 비해 늘었다고는 하지만, 전화로 얻는 정보는 제한적이다.

국내에 입국한 탈북민 가운데 60% 이상이 북한에 살 때 농업에 종사했거나 농촌 거주자다. 3만여 명이 넘는 탈북민 가운데 성별로는 여성이 70% 이상이다. 대부분 농사를 지으면서 장마당에도 나가고, 국경을 통한 밀수, 가내수공업 형태의 제조 등 단순 노무에 종사했던 사람들이다. 북한에서는 중등학교(남한의 고등학교)까지 의무교육이므로 탈북민은 모두 고졸 이상의 학력 소지자들이다. 그러나 어린 나이에 탈북하여 중국에 오래 체류한 탈북민은 한글조차 모르는 경우가 많다.

3만 명이 넘는 탈북민의 한국 사회 적응 실태는 다양하다. 우선 탈북 시기와 동기에 따라서 적응에 차이를 보인다. 2000년대 이전에는 대부분 경제난으로 탈북한 사람들이 많았지만, 그 이후에는 보다 나은 삶을 찾아서 오는 경우가 대부분이다. 특히 현재 남한에 정착한 탈북민의

70% 이상은 여성이다. 연령별로는 30~40대가 많다. 2000년대 이후 탈북은 기아와 굶주림을 피하기 위한 무단 월경이 아니라 브로커 조직이 주도하는 사업이 되었다. 김정은 집권 이후 탈북민 수가 줄고 있는 것도 브로커 비용이 크게 인상되었기 때문이다. 여성 탈북민이 많은 것은 북한의 젊은 여성들이 인신매매되어 중국으로 대거 팔려갔기 때문이다. 농촌의 젊은 여성들이 대거 도시로 떠나 중국의 농촌총각들도 결혼 상대자가 없는 상황에서 빈자리를 탈북 여성들이 메운 셈이다. 그들 가운데 상당수가 한국에 정착했다. 또 다른 이유는 똑같이 탈북하여 중국에 숨어 살아도 여성보다 남성이 자기 보호에 취약하다. 북한 여성은 중국 남성의 보호 아래 들어가면 상당기간 숨어 지낼 수 있고 중국 호구(시민권)도 살 수 있다. 반면 북한 남성은 보호해 줄 사람이 없다. 숨어 살더라도 일은 해야 하는데, 장기간 무국적자로 일하면서 보호를 받는 것은 매우 어렵다.

최근에 입국하는 탈북민들은 주관이 뚜렷하며 적응 속도도 빠르다. 같은 연령대 및 계층에 속하더라도 입국 연도나 중국에서의 체류 기간에 따라 남한 사회의 적응 속도가 크게 다르다. 탈북경로에 따른 적응 속도도 다른데, 중국에 오래 머무르지 않고 바로 남한에 입국한 탈북을 흔히 '직행'이라고 부른다. 직행 탈북민은 국내에 먼저 입국한 연고자들이 보내준 돈으로 북한에서 중상층 이상의 여유로운 생활을 누리다가 온 사람들인데, 가족단위로 오는 경우가 많다. 전체 탈북민 중에서 직행 탈북민 인원은 그리 많지 않다. 비직행 탈북민은 탈북 이후 오랜 기간 중국에 체류하다가 국내에 입국한 경우다. 비직행 탈북민에 비해 직행 탈북민이 남한 사회 적응 속도가 빠르다. 그리고 남한 사회에 잘 적응한 사람들일수록 언론이나 방송에 노출되기를 꺼려한다.

모든 취재가 그렇듯 탈북민 역시 취재 목적에 따라 섭외 대상과 방법이 달라진다. 탈북민을 통해 3가지 정도를 취재할 수 있다. 첫 번째는 북한 내부의 동향이나 변화, 두 번째는 탈북과정 및 인권유린 실태, 세 번째는 한국 정착과 관련된 문제다. 탈북민을 통해 북한 내부의 동향이나 정보를 취재 할 때에는 가능한 최근에 나온 사람, 그 가운데서도 북한에서 고위직을 지냈던 사람들의 정보가치가 높다.

탈북민 가운데 북한에서 고위직을 지내고 정보 가치가 있는 사람들은 대부분 국가정보원 산하 국가안보전략연구원에 재직하고 있다. 당·정·군의 간부나 외교관, 외화벌이를 하던 무역회사 사장 출신들이다. 국가안보전략연구원에서 근무하는 고위 탈북민은 북한이탈주민정착지원사무소, 즉 '하나원'을 거치지 않은 사람들이다. 주거도 정부가 제공하는 임대아파트 단지가 아닌 곳에서 사는 사람들이 많다. 한국에 들어올 때 가져온 돈은 모두 개인에게 돌려준다는 사실을 알고, 치밀하게 탈북을 준비하여 뒷돈도 두둑하게 챙겨온 사람들이다. 따라서 이들을 섭외할 때는 돈이 중요하지 않다.

미디어 접촉과 관련해 고위 탈북민은 두 부류로 나뉜다. 첫째는 어떤 경우든 미디어와 접촉하지 않는 사람들이고 두 번째 부류는 적극적으로 미디어를 활용하는 사람들이다. 해외에 근무할 때 조용하게 가족을 데리고 들어온 사람들, 북한에서 탈북 사실을 모르는 사람들, 북한에 여전히 부모형제 등 직계 가족들이 거주하는 사람들이 첫 번째 경우다. 이들은 정보가치도 높고 신뢰할만하지만 미디어에 출연하지 않는 것은 물론 접촉 자체를 피한다. 두 번째는 적극적으로 접촉하고 출연하는 사람들이다. 탈북해서 남한에 정착했다는 사실이 북한에 이미 알려진 사람들이다. 남한에 정착한 기간이 오래된 사람들이 많다. 주의할 것은 이들이 남한 사회에서 자신의 위상 확보, 경제적 과실 등을 노리고 미디어와 접촉하는 경우가 많다는 점이다. 이들의 이야기는 신뢰하기 힘든 경우가 많고, 실상을 왜곡할 가능성도 상존한다. 탈북민이 운영하는 NGO를 취재할 때도 팩트를 검증하는 것에 각별히 신경을 써야 한다.

탈북과정과 인신매매 등 인권유린 실태를 취재하려면 탈북 이후 붙잡혀 강제로 북송되었거나 인신매매를 당해본 사람들이 적합할 것이다. 2000년대 초만 해도 여러 NGO에서 중국, 미얀마, 라오스, 몽골 등 탈북민을 따라가며 목숨 건 여정을 취재했고 이 과정을 다큐멘터리로 만들어 방송한 적도 여러 차례 있었다. 목숨을 건 탈북 과정에서 죽은 사람들도 많이 다뤄졌고, 중국의 농촌으로 팔려갔다가 힘들게 한국에 온 사람들의 사연도 프로그램으로 만들어졌다. 탈북을 둘러싼 취재 범위도 확대되고 있다. 한국에 정착했다가 영국이나 캐나다 등 선진국으로 가기 위해 탈남한 사람들, 최근에는 한국에 정착했다가 다시 북한으로 되돌아간 사람들의 이야기도 취재대상이 되고 있다. 한국에 정착했다가 북한으로 다시 돌려보내 달라고 요구하는 사람들의 이야기도 심심찮게 외신을 타고 있다. 어떤 경우든 탈북과 관련된 주제는 당사자이자 사건의 중심인물을 섭외·취재하는 것이 정석이다. 그럴 경우 취재 과정에서 당사자의 신원이 드러나지 않도록 신변보호를 철저히 해야 한다.

또한 탈북민은 자존심이 매우 강하다. 대표적인 예가 다문화 및 조선족에 대한 거부감이다. 탈북민은 자신이 다문화와 엮이는 것을 매우 싫어한다. 1970년대까지만 해도 북한이 남한보다 경제상황이 좋았던 때가 있었다. 탈북민 가운데는 그 시절에 대해 향수를 갖고 있는 사람들이 많다. 때문에 다문화 가정이 누리는 도움을 원하면서도 다문화로 엮이는 것을 싫어하고, 탈북민을 가난한 사람으로 보는 주위의 시선을 경계한다. 중국에 체류할 때 조선족으로부터 착취당하거나 사기당한 사람들이 많아 조선족과 같이 취급당하는 것도 싫어한다.

초상권 보호 문제도 난제다. 플랫폼이 어떤 것이든 취재는 팩트가 생명이다. 팩트는 현장, 결정적인 문서나 물증, 생생한 인터뷰가 뒷받침되어야 한다. 인터뷰는 얼굴을 드러낼 때 자신이 한 말에 대해 정직과 신뢰를 공표하는 것이다. 그런데 탈북민 가운데는 취재는 허락을 하면서도 얼굴이 노출되는 것을 꺼리는 사람들이 많다. 북한에 남아 있는 가족에 대한 보호 차원과 탈북민에 대한 편견이 심한 남한 사회에서 차별 받지 않기 위해서다.

가족이 모두 남한에 정착한 사람들일지라도 정착 기간이 오래되고 성공한 사람들일수록 자신이 탈북민임을 감춘다. 자신의 원만한 사회생활을 위해서, 또한 아이들이 학교에서 차별 받을까 두려워서 그렇다. 얼굴을 가려달라고 하면 생생한 표정을 살리고 싶은 취재팀에게 난감한 상황이 될 수밖에 없다. 탈북민 취재과정에서 맞닥뜨릴 난제가 어떤 것이든 취재진이 스스로 풀어갈 수밖에 없다. 때로는 설득하고 때로는 달래는 현장 맞춤형 지혜가 필요하다.

정치편향과 정보왜곡 경계 '검증 또 검증하자'

탈북민 취재는 기본적으로 어렵다. 같은 대한민국 국민이지만 남한 출신들과는 많이 다르다. 전혀 다른 사회에서 성장했기 때문이다. 탈북민은 주로 인맥을 통해 섭외한다. 정부기관이나 하나재단, 하나센터 등 정부 산하기관, 복지시설 및 종교 단체를 비롯한 각종 NGO의 힘을 빌리는 경우가 많다.

탈북민은 대부분 솔직하게 자신을 드러내지 않는다. 자존감이나 정체성의 문제로 자신을 과장하거나 하지 않은 일을 마치 자신이 한 것처럼 말하는 사람들도 자주 있다. 인맥을 통해 소개를 받더라도 가능한 공신력 있는 기관이나 신뢰할만한 사람을 통해 검증하는 것이 안전하다. 출연자에 대한 평판이나 실제 그런 일들을 했는지, 그런 역량이 있는지 등에 대해 반드시 확인을 거쳐야 한다.

정치적 성향을 지닌 탈북민 단체로부터 탈북민을 소개받는 것은 정치적 편향과 팩트의 왜곡위험이 있으니 주의해야 한다. 특종성이 큰 정보들은 정부 및 해외 정보기관에 비공개를 전제로 돈을 받고 거래하기 때문에 언론과 하는 이야기는 이목을 끌기 위해 과장하는 경우가 있다. 탈북민으로 장사를 하는 속칭 '탈북마케터' 종교인들도 주의해야 한다. 시설이나 사업 운영, 기부금을 노리고 탈북 관련 사안들을 부풀리는 경우가 많기 때문이다.

취재하는 사안에 따라 다를 수 있지만 가능한 청소년, 탈북한 지 3년이 채 안 된 사람들은 피하는 것이 좋다. 물론 중국에서 오래 살다 오거나 해외체류 경험이 있는 고위 간부들은 예외다.

경험적으로 보면 취재와 관련될 시 꼭 돈을 요구하는 탈북민이 많았다. 언론을 필요로 하는 탈북민 NGO가 아닌 자연인을 섭외할 경우 대부분 첫 마디가 사례 액수부터 물었다. 탈북민을 섭외할 때는 취재의도나 과정에 대해 최대한 자세히 설명한 이후 동의를 얻는 것이 좋다. 영상제작의 경우 어떤 사람들은 촬영 도중, 또는 촬영 후에도 자신이 출연한 부분을 빼달라는 부탁을 심심치 않게 한다. 어쩔 수 없이 빼줄 수밖에 없지만 취재자로서는 상당히 난감한 상황에 맞닥뜨리는 경우가 많다. 북한 주민이나 탈북민 할 것 없이 북한과 관련된 사람들을 취재할 때는 취재원 보호가 생명이다. 미디어 종사자들에게는 업무지만 그들에게는 생명이 달린 문제다. 이는 북한의 체제특수성 때문이다.

특히 한국에 정착한 탈북민 중 젊은 여성들이 많기 때문에 취재 시에 주의해야 할 점도 많다. 그들은 탈북 과정에서 인신매매를 당했거나 끔찍한 상황에 처한 기억이 많고 평생 지워지지 않을 트라우마를 갖고 있기도 하다. 그들에게는 언론을 통해 자신의 사연을 드러내는 것이 아니라 '치유'가 필요하다. 탈북 여성을 대상으로 탈북민 관련 취재를 할 경우에는 이 점에 각별히 신경 써야 한다. 탈북 여성의 자녀와 관련해서도 마찬가지다. 원치 않는 결혼과 임신, 출산이 있을 수 있는 만큼 세심한 배려가 필요하다. 가족관계도 북한에서의 결혼, 인신매매로 인한 중국에서의 결혼, 국내 입국 이후의 한국인과의 동거 등 복잡할 수 있으니 신중한 검증이 필요하다.

재북 가족의 안전도 매우 중요한 문제다. 취재과정이나 보도를 통해 탈북민의 신원이 드러나면 곤란하다. 취재 전 북한에 '가족이 있는지, 지금도 연락을 하는지, 한국에 데려올 생각이 있는지' 등을 묻고 이에 맞춰 대응하는 것이 좋다. 특히 조만간 가족을 데려올 계획이 있는 사람이라면 가급적 취재를 하지 않는 것이 좋다.

탈북민의 인터뷰에만 의존해 취재할 경우 여러 오류가 발생할 여지가 크다. 관련 전문가의 검증과 자문이 반드시 필요하다. 가능한 많은 사람을 만나 탈북민 간 교차로 질문을 진행하고, 전문가의 검증까지 거쳐야 균형을 잡을 수 있다. 인맥을 이용해 탈북민을 소개받을 경우 소위 '천적관계'에 있는 사람을 통해 검증하는 것도 좋은 방법이다. 탈북민끼리는 천적관계에 있는 사람들이 있고 서로를 잘 안다. 그들이 함께 있으면 과장된 이야기를 못한다.

같은 지역 출신의 탈북민을 한 자리에 모아 놓고 인터뷰를 진행하는 것도 효과적이다. 같은 지역 출신들은 물어보면 서로 아는 사이이기 때문에 거짓말을 할 수 없다. 탈북민 출신 도우미를 이용하는 것도 많은 도움이 된다. 취재팀이 이끌어내기 어려운 정서가 있기 때문이다. 탈북민과 인터뷰를 원만하게 이끌기 위해서는 상담 경험이 많은 도우미가 필요하다. 남북하나재단에도 탈북민 출신 상담사들이 있기 때문에 그들의 도움을 받을 수 있으면 취재가 한결 수월하다.

국내에 들어온 탈북민 가운데 가장 정보 가치가 높은 사람들은 대부분 국가안보전략연구원에 재직하고 있다. 이들 가운데 상당수는 언론과의 접촉을 꺼린다. 그렇지만 취재물에 대한 사실검증 과정에서 이들의 역할이 매우 중요하다. 노출을 꺼리기 때문에 취재할 수는 없지만, 북한 사회 전반을 꿰뚫어보는 엘리트들이기 때문에 취재물의 진위 여부를 판단하기에 좋은 자문위원들이다. 이를테면 중국에서 구한 북한 내부문건의 진위 여부를 판단하려 할 때 이들만큼 좋은 전문가는 없다. 필자 역시 접경지역을 취재하면서 북한 내부문건을 확보한 적이 있었다. 그런데 문건이 실제로 북한에서 만든 것인지 중국의 조선족이 돈을 벌기 위해 만든 것인지 구분하기 어려워 고위 간부 출신 탈북민으로부터 검증을 받았다.

그들은 북한 주민들이 사용하는 언어와 중국의 조선족이 쓰는 용어를 구분할 줄 안다. 무엇보다도 북한의 공문 형식과 언어를 잘 안다. 문건이나 고급 정보는 북한에서 간부를 지낸 고위 탈북민의 검증이 반드시 필요하다.

고위층 출신 탈북민을 만날 때 주의해야 할 점도 있다. 탈북민 정착지원 시설인 하나원을 거치지 않는 사람들, 국가안보전략연구원에 재직하는 탈북민 가운데 미디어에 얼굴을 드러내놓고 활동하는 사람들은 탈북 과정이나 탈북 이후 남한에 정착했다는 사실이 북한 당국에 알려진 사람들이다. 가족이든 친구든 그들의 탈북으로 인해 피해를 볼 사람들은 이미 처벌도 다 받았다. 따라서 북한에 대한 적대감이 아주 강하다.

우리 사회는 반북 정서가 강하기에 북한을 강하게 비난할수록 남한 사회에서 그들의 입지가 강화될 수 있다. 팩트를 왜곡할 필요성이 커지는 것이다. 그들을 취재원이나 전문가로 활용할 때 신중한 접근과 검증이 필요하다.

필자가 보기에 북한 내부의 동향을 취재할 때 탈북민을 활용하는 빈도나 의존도가 정권에 따라 달라져 왔다. 북한에 대해 우호적이고 남북관계 개선에 중점을 두는 진보정부 집권 시기에는 탈북민을 취재원으로 활용한 경우가 많지 않았다. 반면 북한을 고립시키고 제재와 압박 정책을 편 보수정부 시기에는 탈북민을 취재원으로 활용한 경우가 훨씬 많았다. 외교·안보는 정부가 정보를 독점한 경우가 많다. 정보의 독점은 프레임의 독점으로 이어진다.

통일을 강조하면서 반북여론을 부추긴 보수정부 시기에 탈북민이 주요 취재원으로 자주 등장했다는 것은 권력의 편에 선 보도가 많았다는 것을 방증한다. 그 결과 북한이 곧 무너질 것이라는 전제 아래 이뤄진 보도가 많았다. 김정은에 대해 북한 주민들의 민심이반이 심각하다는 보도도 많았다. 팩트보다 소망이 반영된 보도였다. 국내에서 입지가 필요한 소수의 탈북민과 권력의 이해관계가 맞아 떨어진 결과였다.

정치적 이해관계에 따라 탈북민을 취재원으로 활용하는 것은 국내에 정착한 다수의 탈북민을 위해서나 통일시대를 대비하는 차원에서도 바람직하지 않다. 탈북민을 취재원으로 활용하더라도 냉정하게 팩트 위주로 접근하고, 탈북민 상호 간이든 전문가를 통하든 반드시 철저한 검증이 필요할 것이다.

PART 5

분단시대 통일언론이 나아갈 길

북한 보도
오보 많았던 이유

공용철 1장부터 4장이 원활한 북한 취재·보도를 위한 가이드 성격이었다면 이번 5장에서는 집필진이 모두 모여서 북한 뉴스가 유통되며 발생하는 여러 문제를 짚어보고 이를 극복하기 위한 제언을 모아 보겠습니다. 먼저 그간 북한 취재·보도가 쉽지 않았던 이유와 구조적 원인을 살펴볼 텐데요. 과거 북한 취재·보도 과정에서 오보가 상당히 많았고 지금도 계속되고 있는데 그 이유가 무엇이라고 보는지요?

장용훈 일단 북한 취재·보도 과정이 쉽지 않은 가장 큰 요인은 바로 북한이 폐쇄적 성격을 가지고 있다는 것에서 찾을 수 있겠습니다. 외부자의 접근이 굉장히 어렵기 때문이죠. 따라서 북한에 대한 취재·보도를 할 때 기자가 직접 확인하는 방식보다는 누군가에 의해 듣는 식으로 의존하는 경우가 많기 때문에 이러한 과정에서 오보가 많이 발생합니다.

과거의 오보 사례를 살펴보면, 1986년에 국내 언론에서 보도한 김일성 사망 관련 소식이 대표적이라 할 수 있죠. 여러 설(說)이 입에서 입으로 옮겨지며 와전되고 이를 제대로 확인하지 않은 채 확정 보도를 했던 경우였습니다. 또한 김정일 최측근이었던 길재경 부부장의 미국 망명과 관련한 오보도 있었죠. 취재원이 부정확한 정보를 전해줬는데 이를 여과 없이 그대로 보도하여 발생한 사례입니다.

물론 이러한 민감한 사안의 경우 앞서 이야기한 것처럼 북한의 특수한 성격 상 직접적인 확인이 어렵다는 이유도 있습니다만 한편으로는 한국 언론의 속보 경쟁, 즉 무엇인가 듣게 되면 다른 매체보다 빨리 쓰고 보도해야 한다는 압박감 때문이기도 합니다. 이러한 구조적 한계와 경쟁 구도 속에서 일종의 강박이 지속적으로 북한 취재·보도 과정에서 오보를 생산할 수밖에 없도록 한다고 볼 수 있죠.

왕선택 최근에는 특히 '북한붕괴론'과 관련한 오보가 관심 대상이 되었습니다. 문제는 북한붕괴론에 대한 보도가 현상을 종합적으로 판단해 전달하는 방식이 아닌, 북한의 붕괴 시나리오에 맞추고 이를 뒷받침하는 사례를 취사선택하여 발생하는 경우입니다. 의도되고 조작된 성격의 오보라고 볼 수 있죠. 지난 몇 년간 북한 고위층 숙청과 관련해서도 오보가 많았는데요. 일부 보도를 보면 북한 엘리트 사회가 균열 조짐을 보이고 있다는 인상을 만들어내기 위한 측면에서 의도적으로 접근하는 경향이 있거든요. 김정은 집권 이후에 나온 몇몇 사례를 들면서 '이는 명백히 북한붕괴론이라는 그림과 관련이 있다'는 식으로 접근하는 것이죠. 합리적인 시각으로 봤을 때 제대로 된 북한 보도 측면에서는 지양해야 할 사례라 생각합니다.

또한 최근 북한의 핵과 미사일 역량이 고도화된 상황에 대해 과장된 보도가 많은 것도 주목해 볼 필요가 있어요. 북한의 핵·미사일 역량이 고도화된 것은 틀림없는 사실이죠. 그런데 구체적으로 세부 요소를 보면 여전히 입증되지 않은 부분도 많거든요. 또한 북한이 비대칭 군사력 분야에서는 상당한 역량을 갖춘 것이 사실이지만, 사회·문화적 측면에서 보면 여전히 취약한 부분도 많습니다. 그럼에도 국내 정치적 수요에 맞춰 보도가 이뤄지고 이 속에서 오보가 속출하는 현상에 대해서는 비판적으로 인식해야 할 필요가 있는 시점입니다.

신석호 북한 후계 문제와 관련해서도 오보가 많았던 것 같아요. 취재 대상인 북한이 폐쇄적인 속성을 가진 것도 있지만 사건이 발생하면 신속하게 보도해야 한다는 언론의 속성이 더해지게 되죠. 또 하나의 요인이라면 북한과 관련한 정보는 사실상 정부가 독점하고 있는 구조입니다. 특히 외교·안보 분야와 관련해서는 정부가 비밀유지의 원칙을 매우 엄격하게 준수하고 있거든요. 국가정보원 등 정보기관은 물론이고 여타 관련 기관에서 획득한 북한 정보에 접근하기 매우 힘듭니다. 이러한 구조 속에서 북한을 다루는 기자들은 나름의 우회로를 찾는 과정에서 별도의 취재원에 의존하는 경우가 있고, 사실관계나 기타 여러 측면에서 부정확하고 오염된 정보를 접하게 되는 일이 많이 발생하죠.

장용훈 2000년을 기준으로 그 이전에 발생한 북한 관련 오보는 취재원의 부재 또는 부족으로 인한 경우가 많았어요. 북한에 대해 정확하게 알고 있고 내부 상황에 대해 제대로 들을 수 있는 인물을 찾기 힘들거나 없었던 것에 기인한 경우죠. 그런데 2000년대 이후 발생하는 오보는 과잉된 취재원들의 넘쳐나는 이야기 때문이 주된 경향으로 보입니다. 이를테면 그 사이 탈북자들도 급격히 늘어났고요. 남북관계가 과거와

신석호
〈동아일보〉 디지털뉴스팀장

다른 국면을 맞으면서 북한을 직접 왕래하는 사람들이 늘었고, 각종 남북회담의 현장에 있었거나 또는 인도적 대북지원이 이루어지면서 민간단체 관계자들의 방북이 증가함에 따른 것이죠.

문제는 이 사람들이 본 것만 이야기하면 되는데 여기에 보태기, 즉 왜곡을 한다는 것입니다. 왜곡하는데 그냥 왜곡하는 것이 아니라 일부 사람들은 자신의 필요나 이해판단에 따라 왜곡한다는 것이죠. 쉽게 말해 대북지원 단체들은 목적 상 북한에 대한 지원을 지속해야 할 필요성이 있고, 따라서 북한의 현재 상황이 어렵고 힘들다는 것을 부각해 설명하는 경우가 많아요.

반면에 보수적 시각을 지닌 정부에서는 자신들의 대북정책에 힘을 싣기 위해 북한의 체제안정성에 대한 취약성을 과장하여 해석하여 '나이 어린 지도자에 대해 내부적인 반감이 많다'는 식으로 정보를 몰고 가는 일도 많습니다. 탈북자들 역시 알고 있는 것을 부풀리거나 모르는 일까지도 아는 것처럼 전달하는 경우가 있죠. 그래야만 매체에서 불러주고 그렇게 언론에 노출되어야 소위 말하는 자신의 '몸값'이 올라간다고 판단하기 때문입니다.

폐쇄적 성격의 북한에 대한 정보 접근 경로가 다양화되기는 했지만 신뢰성 측면에서 검증되지 않은 어설픈 정보가 유통되고 이것이 보도를 통해 확대재생산되면서 결과적으로 한국 사회의 잘못된 북한상(像)이 확산되는 것은 아닌지 되짚어 봐야 할 것입니다.

공용철 일본 도쿄대학교 명예교수이자 오랜 시간 북한을 연구해 온

와다 하루키 교수는 북한은 1960년대 말부터 1970년대를 지나면서 권력의 핵심정보를 통제하는 데 성공한 체제라고 말합니다. 외부인의 시선으로는 북한의 내부를 제대로 알 수 없는 상황이라고 표현하기도 했는데요. 그럼에도 불구하고 지난 10년간 북한 최고지도부의 사생활이 기사는 물론 방송 프로그램에서 많이 언급되었어요. 한국처럼 개방적인 사회에서도 청와대 내부에서 발생하는 일에는 접근하기 어려운데, 북한의 권력 핵심부에서 벌어지고 있는 일에 대해 이렇듯 검증되지 않은 보도가 난무하는 것을 보면 언론매체들이 과도하게 상업주의에 매몰되어 있지는 않았나 반성하게 됩니다.

제가 만난 일본의 원로 언론인은 "기성 한국 언론매체의 위기는 인터넷으로 인한 뉴스 유통환경 변화보다는 신뢰성을 확보하지 못한 이유가 더 크다"고 말했는데요. 매체가 경향성을 띄면서 비롯된 신뢰의 위기가 크다는 것입니다. 국내 사안에 대해 비판 기사를 작성할 때에는 반론을 항상 염두에 두기 때문에 세심하게 사실확인을 하지만, 북한에 대해서는 '아니면 말고' 식으로 취재·보도하는 경우가 많기 때문에 신뢰가 떨어졌다고 봅니다.

장용훈 언젠가부터 우리의 저널리즘이 너무 인용(quotation)에 의존하고 있는 것이 아닌가 생각해요. 북한 보도 과정에서 "누구는 무엇이라고 말했다"라고 쓰는 것에 익숙해졌죠. 여기서 중요한 점은 기자가 책임지지 않는다는 것에 있습니다. 보도가 나간 후 일각에서 잘못되었다며 비판하면 기자는 자신의 의견이 아니라 인용한 사람이 이야기한 것이라며 면피하려는 경향이 강하죠. 물론 이는 비단 북한 보도뿐만 아니라 다른 영역에서도 마찬가지입니다. 전반적으로 우리 언론이 스스로 되돌아볼 필요가 있다는 것을 먼저 지적하고 싶고요.

저는 통신사에서 속보 형태로 기사를 처리하는 경우가 많기 때문에 북한이 발표하는 것을 직접 들여다보고 있는 입장인데요. 여기서 유의해야 할 점이 있어요. 북한이 의도하는 속내가 때로는 행간에 들어간 경우가 있거든요. 그런데 통신사의 특성상 행간을 읽어낼 수 있는 시간적 여유가 없어요. 일단은 속칭 '던지고 봐야'하기 때문에 어려움을 겪죠. 그렇게 해서 자칫 북한의 의도를 오독하면 다른 언론사의 기사에도 영향을 미칩니다. 저도 기사를 쓰면서 굉장히 조심하고 있지만 여전히 어려운 부분이고요.

또한 북한 보도에서 기자들이 유의해야 할 부분이 있어요. 예를 들면 김정일 국방위원장의 넷째 부인 김옥에 대한 기사를 제가 제일 먼저 썼거든요. 그런데 이때 관련 정보를 누군가로부터 듣고 확인한 뒤 기사화 할 때까지 꼬박 1년이 걸렸어요. 모 방송사 기자를 통해 제1차 남북정상회담 당시 김옥이 현장에 나왔다는 이야기를 듣고 그때 찍은 필름을 꼬박 이틀에 걸쳐 살펴보기도 했고요. 단서 하나가 마련되면 한참을 검증하고 또 하나 발생하면 다시 한참을 검증하는 과정을 거치게 되죠. 물론 한국의 언론 환경이 굉장히 빠르게 변하고 있어 현장에서 이를 관철하는 것이 쉽지는 않겠지만 북한을 보도할 때 당장 눈앞의 것을 넘어 오랜 기간 치밀한 노력을 거쳐야 하는 작업도 필요하지 않을까 생각해요.

신석호 기자의 작업 환경을 미시적으로 들여다봐도 구조적으로 취약점이 있습니다. 우선 북한에 대한 절대적인 정보량이 적고 그나마도 오염된 것이 넘쳐나는 상황인데 문제는 현장 기자들이 이를 가려내는, 즉 여러 경로로 비교해보고 신뢰성 갖춘 정보를 선별해 낼 시간적 여유가 없어요. 일단 회사 입장에서는 기자에게 기사를 많이 생산하라고 요구하거든요. 게다가 회사 차원은 물론 다른 매체의 기자와 무한경쟁 해야 하죠. 정확한 정보를 포함하는 다량의 기사를 생산하는, 즉 '두 마리 토끼'를 동시에 잡으라는 요구를 받는데 이를 충족하는 것이 쉽지 않은 현실입니다. 신문의 지면은 갈수록 늘어나고 있고 방송 시간도 주야간이 따로 없게 되었죠. 게다가 인터넷 공간까지 열려 정확한 정보를 많이 생산하기는커녕 도처에 널린 거짓 정보를 검증할 시간조차도 없는 것이 지금 현장 기자들이 처한 환경입니다.

장용훈 지금 한국의 언론매체는 거의 대부분 포털사이트에 종속되고 있다고 봐도 과언이 아니에요. 포털사이트에서 자신이 쓴 기사가 얼마나 큰 가치를 인정받는지가 굉장히 중요하게 되었어요. 회사 입장에서 말하자면 대중이 해당 기사를 얼마나 많이 열람했는지, 즉 페이지뷰가 얼마나 되는지가 중요한 것입니다. 수익과 연결되기 때문이죠. 그런데 문제는 이러한 상황이 보도를 매우 자극적으로 몰고 간다는 점이에요. 자극적인 기사들은 사람들이 흥미를 갖고 접근하잖아요. 북한 관련 보도로 좁혀 보면 김정은의 숨겨진 여자관계, 모란봉악단 여단장의 과거 불륜처럼 낭설을 가지고 제목을 붙이면 실제로 페이지뷰가 급격히 상승

합니다.

언론사 생활을 하면서 제일 힘들 때가 바로 이런 부분이 아닐까 생각해요. 특정 매체에서 이러한 기사가 올라와 급격하게 관심이 쏠리면 일단 회사 입장에서는 왜 다루지 않느냐며 은근한 압력이 들어오는데요. 저는 확인이 되지 않을 경우 거부하지만, 포털사이트에서 인기가 많다는 이유로 일단 다뤄보라는 식의 요구를 받을 때가 종종 있습니다. 물론 앞장에서 북한을 보도하는 과정에서 전문기자의 경험이 녹아 있는 노하우 등을 많이 담았지만, 현재 우리 사회에서 언론매체가 가진 상업주의적 속성과 이것에 과도하게 매몰되어 최종적으로는 정론 지향을 방해하는 조직 차원의 압력에 대해 현장 기자들이 얼마나 저항할 수 있을지가 또 다른 핵심입니다. 언론매체의 전반적인 환경 변화가 동반되어야 합니다. 그래야 북한 취재·보도와 관련해서도 보다 양질의 콘텐츠가 나올 수 있지 않을까 생각해요.

취재 시스템과 기자 전문성 강화해야

공용철 한국 언론의 취재 시스템을 보면 기자들이 출입처 중심으로 기사를 생산하고 있잖아요. 그런데 북한을 취재·보도 할 경우 통일부만 출입해서는 안 되거든요. 외교나 국방과도 긴밀하게 연결되어 있는 부분이 많잖아요. 앞서 각 장에서 다뤘지만 북한을 들여다보는 방법이 내부의 시각, 한국과 해외의 시각, 접경지역 등 비공식 취재원을 통한 시각 등 매우 다양한 방식으로 이뤄질 수 있는데요. 한국의 기자들은 출입처 중심으로 움직이다보니 북한을 다룰 때에도 큰 틀에서 전체를 바라보며 기사를 작성하는 것에 상당한 제약을 받고 있다고 볼 수 있어요. 북한 취재·보도에서 출입처 중심으로 기사가 작성되는 현실을 어떻게 보는지요?

신석호 북한 보도뿐만 아니라 모든 취재 영역에서 깨야 할 것이 바로 출입처의 장벽에 갇혀 있다는 부분이죠. 북한전문기자는 통일부에서 당국자들도 만나고 국회에 가서 국방위원회나 정보위원회의 브리핑도 들어보고 법안이 통과되는 과정에도 관여하는 식으로 활동 범위를 넓혀야 합니다. 지금은 전문기자들이 과거에 비해 많이 생기면서 활동 영역을 넓혀 가고 있는데 보다 활성화 될 수 있도록 대안이 필요하다고 생각해요.

또한 앞서 지적했지만 현재 기자들이 처한 가장 큰 어려움은 '정확한'

북한 보도를 '많이' 해야 한다는 것인데요. 물론 어려운 일이지만 이 또한 답이 될 수 있습니다. 모든 것이 상대적이잖아요. 다른 경쟁지나 경쟁 기자보다 비교적 정확한 기사를 많이 쓰면 되는 것이거든요. 이를 위해서는 많이 경험하고 공부하는 것밖에는 없어요. 물론 처음에는 잘 모르고 쓰기도 하고 오보도 내지만 그것이 또 경험이 되고 이를 바탕으로 공부를 해서 알게 되면 보이는 시야가 넓어지거든요. 조금 더 정확한 진실을 향해 파고 들어갈 수 있는 지적 능력을 갖추는 노력을 한다면 남보다 더 정확한 기사를 더 많이 쓸 수 있겠죠. 좋은 기사를 많이 쓰면 회사 입장에서는 기자에게 조바심을 내지 않죠. 이런 상황이 누적되면 본인이 쓰고 싶은 기사를 써나가면서 회사와의 관계에서도 일정한 힘을 가지게 되거든요. 그래서 전문성이 가장 중요한 것 같아요.

또한 북한 소재는 현재 한국의 언론이 다루는 영역에서 주류가 아닙니다. 그런데 저는 이것이 큰 문제라고 봐요. 한국은 유일하게 남은 분단국가로, 지금도 전쟁의 위협에 시달리고 있죠. 가장 중요한 영역이 사실 북한 문제, 남북관계, 안보의 영역인데 실제로 언론사에서는 승진을 포함해 공적 요소를 고려할 때 북한만 다룬 경력만으로는 인정해주지 않는 경우가 많아요. 북한도 알아야 되지만 잠깐 거치고 지나가는 영역 정도로 생각하는 식이죠. 따라서 언론사도 이러한 영역의 전문성을 인정해주고 전문적인 팀을 만들어줄 필요가 있어요. 연구소를 포함해 제도적인 틀 속에서 기자들이 평생의 경험을 녹여내고 몰입해 공부하여 후배 기자들에게 물려줄 수 있는 선순환 장치가 필요합니다. 제가 다니는 〈동아일보〉의 경우 화정평화재단 부설 21세기평화연구소가 박사급 기자와 외부 전문가들로 구성된 싱크탱크 역할을 하고 있습니다. 저도 사내 연구위원이고요.

장용훈 지금까지 입사 후에 계속 북한만 취재 영역으로 다루고 남북관계만 들여다봤는데요. 제가 외신과 인터뷰를 많이 했어요. 아마도 세계에 존재하는 거의 대부분의 매체들과 인터뷰를 해 본 것 같아요. 북한전문기자이기 때문에 가능했던 것이라 생각해요. 외국인들은 한반도를 떠올리면 북한과 분단 문제를 가장 먼저 생각해요. 실제로 거의 대부분의 외신 입장에서 한국의 경제 이슈는 그다지 크게 생각하지 않습니다. 그 사람들한테는 과연 한반도에서 전쟁이 날 것인지, 북한 체제가 현재 안정적인지 등에 관심이 더욱 많거든요. 외신들이 이러한 문제에 관심이 많다는 것은 뒤집어 보면 해외에 있는 언론사들이 한국과 관련된 보도를 하면 거의 대부분 북한 또는 분단 문제에 집중해 다루고 있다는 점을 보여주는 것입니다.

그렇다면 한반도 문제를 보도하는 주체는 한국 언론이 되어야 해요. 그런데 한국 언론에서 기사 쓸 때 이러한 이야기 많이 하잖아요. “코리아패싱이 우려된다”, “한반도 문제는 한국이 당사자가 되어 주도권을 쥐어야만 한다”는 식으로 말이죠. 정작 기사는 그렇게 쓰지만 실제로 이러한 자각이 있는지 의문이에요. 한반도 문제가 말로는 중요하고 당사자가 풀어야 된다고 이야기하지만 결국 실제로 진행되는 모습을 보면 허탈해요. 북한 관련해 일본 언론이 쓴 오보를 베끼다가 망신 당한 언론사가 얼마나 많았나요.

"북한 보도는
오래 경험을 쌓으며
시간을 투자한 전문가가
꼭 필요한 분야다"

장용훈
〈연합뉴스〉 북한전문기자

우선 문제를 스스로 해결하려는 생각을 가져야 하는 것이 기자들에게 필요하고요. 그러한 측면에서 보면 전문가를 양성하는 작업이 필수입니다. 전문가가 비단 북한 문제에만 필요하다고 보지는 않아요. 하지만 북한 문제만큼은 학문적으로든 경험적으로든 매우 오래 들여다보고 경험을 쌓으면서 시간을 투자해 천착해 온 전문가, 즉 북한전문기자가 꼭 필요한 분야라고 생각해요.

왕선택 기자의 전문성 이야기가 나왔으니 해외의 사례를 볼 필요가 있어요. 미국의 예를 들어보면 언론인 양성 시스템이 우리와 매우 다릅니다. 우리는 20~30대의 나이에 언론사에 입사시험을 거쳐 기자 생활을 시작하잖아요. 그런데 미국에서는 20~30대의 초년 기자들은 지방에서 취재·보도 경험을 쌓는 경우가 대부분입니다. 대부분 지방 신문사 또는 전문지 등에서 경험을 쌓고 2~3년 정도 지나면 한 단계씩 거쳐 올라가는데 보통 세 번째나 네 번째 단계에 〈뉴욕타임스〉나 〈워싱턴포스트〉 등의 메이저 언론사에 근무하게 되죠. 이러한 경우 기자들은 이미 전문적인 분야를 가지고 있어요. 따라서 이후로는 짧게는 십수년, 길게는 20년 넘게 한 분야만 다루더라고요. 10년 전에 미국 국무부 출입기자, 15년 전에 백악관 출입기자가 현재도 그대로 있죠. 기자의 전문성에 대해서는 거의 평생이 보장되는 시스템이라고 봐야 해요.

장용훈 미국 언론계의 채용 시스템이 한국과 다른 것이죠. 한국에서는 기자가 되려면 언론사 입사 시험을 봐야 하지만 미국에서는 포트폴리오를 내게 되어 있거든요. 〈뉴욕타임스〉에서 사람을 뽑을 때 국어나 역사 등의 과목을 시험 보고 뽑는 것이 아니라 여태껏 기자로 어떠한 활동을 했는지 포트폴리오를 내면 이를 심사해서 채용하죠. 예전에 미국 〈시애틀타임스〉를 방문한 적이 있었는데 물어보니 수도 워싱턴에 기자를 파견하지 않는다고 하더라고요. 그러면 워싱턴에서 벌어지는 일은 어떻게 다루는지 물어보니 통신사에서 제공하는 기사를 정리하면 된다고 해요. 게다가 〈시애틀타임스〉에서 제일 심혈을 기울이는 보도 영역이 무엇인지 물어보니 '건강과 교육'이라고 하더라고요. 주민들에게 제일 많이 읽힌다는 이유였습니다. 그렇다면 이곳 기자들은 건강과 교육 분야에서 취재와 보도 활동을 이어가다가 규모가 큰 메이저 언론사로 적을 옮길 때 자신의 전문 분야를 가진 상태에서 가거든요. 초년 기자 때부터 전문성을 쌓으면서 성장해 나가는 것이죠.

메이저 언론사도 전문성이 어느 정도 갖춰진 기자들을 뽑고 해당 분야에 맞게 배치하게 됩니다. 외교를 많이 다룬 기자에게는 국무부 출입기자 임무를 부여하고 10여 년 이상 장기간 근무하게 하죠. 미국의 언론사 시스템은 일단 언론사 간 분업구조가 잘 되어 있고 이 속에서 한국과 다른 채용 시스템을 갖추고 있으며 기자의 전문성을 존중해서 취재하는 시스템을 갖추고 있다고 볼 수 있죠. 한국의 경우 전문기자로 성장하는데 관련 분야 학위가 상당히 중요한 요소가 되지만 미국에서는 학위보다는 기자의 실제 활동이 중요하다는 차이점이 있습니다.

왕선택 미국 언론 속성에 대해 덧붙이자면 한국 언론과 다른 점이

하나 있어요. 한국 언론은 낙종, 속칭 '물 먹기'에 민감하게 반응하잖아요. 그런데 미국 언론은 낙종에 크게 반응하지 않습니다. 〈뉴욕타임스〉에서 특종을 하고 〈워싱턴포스트〉가 낙종을 하더라도 〈워싱턴포스트〉 1면에 "〈뉴욕타임즈〉 보도에 따르면"이라면서 그대로 옮기거든요. 전혀 유감이 없어요. 반면 미국 언론사들은 매체마다 중점을 갖는 프로젝트가 있고 이를 심층적으로 보도하는 것에 집중하는 경향이 있습니다. 해당 주제에 대해 기자가 오랜 취재 끝에 보도를 시작하면 하루만에 끝나는 게 아니라 1주일 이상, 심지어는 1달이 넘게 조사보고 형식으로 내보내는 경우가 있죠.

공용철 한국의 언론사 채용과 인력활용 체제에서 북한과 통일 문제를 다루는 전문기자가 많아진다는 것은 전문성을 강화한다는 측면에서 긍정적인 현상이죠. 그러나 각 언론사별로 전문기자의 수가 많아지면 기회균등 보장이라는 측면에서는 난제가 생기는 것도 사실입니다. 언론 초년생 입장에서 보면 전문기자를 하고 싶은 영역이 있는데, 기존의 전문기자가 오래 버티고 있으면 진입장벽이 닫혀버리는 부작용이 있잖아요. 전문기자를 운영했던 언론사들이 오히려 전문기자 숫자를 줄이게 되는 이유이기도 합니다. 북한 취재·보도에 있어서 전문기자 제도에 대해서 어떻게 보는지요?

왕선택 현실적으로 운영과 관련된 문제라 보다 상세한 검토를 거쳐 대안이 마련되어야 할 것이지만, 제대로 된 언론사를 지향한다면 1~2명 정도의 공인 전문기자를 두고 나머지를 후보 기자나 아니면 해당 분야를 담당할 수 있는 기회를 부여하는 식으로 절충할 수 있다고 생각해요. 한국의 현실에서 모든 담당기자를 전문기자로 운용하는 것은 어렵죠.

그러니 분야 별로 1~2명 정도 회사에서 공인한 확실한 붙박이 전문기자가 있고 이들이 해당 분야의 오류를 막는 역할을 해주면서 초년 기자들의 수습을 진행하는 동시에 중견기자에게는 전문기자로 진로를 결정하는 제2의 기회를 주는 방식으로 운영할 수 있겠죠. 다만 강조하고 싶은 것은 지금의 한국이 처한 분단의 엄중한 상황에서 통일부와 외교부에 각각 1명씩 담당기자를 배치하고서 모든 이슈를 처리하도록 하는 상황은 언론 전체가 집단적으로 자성해 봐야 할 문제라고 생각합니다.

장용훈 언론사에서 기자들이 전문분야를 가질 수 있도록 재교육에 대한 생각을 다시 해야 한다고 봐요. 한국의 언론사는 기자를 위한 교육에 투자하지 않는 경향이 강해요. 대학원을 다니면서도 굳이 회사에 말하지 않는 기자들이 많습니다. 논문을 쓰고 석사나 박사학위 논문을 받고 나서도 당당하게 동료들에게 건넬 수 없는 것이 지금 한국 언론사의 현실이죠. '일 안하고 매일 논문만 썼네' 같은 시선으로 바라보는 구조가 해소될 필요가 있다고 봅니다.

진영 논리와 북한 보도 악순환 구조 극복하자

공용철 북한을 다루는 취재보도에 있어 큰 장애가 보수와 진보의 진영 논리, 정부의 정보 및 프레임 독점 문제라고 볼 수 있을 것 같습니다. 정부의 영향력 아래에 있는 매체들은 정부의 정책 방향과 맥을 같이 하는 보도를 하고 있는 것이 현실이고요. 소유주가 분명한 매체는 정권과는 무관하지만 사주의 철학이나 대북관이 매체에 적극 반영되는 특성을 보여주고 있습니다. 북한을 취재·보도하는 데 있어 한국 사회의 진영논리와 언론사 지배구조로 인한 영향을 어떻게 극복할 수 있을까요?

신석호 기본적으로 한국 사회가 북한 문제를 바라보는 시각은 이념적으로 대립하고 있습니다. 언론도 마찬가지고요. 각 진영은 자신의 생각을 뒷받침하는 퍽트(fact)를 집중하여 찾고 이를 강조하려는 성향이 있죠. 쉽게 말해 매체마다 북한 존재에 대한 '희망적 사고'(wishful thinking)를 갖고 있다는 것인데요. 북한의 붕괴를 바라는 쪽은 이를 뒷받침할만한 사례라고 판단되는 일부 현상을 과도하게 해석해 보도하는 경향이 있고, 반대로 북한과의 대화를 통해 평화를 견인할 수 있다고 믿는 쪽은 이러한 바람을 또 다른 팩트에 실어서 집중적으로 보도하는 경향이 있거든요. 과거에는 이러한 경향이 매우 심했고 이에 비해 최근에는 많이 완화되고 있다고 믿고 싶지만 현실적으로 보면 완벽하게 해소되지는

왕선택
〈YTN〉 통일외교전문기자

않았다고 생각합니다.

언론사 지배구조와 관련한 문제는 정형화된 틀이 있다고 보기는 어렵고요. 그야말로 각 미디어그룹마다 다를 수 있습니다. 경영진의 철학과 소신에 따라 달라질 수 있고요. 제가 다니는 〈동아일보〉의 경우 북한 보도를 포함해 모든 개별 기사에 대한 편집권이 보장되고 있습니다. 지금까지 북한 관련 보도를 15년 이상 진행하는 동안 제 생각은 많은 변화가 있었지만 그것을 기사로 쓰는 과정에 경영진으로부터 어떤 간섭을 받은 적은 없었습니다.

왕선택 북한 보도를 둘러싸고 지속적으로 악순환을 일으키는 한국 사회의 4단계 구조가 있어요. 1단계 정치권, 2단계 전문가 집단, 3단계 언론, 4단계 대중입니다. 이 대중의 여론에 영향을 받아 정치권이 다시 반응하게 되면서 하나의 사이클이 조성되거든요. 우선 한국 사회가 북한을 보는 시각이 정치권에서 양분화되어 있어요. 이런 상황 속에서 2단계 전문가 집단이 정치권의 수요에 맞춘 논리를 제공하고 있는 안타까운 일이 벌어집니다. 여기에 3단계에 있는 언론이 이를 대량으로 유통하는 과정에서 더욱 자극적인 기사를 쓰는 현상이 나타나죠. 이렇게 편향되고 왜곡된 뉴스가 시청자나 독자, 즉 대중에게 전달되고 이를 통해 대중이 북한과 한반도 문제에 대한 가치관을 가지게 되니 또 다시 정치권이 반응하는 악순환 구조인데요.

악순환의 고리를 끊으려고 한다면 지금 상황에서 이를 현실화하는 것이 과연 가능하겠는지에 대한 반문이 있을 수 있겠죠. 한국 정치 현실에서 남북 분단을 활용하는 것이 상당한 정치적 효용을 거둬 왔고 지금도 막강한 영향력을 가지고 있는데 이러한 관성을 멈추게 하는 것은 매우 어려운 과제인 것은 사실입니다. 그렇지만 이러한 정치권의 진영 논리 확대재생산으로 인한 북한 보도의 악순환 구조가 잘못되었다는 비판과 함께 바로잡아야 한다고 요구하는 목소리를 높이는 작업이 한국 사회의 성숙도를 높이는 것입니다.

전문가 중심의 전략적 그룹이 필요하고 언론사 차원에서 이니셔티브를 쥐고 갈 수도 있습니다. 정치권에서도 북한이나 한반도 문제와 관련해서는 초당적으로 판단하는 것이 유리할 수 있다는 또 다른 패러다임을 만들 수 있도록 해야 합니다. 이 자리에서 논의되는 작업을 꾸준하게 반복하고 정리하여 목소리를 높여나가면 한국 사회 집단 지성의 수준이 높아질수록 관철될 가능성이 올라가겠죠.

신석호 뉴스의 공급자는 사실 언론을 포함해 정부와 전문가 집단에서 이뤄지고 있습니다. 이 세 부류에 속해 있는, 특히 북한을 다루는 사람들 간에 전문적이고 전략적인 소통 그룹이 필요하다고 봐요. 우선 전문적인 회의를 공유해야 합니다. 진보 정부든 보수 정부든 정부에서 북한 문제를 담당하는 사람은 정권의 이해보다는 북한 보도의 엄중성과 객관성 그리고 공정성을 생각해야 된다는 것이고요. 기자들도 회사의 방침보다는 자신만의 전문적 식견을 가진 기사를 써야 할 것입니다.

다음으로는 그룹 내에서 자정이 이루어져야 되겠죠. 속칭 북한 전문가라면서 정부와 언론과 전문가 집단 내에서 사실에 근거하지 않고 말하거나 혹은 오염된 정보를 모르고 유포시키거나 또는 의도적으로 확산시키는 경우에는 사례를 누적해서 일정 수준 이상이 되면 그룹 내에서 배제하는 방식으로 가야 합니다. 하지만 지금은 정부는 정부대로, 전문가들은 전문가들끼리 뭉쳐 있죠. 정부도 전문가도 반성을 하고 해결책을 제시해야 합니다. 언론 분야에서 먼저 기치를 내걸고 나아갈 때라고 생각해요.

장용훈 언론단체에서 움직일 필요가 있다고 봐요. 북한 보도가 어떠한 방식으로 진행되어야 하고, 이 문제가 왜 중요하며 신중해야 하는지에 대한 이야기를 보다 적극적으로 개진하고 사회적으로 확산할 수 있도록 하는 구조가 필요합니다. 개인적으로는 현재 한국에서 가장 필요한 통일·외교·안보 관련 보도는 '북한 바로 알리기'라고 봐요. 캠페인이나 자정 노력도 중요하지만 일단 현재 일어나고 있는 상황을 정확하게 보도하려는 각각의 노력이 필요하고요.

또 하나는 감시기구가 있어야 합니다. 잘못된 기사가 나왔을 때 여기에 대해 명확하게 무엇이 잘못됐는지 짚어주지 않고 그냥 넘어가는 것이 지금 현실이잖아요. 북한과 관련하여 명백한 오보를 내더라도 다음날 되면 누구도 이야기 하지 않습니다. 자정 기능이 제대로 이뤄지지 않을 때에는 제3의 힘이 감시하도록 해야죠. 그 힘이 크든 작든 이러한 노력이 있어야만 북한 보도를 수행하는 기자들의 지금과는 다른 자세가 보다 확고해 질 수 있으리라 생각합니다.

통일언론
저널리즘 원칙으로 돌아가야

공용철 어느 정치 세력이 집권하든 북한 문제를 국내정치에 이용하려고 했던 것 같습니다. 외교·안보 문제의 특성상 정부가 정보와 프레임을 독점하다보니 언론사들도 이에 부화뇌동 한 것이 사실이구요. 하지만 권력과 사회의 감시자 역할을 수행해야 하는 언론매체 종사자들은 정부의 이러한 행태에 순응하고 따라갈 것이 아니라, 독립적으로 검증하고 사실관계를 확인해서 보도해야 할 것입니다.

정부의 정보 및 프레임 독점으로부터 벗어나 객관적인 보도 환경을 조성하기 위해서 무엇을 해야 할지 고민이 많은 시점입니다. 한국 사회가 북한에 대한 시각 차이로 상당히 많은 갈등을 겪고 있는 상황입니다만 우리가 통일언론을 지향해 나간다면 어떤 점에 유의하며 취재·보도를 해야 할까요?

장용훈 저널리즘의 성격은 기본적으로 비판적이어야 합니다. 과연 이것이 맞는지 스스로 충분히 질문을 던져야죠. 앞서 전문가 집단의 이야기가 나왔지만 사실 전문가 집단은 매우 다양합니다. 이 중에서 비판적으로 보려는 전문가들의 의견을 들으면 전문적이면서도 비판적인 이야기가 나오죠.

그런데 그동안 우리 언론인들은 쉽게 이야기해주는 사람, 정부 정책

"북한을 다루는 언론은
정부 행태에 순응하지 않고
독립적으로 검증하여
보도해야 한다"
공용철
〈KBS〉 프로듀서

을 옹호하는 사람들의 평가에 익숙했던 것이 사실입니다. 그러니 정치권도 책임이 있고 전문가 집단의 책임도 있지만 우선 언론이 보다 본연의 자세로 돌아가서 지금보다 비판적인 입장으로 되돌아가면 정부 당국자나 전문가 집단, 그리고 정치권도 이러한 악순환 구조를 재생산하는 것에 조심스러울 수밖에 없으리라 봐요.

왕선택 언론인으로서 저널리즘의 기본 원칙으로 돌아가야 한다는 것은 실천적 대안으로 합당합니다. 그러나 앞서 말씀드린 1단계 정치권과 2단계 전문가 집단의 총체적인 개선이 없으면 악순환은 끊이지 않아요. 언론의 기본 원칙으로 돌아가자는 것과 동시에 1단계와 2단계에 속한 구성원들의 노력도 병행해야 한다는 것입니다.

정치권에 대해서도 더 이상 북한이나 한반도 문제를 가지고 정치쟁점화하지 말라는 요구를 해야 하고 전문가 집단에 대해서도 한반도 문제를 종합적이고 체계적이고 일관성 갖추며 이해하는 인사를 전문가로 인정하고 이를 중심으로 수준 높은 담론이 이뤄지도록 요구해야죠. 언론에서는 이러한 과정을 통해 보장된 사람에 대한 인용 보도를 진행하고 보장되지 않은 사람에 대해서는 일정 부분 엄격하게 구분하는 모습을 보여야 한다고 봅니다.

공용철 북한 보도가 지나치게 한쪽 면만 다루고 있다는 것도 지적할 필요가 있을 것 같아요. 북한이라고 하면 핵과 미사일, 독재나 인권 같은 프레임에 너무 갇혀 있었던 것이 아닌가 생각합니다. 예를 들어서 북한의 시장화를 20여 년 지켜보면서 느끼는 것이지만, 주민들의 생활과 삶이라는 측면에서 보면 굉장히 역동적인 변화들이 많이 생겼거든요. 북한 주민들이 생일잔치나 결혼예식을 어떻게 하는지, 북한의 청소년들이 꿈꾸는 미래는 무엇인지 등 보통 사람들이 살아가는 이야기들은 많이 기사화하지 않고 실상도 잘 몰라요. 분단과 남북대결 구조의 산물이기는 하지만 북한을 바라보는 시각이 군사·정치적인 부분에 과도하게 집중되어 있었던 것 같고요. 이런 관점에서 보면 지난 10년간 우리 언론도 대북 적대감을 고조시키는 데 상당 부분 기여를 해왔다고 판단됩니다.

장용훈 북한 주민들 삶의 모습을 전하는 것이 통일 이후에 우리가 같이 살게 될 사람들을 정확하게 이해하는 데 도움이 되는 것이라고 봐요. 사실 우리가 살아가는 데 절실한 문제일 수 있는 것들은 바로 이러한 부분이에요. 북한을 제대로 알기 위해서 더욱 다양한 분야에 대해 전달할 필요가 있죠. 실제 주민들의 삶의 모습을 이해하게 되면 국민들이 분단 상황에서 가지고 있는 막연한 불안감이 상대적으로 줄어들 수 있다고 생각하거든요. 북한에 대한 다양한 뉴스가 필요한 시점이 됐다고 생각해요.

왕선택 지금 한국은 분단이라는 특수성을 가지고 있고 이 과정에서 일각에서는 한·미동맹을 교조적으로 절대시하는 부류가 있는 것이 현실입니다. 이러한 부류에게는 북한에 대한 적대감을 키우는 것이 오히려 안심을 주는 조치가 되기 때문에 오히려 민족동질성에 대해 긍정적인 느낌을 가질 수 있는 뉴스를 거부하고 반대하는 효과를 가져오게 하는 것도 사실이에요.

북한의 다양한 모습에 대한 보도가 이뤄져야 한다는 것에는 물론 동감하지만 현실적인 상황을 무시한 채 일방적으로 진행되는 것은 또 다른 정치쟁점화 논쟁의 요소가 되기 때문에 세심한 주의가 필요할 것으로 봅니다.

북한전문기자를 꿈꾸는 언론인에게

왕선택 북한 보도 분야에 새로 들어오는 기자들은 지금 스스로 알고 있는 많은 상식들이 그간 우리 사회의 정치 쟁점에 의해 많이 왜곡되고 편향되어 있을 수 있다는 사실을 이해하는 것이 필요하다고 봐요. 이미 자신이 알고 있는 부분에 편향된 요소들이 많고, 취재원 또는 선배 기자들이 지금까지 만들어 온 기사 자체에도 이미 편향된 구조가 존재한다는 것을 전제한 두에 새롭게 배우는 노력을 해나가야 할 것입니다. 기존에 알고 있던 지식을 가지고 다른 분야 다루듯 취재·보도를 진행해 나간다면 자기도 모르는 사이에 편향된 구조 속에서 결과적으로 어느 한쪽으로만 열심히 돌을 던지고 있을 수도 있거든요. 북한 취재·보도 분야에 대해서는 매우 조심스럽고 신중하며 차분하게 대응해 나가야 한다고 조언하고 싶습니다.

신석호 지금 한국 언론의 북한 보도 문제를 한마디로 표현하면 '정보의 정치화'입니다. 물론 앞서 토론해 나가며 이를 막기 위한 여러 대안이 나왔습니다만 결국 가장 근본적인 대안은 바로 저널리즘의 원칙으로 되돌아가는 것이에요. 저널리즘의 원칙이 모든 것을 다 포괄하고 있거든요. 정확한 보도, 공평한 보도, 왜곡되지 않은 보도 등을 포함하는 원칙이 있잖아요. 한 명의 기자, 한 개의 언론사가 이러한 저널리즘의 기본 원칙을 이해하고 각자가 구현해 나가는 노력을 해나갈 때 북한 보도 문제점은 개선될 수 있습니다. 현재 북한을 전문적으로 다루는 기자나 앞으로 이 분야에 들어올 새로운 언론인들이 반드시 새겨야 할 가치라고 생각해요.

장용훈 외신기자인 다니엘 튜더와 제임스 피어슨이 집필한 '조선자본주의공화국'이 2017년 8월에 출간되었는데요. 저는 이 책을 보면서 한국 언론이 매우 부끄럽게 생각해야 합니다. 이러한 책이 외국인 기자에 의해서 쓰여졌다는 것에 대해서 굉장히 서글픈 느낌이에요. 북한의 사회 변화를 다양한 경로로 취재하고 정치 이외에도 북한에는 다른 많은 삶이 있다는 것을 조명한 책이잖아요. 우리는 관심조차 가지지 않고 있었던 분야인데 이 책이 경종을 울렸다고 봅니다. 김정은 1인의 삶 외에 북한에 존재하는 2,500만여 명의 삶에 대해 보다 관심을 기울이려는 노력이 있어야만 분단이 존재하는 상황에서도 뭔가 평화로운 삶이 가능할 것이고 분단이 사라지고 난 통일된 상황에서도 조화로운 삶이 가능하다고 생각하기 때문에 북한전문기자를 꿈꾸는 이들에게 저는 그러한 삶의 모습에 관심을 가져보라는 조언을 해주고 싶어요.

공용철 북한의 실상이 제대로 알려져 있지 않기 때문에 언론 초년생 가운데 북한을 궁금하게 여기는 사람들이 많은 것 같습니다. 한반도의 가장 큰 당면 과제가 평화정착과 분단극복이기 때문에 언론계에 입문한 사람들이 당연히 관심을 가져야 할 분야고요. 궁금하고 관심이 많은 만큼 언론 초년생들이 끝까지 물고 늘어져서 이 분야의 전문 언론인이 많이 나왔으면 좋겠어요. 예전에 비해 레드콤플렉스도 어느 정도 극복이 되어 가고, 북한 취재·보도의 환경이 보다 자유로워진 것도 사실입니다. 전문적 식견을 가지고 다양한 모습을 심층적으로 보도할 수 있는 역량을 갖춘 북한전문기자가 많이 나왔으면 하는 바람입니다. 그래야만 진정한 통일언론이 뿌리를 내리고, 한반도의 평화정착과 분단극복이 앞당겨질 것이기 때문입니다.

북한 취재·보도 가이드

전문기자가 말하는 통일언론

초판 1쇄 인쇄 2017년 12월 29일
초판 1쇄 발행 2017년 12월 31일

저 자 공용철·신석호·왕선택·장용훈
발 행 인 신영석
기 획 손현수·김인호
책임편집 이동훈
행 정 이미영
발 행 처 평화문제연구소
등 록 제8-116호(1992.12.26)
주 소 (03458) 서울특별시 은평구 응암로 373, 5
전화 : 02-358-0612 팩스 : 02-384-1924
홈페이지 http://www.ipa.re.kr

디자인·인쇄 (주)풍경인소풍 070-7433-1123

※ 이 책은 한국언론진흥재단 '2017년 단체지원사업'의 지원을 받아 출간되었습니다.

ISBN 978-89-7514-168-3